Handels- und steuerrechtliche Rechnungslegung

Eine an den Buchungs- und Bilanzierungsentscheidungen orientierte Systematik

Von

Dipl.-Kfm. Gerd Wichmann

ERICH SCHMIDT VERLAG

Bibliografische Information der Deutschen Nationalbibliothek
Die Deutsche Nationalbibliothek verzeichnet diese Publikation in der Deutschen Nationalbibliografie; detaillierte bibliografische Daten sind im Internet über http://dnb.d-nb.de abrufbar.

Weitere Informationen zu diesem Titel finden Sie im Internet unter
https://ESV.info/978-3-503-19545-9

Zitiervorschlag:
Wichmann, Handels- und steuerrechtliche Rechnungslegung

ISBN 978-3-503-19545-9 (gedrucktes Werk)
ISBN 978-3-503-19546-6 (eBook)

Alle Rechte vorbehalten
© Erich Schmidt Verlag GmbH & Co. KG, Berlin 2021
www.ESV.info

Druck: docupoint, Barleben

Inhaltsübersicht

Inhaltsverzeichnis	7
Abkürzungsverzeichnis	13
I. Einführung	17
II. Rechnungslegung, erstellt nach gesetzlichen Grundlagen	23
III. Einfluss der Steuerrechtsprechung auf Buchführung und Bilanz?	97
IV. Ergebnis – Folgerungen	137
Stichwortverzeichnis	161

Inhaltsverzeichnis

Abkürzungsverzeichnis 13
I. Einführung 17
   A. Einleitung 17
   B. Methodische Vorbemerkung: Die Relevanz des Rationalprinzips 18
II. Rechnungslegung, erstellt nach gesetzlichen Grundlagen 23
   A. Inhalte der Verpflichtung 23
      1. Buchführung und Bilanz als Instrumente der
         Rechnungslegung 23
      2. Quellen für Grundlagen 23
         2.1. Handelsrecht 23
            2.1.1. Die Bestimmungen 23
            2.1.2. Die Buchführungs- und Bilanzierungsent-
                 scheidungen 23
         2.2. Steuerrecht 24
            2.2.1. Der Grundsatz: das umfassende Maßgeblich-
                 keitsprinzip 24
            2.2.2. Insbesondere die Grundsätze ordnungsmäßiger
                 Buchführung und Bilanzierung 25
            2.2.3. Steuergesetzliche Besonderheiten? 26
      3. Besonderheiten bei der Gewinnermittlung nach § 4 Abs. 1
         EStG 26
   B. Der Verpflichtete 27
      1. Nach Handelsrecht 27
      2. Nach Steuerrecht 28
   C. Die Objekte von Buchführung und Bilanz 28
      1. Die Objekte 28
         1.1. Objekte der Bilanzkonten 28
            1.1.1. Der Vermögensgegenstand 28
            1.1.2. Eigene Anteile als Objekte 29
            1.1.3. Die übrigen Objekte 30
            1.1.4. Besonderheiten für Einzelunternehmen und
                 Personengesellschaften? 31
         1.2. Objekte der Gewinn- und Verlustrechnungskonten 31
         1.3. Steuerrechtliche Besonderheiten 31
            1.3.1. Für die Bilanz 31
            1.3.2. Für die Gewinn- und Verlustrechnung 32
      2. Die Zugangsweisen 32
         2.1. Der Regelfall 32
            2.1.1. Kennzeichnung 32
            2.1.2. Der Einfluss von Aufwendungen und Erträgen 33

2.1.3. Die Zeitpunkte der Erfassung	36
2.2. Weitere Zugangsweisen und deren Erfassungszeitpunkte	36
2.2.1. Bilanzierungsentscheidungen	36
2.2.2. Das Eigenkapital betreffend	38
2.2.3. Die Rückstellungen betreffend	43
2.2.4. Den Sachbezug betreffend	44
2.2.5. Die verdeckte Gewinnausschüttung betreffend	45
2.2.6. Die Bezugsrechte betreffend	47
2.3. Steuergesetzliche Besonderheiten	48
3. Die Arten des Ausscheidens	48
3.1. Bei Abgang	48
3.2. Bei Erfüllung	48
3.3. Bei Verbrauch	49
3.3.1. Durch Herstellung	49
3.3.2. Bei Gesellschafterbeschlüssen zu verdeckten Gewinnausschüttungen	49
3.4. Bei verdeckter Gewinnausschüttung	49
3.5. Steuergesetzliche Besonderheiten	50
4. Die Bewertung	51
4.1. Die Bewertungsmaßnahme	51
4.2. Die Bewertungsvereinfachungsverfahren	51
D. Grundlagengerechte Entscheidungen	52
1. Die Zwecke des Rechnungswesens	52
1.1. Zwecke der Buchhaltung	52
1.1.1. Finanzbuchhaltung	52
1.1.2. Kontokorrentbuchhaltung	52
1.2. Zwecke des Jahresabschlusses insgesamt	52
1.3. Zwecke der Bilanz	52
1.4. Zwecke der Gewinn- und Verlustrechnung	53
2. Buchung/Ansatz	53
2.1. Die Zugangsweisen und Erfassungszeitpunkte	53
2.1.1. Im Handelsrecht	53
2.1.2. Nach den Steuergesetzen	70
2.2. Bei Ausscheiden	71
3. Konto/Gliederung	71
3.1. Nach Handelsrecht	71
3.1.1. Allgemein	71
3.1.2. Der Steuern	73
3.1.3. Bei Sachbezug	74
3.2. Nach Steuergesetzen	74
4. Wertansatz	75
4.1. Kennzeichnung und Abgrenzung der Bewertungsmaßnahmen	75

  4.2. Die Zugangsbewertung 76
   4.2.1. Vorbemerkung: die gesetzlichen Bewertungsmaßstäbe 76
   4.2.2. Bei Zugang zu Bilanzkonten 77
   4.2.3. Bei Zugang zur Gewinn- und Verlustrechnung 89
   4.2.4. Speziell: bei Sachbezug 90
  4.3. Die Folgebewertung 91
   4.3.1. Nach Handelsrecht 91
   4.3.2. Nach Steuergesetzen 92
  4.4. Die Abgangs-/Ausscheidensbewertung 92
   4.4.1. Nach Handelsrecht 92
   4.4.2. Nach Steuergesetzen 94
  4.5. Besonderheiten beim Tausch? 94

III. Einfluss der Steuerrechtsprechung auf Buchführung und Bilanz? 97
 A. Von der Rechtsprechung geforderte Rechenwerke 97
  1. Einführung 97
  2. Die Sonderbilanz 97
   2.1. Kennzeichnung der Sonderbilanz und deren Zweck 97
   2.2. Gesetzliche Grundlagen der Sonderbilanz? 98
    2.2.1. Die Bilanz betreffend 98
    2.2.2. Die Buchhaltung betreffend 99
   2.3. Ergebnis – Folgerungen 101
  3. Die Ergänzungsbilanz 102
   3.1. Kennzeichnung 102
   3.2. Gesetzliche Grundlagen? 102
 B. Abweichungen bei Detailfragen 104
  1. Die Beantwortung von Rechtsfragen betreffend 104
  2. Den Gewinn betreffend 106
   2.1. Wirklicher Gewinn? 106
   2.2. Die rein steuerliche verdeckte Gewinnausschüttung 108
    2.2.1. Die verdeckte Gewinnausschüttung in der Diskussion 108
    2.2.2. Darstellung der rein steuerlichen verdeckten Gewinnausschüttung 109
  3. Die Objekte betreffend 110
   3.1. Die Bilanzobjekte 110
    3.1.1. Vermögensgegenstand versus Wirtschaftsgut 110
    3.1.2. Der Gewinnausschüttungsanspruch als Vermögensgegenstand/Wirtschaftsgut 113
    3.1.3. Die Beteiligung an einer Personengesellschaft als Wirtschaftsgut 114
    3.1.4. Die Parzellierungsfälle 114

3.1.5. Eigentumswohnungen/Teileigentume als
Wirtschaftsgüter ... 115
3.1.6. Durch Atomisierung gewonnene Wirtschaftsgüter? 116
3.1.7. Die Bewertungseinheiten ... 117
3.1.8. Objekte der Sonderbilanz ... 117
3.1.9. Objekte der Ergänzungsbilanz ... 118
3.2. Objekte der Gewinn- und Verlustrechnung ... 118
3.3. Den Zeitpunkt der Erfassung betreffend ... 118
4. Die Zugangsweise betreffend ... 119
4.1. Nachträgliche Kosten ... 119
4.2. Bilanzposten betreffend ... 119
4.2.1. Die Beteiligungen ... 119
4.2.2. Die Forderungen ... 120
4.2.3. Die Bezugsrechte ... 120
4.2.4. Durch Parzellierung entstandene Wirtschaftsgüter? 122
4.2.5. Die Eigentumswohnungen/Teileigentume ... 122
4.2.6. Die Kiesvorkommen ... 122
4.3. Die Gewinn- und Verlustrechnung betreffend ... 123
5. Die Ansatzfrage betreffend ... 124
5.1. In der Bilanz ... 124
5.1.1. Handelsrechtliche Wahlrechte ... 124
5.1.2. Die Beteiligung an Personengesellschaften ... 124
5.1.3. Die verdeckte Gewinnausschüttung ... 125
5.1.4. Bei der Kapitalrücklage ... 126
5.1.5. Die Anzahlungen ... 127
5.2. In der Gewinn- und Verlustrechnung ... 127
6. Die Gliederung betreffend ... 127
7. Die Bewertung betreffend ... 127
7.1. Die Frage nach dem maßgeblichen Zugangswert ... 127
7.2. Der Anschaffungskostenbegriff ... 128
7.3. Die Aufteilung von Anschaffungskosten ... 129
7.4. Die Herstellungskosten ... 132
7.5. Die nachträglichen Kosten ... 133
7.6. Die Bilanzposten betreffend ... 133
7.6.1. Die Beteiligungen ... 133
7.6.2. Die Forderungen ... 134
7.6.3. Die Bezugsrechte ... 134
7.6.4. Die durch Parzellierung entstandenen
Wirtschaftsgüter ... 135
7.6.5. Die Eigentumswohnungen/Teileigentume ... 135
7.6.6. Die Kiesvorkommen ... 135
7.6.7. Die Zuschüsse ... 136
7.7. Die Gewinn- und Verlustrechnung betreffend ... 136

IV. Ergebnis – Folgerungen 137
  A. Zusammenstellung der kritischen Ergebnisse 137
  B. Beurteilung der Ergebnisse 139
    1. Kritische Würdigung der Ergebnisse 139
    2. Begründungspflicht, Bestehen und Funktion 144
      2.1. Die gesetzlichen Grundlagen 144
        2.1.1. Die Finanzgerichtsordnung 144
        2.1.2. Das Grundgesetz 144
      2.2. Der Gesichtspunkt der Begründung 145
        2.2.1. Funktionen der Begründung 145
        2.2.2. Wahrnehmung der Begründungspflicht durch den Bundesfinanzhof? 147
    3. Der Gesichtspunkt der Macht 149
    4. Die Frage nach der Beachtung des Rationalprinzips 151
    5. Die Frage nach Sanktionen 152
  C. Schlussfolgerung 157

Stichwortverzeichnis 161

Abkürzungsverzeichnis

A. A.	anderer Ansicht
Abschn.	Abschnitt
AK	Anschaffungskosten
AO	Abgabenordnung
Art	Artikel
Aufl.	Auflage
BA	Betriebsausgaben
BB	Betriebs-Berater
BE	Betriebseinnahmen
BeckBil-Komm.	Beck'scher Bilanzkommentar
BeckRS	Beck Rechtsprechung
BFH	Bundesfinanzhof
BGB	Bürgerliches Gesetzbuch
BGH	Bundesgerichtshof
BilMoG	Gesetz zur Modernisierung des Bilanzrechts
BStBl	Bundessteuerblatt
BT-Drucks.	Bundestags-Drucksache
BV	Betriebsvermögen
BVerfG	Bundesverfassungsgericht
BVerfGE	Entscheidungen des Bundesverfassungsgerichts
DB	Der Betrieb
Ders.	derselbe
DStR	Deutsches Steuerrecht
DStRE	DStR Entscheidungsdienst
DStZ	Deutsche Steuer-Zeitung
Einf	Einführung
entspr	entsprechenden
EStDV	Einkommensteuerdurchführungs-Verordnung
EStG	Einkommnesteuergesetz
estrechtl	einkommensteuerrechtlich
EUGH	Europäischer Gerichtshof
f.	folgende
ff.	fortfolgende
FG	Finanzgericht
FGO	Finanzgerichtsordnung

Abkürzungsverzeichnis

FN	Finanznachrichten
Fn.	Fußnote
FR	Finanz-Rundschau
Gefter(n)	Gesellschafter(n)
GesVermögen	Gesellschaftsvermögen
GewStG	Gewerbesteuergesetz
GG	Grundgesetz
GmbH	Gesellschaft mit beschränkter Haftung
GmbHG	GmbH Gesetz
GmbHR	GmbH Rundschau
GrS	Großer Senat
grunds	grundsätzlich
GVG	Gerichtsverfassungsgesetz
Halbs.	Halbsatz
HFA	Hauptfachausschuss
HFR	Höchstrichterliche Finanzrechtsprechung
HGB	Handelsgesetzbuch
h. M.	herrschende Meinung
Hrsg.	Herausgeber
idR.	in der Regel
IDW	Institut der Wirtschaftsprüfer
IFA	Immobilien Fachausschuss
iRd.	im Rahmen der/des
iSd.	Im Sinne des
iSv.	Im Sinne von
IStR	Internationales Steuerrecht
iVm	in Verbindung mit
KStG	Körperschaftsteuergesetz
li.Sp.	linke Spalte
m. w. N.	mit weiteren Nachweisen
maßgebl	maßgeblich
MüKoBGB	Münchener Kommentar Bürgerliches Gesetzbuch
NJW	Neue Juristische Wochenschrift
Nr.	Nummer
PersGes	Personengesellschaft
RAP	Rechnungsabgrenzungsposten
re.Sp.	rechte Spalte
rechtl	rechtlich

RegE	Regierungsentwurf
RFH	Reichsfinanzhof
RS	Stellungnahme zur Rechnungslegung
RStBl	Reichsteuerblatt
Rz.	Randziffer
S.	Seite
s./S.	siehe
SBV	Sonderbetriebsvermögen
sinngem	sinngemäß
sog.	sogenannt
StB	Der Steuerberater
Stbg	Die Steuerberatung
StGB	Strafgesetzbuch
Tz.	Textziffer
U.	Unabhängigkeit
u. ä.	und ähnlich
u.A.	unter Anderem
UB	Unterschiedsbetrag
UmwStG	Umwandlungssteuergesetz
Urt.	Urteil
VG	Vermögensgegenstand
vGA	verdeckte Gewinnausschüttung
VuV	Vermietung und Verpachtung
WG	Wirtschaftsgut
WK	Werbungskosten
Wpg	Die Wirtschaftsprüfung
WPO	Wirtschaftsprüferordnung
z. B./Z. B.	zum Beispiel

I. Einführung

A. Einleitung

Kaufleute und Gewerbetreibende[1] sind zur Rechnungslegung verpflichtet. Die entsprechenden gesetzlichen Bestimmungen fordern die Erstellung von Buchhaltungen und, auf deren Grundlage, von Jahresabschlüssen.

Im Rahmen der Rechnungslegung sind von dem jeweiligen Ersteller, beginnend mit der Feststellung was möglicher Gegenstand der Rechnungslegung ist, unterschiedliche Entscheidungen zu treffen. Diese Entscheidungen, die die Behandlung dieser Objekte der Rechnungslegung in Buchführung und weitgehend dem folgend[2] in der Bilanz betreffen, werden im Folgenden getrennt betrachtet.[3]

Für Kaufleute ergibt sich der Inhalt der Verpflichtung zur hier betrachteten Rechnungslegung aus dem HGB. Steuerrechtlich sind die AO und das EStG dafür maßgebend. Daher werden hier zunächst die den Inhalt der zu treffenden Entscheidungen bestimmenden Gesetzesvorschriften behandelt.

Steuerrechtlich hat, im Gegensatz zum Handelsrecht, die Rechtsprechung praktisch einen großen Einfluss auf die Inhalte der Rechnungslegung. Dementsprechend wird zum Steuerrecht zusätzlich und gesondert der Einfluss der steuerlichen Rechtsprechung unter dem Gesichtspunkt der zugrunde zu legenden Systematik kritisch[4] betrachtet.[5]

Auf der Grundlage der beurteilten Steuerrechtsprechung[6] wird ein Vorschlag zur Verbesserung der Situation der Steuerbürger unter dem Gesichtspunkt der Rechtssicherheit durch für sie begründbare Vorhersehbarkeit unterbreitet.[7]

Zur Buchhaltung wird der nach dem Abschlussgliederungsprinzip aufgebaute Industriekontenrahmen SKR 04 und zum Jahresabschluss die einschlägigen Bestimmungen des HGB zugrunde gelegt. Konzernbilanzfragen sind nicht Gegenstand der Darstellung.

---

1 Die Ausführungen gelten auch für bilanzierende Bezieher von Einkünften aus selbständiger Arbeit. Die weiteren steuerlich zur Rechenschaft Verpflichteten werden im Folgenden nicht betrachtet.
2 Als Ausnahme wird hier beispielhaft auf die Bewertungseinheit hingewiesen, s. Abschn. II. D. 2.1.1.,1.2.2.
3 Siehe Abschn. II.
4 Siehe zu einer Beurteilung der steuerlichen Rechtsprechung unter einem anderen Gesichtspunkt Wichmann, Das System der Ertragsteuern und die Rechtsprechung des Bundesfinanzhofs, 2020. Im Folgenden wird darauf zum Teil wörtlich, Bezug genommen.
5 Siehe Abschn. III.
6 Siehe Abschn. IV. B 1. bis 5.
7 Siehe Abschn. IV. C.

I. Einführung

B. Methodische Vorbemerkung: Die Relevanz des Rationalprinzips

Für menschliches Entscheiden gilt das „Rationalitätskriterium", welches besagt, „wähle die Handlung mit dem maximalen Nutzen", wobei Gewinn u. Vorteile als positiver, Kosten, Verluste u. Nachteile als negativer Nutzen gelten."[8] Dabei „(gibt es) außer materiellen Vorteilen ... auch ideelle Vorteile: Macht[9], Sicherheit, gesellschaftliche Anerkennung, ferner Selbstachtung, nicht zuletzt Freiheit und Chancen zur Selbstverwirklichung. Und wer „Wert" genau überlegt, sieht, daß die sogenannten ideellen Vorteile oft weit wichtiger als die materiellen sind."[10]

In den Wirtschaftswissenschaften wurde das Prinzip konsequent angewendet, indem gesagt wurde, „das Rationalprinzip ist die übergeordnete Entscheidungsmaxime für jegliches menschliches Handeln."[11] Das führte im Ergebnis zu der – mittlerweile aufgegebenen – Annahme eines „homo oeconomicus"[12] als Handelnden.[13]

Das Prinzip besagt auch[14], dass die einfachere Begriffsbestimmung zu bevorzugen ist. Es wird auch als „Prinzip des geringsten Aufwandes"[15], oder als „Sparsamkeitsprinzip"[16] bezeichnet; es ist ein „Prinzip der Denkökonomie"[17]. Das entspricht dem Ergebnis der Sprachtheorie, die den von ihr sogenannten „Sender" verpflichtet, „sicherzustellen, daß seine Äußerungen weder mehr noch weniger Information enthalten, als nötig ist".[18] Auch Popper teilt diese Auffassung, wenn er zur Suche nach wissenschaftlicher „Wahrheit" ausführt, sie sei „nur dann möglich, wenn wir klar und einfach reden und unnötige technische Komplikationen vermeiden. In meinen Augen ist das Streben nach Einfachheit

---

8 Höffe in Höffe (Hrsg.) Lexikon der Ethik, 4. Aufl., 1992, Stichwort „Entscheidungstheorie", S. 123.
9 Siehe dazu Abschn. IV. B. 3.
10 Höffe, Gerechtiglkeit und Tausch?, in Lenk/Maring (Hrsg.), Wirtschaft und Ethik, Reclam 1992, S. 132 f.
11 Wöhe, Allgemeine Betriebswirtschaftslehre, 26 Aufl., 2016, S. 33.
12 Siehe dazu und zu der Abkehr von dem Konzept Abschn. IV. B. 1.
13 Siehe dazu auch Kahnemann, Schnelles Denken, langsames Denken, 4. Aufl., 2011. z. B. S. 508 ff.; „Econs und Humans".
14 Vorrangig tritt es als Wirtschaftlichkeitsprinzip auf, nach dem mit einem bestimmten Aufwand ein höchstmögliches Ergebnis oder ein bestimmtes Ergebnis mit einem geringstmöglichen Aufwand erzielt wird. Siehe Thommen/Achleitner/Gilbert/Hachmeister/Kaiser, Allgemeine Betriebswirtschaftslehre, 8. Aufl., 2017, S. 46.
15 Rapoport, Philosophie heute und morgen, 3. Aufl., o. J., S. 128.
16 Hans Lenk, Handlungstheorie, in Seiffert/Radnitzky, Hrsg., Handlexikon der Wissenschaftstheorie, 1992, S. 119 ff., hier S. 125 unter 3: zu Ockham.
17 Rapoport, Philosophie heute und morgen, 3. Aufl., o. J., S. 128; siehe auch Hoffmeister, Wörterbuch der philosophischen Begriffe, 2. Aufl., 1955, Stichwort „Denkökonomie".
18 Frey, Die Macht des Bildes, 1999, S. 74, m. w. N.

und Durchsichtigkeit eine moralische Pflicht aller Intellektuellen."[19] Und er sagt auch: „Wissenschaft ist Wahrheitssuche."[20]

Wenn das Rationalprinzip, und damit die Vernunft[21], auch nicht allbestimmend ist, werden im Bereich des Rechnungswesens ausschließlich rationale Entscheidungen getroffen. Daher gilt, dass die einfachere Lösung eines Problems zu bevorzugen ist. Das hat bereits Ockham[22] mit seinem „Rasiermesser"[23] für die Begriffsbildung dargestellt. Er führte aus: „Begriffe dürfen nicht über das notwendige Maß hinaus vermehrt werden."[24] Als ein Beispiel zeigt eine Meinungsverschiedenheit in der Wissenschaftsgeschichte die Vorzugswürdigkeit des Einfacheren, sogar über die Begriffsbildung hinaus, auf: Heute gilt nicht das geozentrische Weltbild von Kepler, mit dem bereits das homo-zentrierte Weltbild der ionischen Philosophie[25] überwunden war, sondern das heliozentrische von Galilei, und dazu heißt es im Vergleich zum geozentrischen Weltbild: „Dabei wäre Galilei der ohnehin anerkannte Vorteil ungleicher Einfachheit ... der Theorie zugefallen, so, wie deren ungleich größere Kraft der Vorhersage bisher unbekannter Phänomene."[26] Dabei zeigt das Beispiel auf, dass dieses Prinzip, wie gesagt, über seine Bedeutung für die Begriffsbildung hinaus gilt, z. B. für Theorien[27].

Auch das metrische System zur Messung von Gewicht, Länge und Inhalt/Menge ist dem englischen System wegen seiner Einfachheit vorzuziehen.[28] Dafür dient als ein Beispiel der Vergleich der Längenbestimmung.[29] Und dann allein die drei verschiedenen Arten von Unzen.[30]

Mit Hilfe von Begriffen wird der jeweils betrachtete Ausschnitt der Welt geordnet und erklärt, um die Möglichkeit zu schaffen, ihn zu verstehen. Mit Begriffen „(dringen wir) tiefer in die Struktur des Gegebenen ein und (sie sind) für die Erkenntnis unentbehrlich."[31] Dabei ist Erkenntnis „das Sichaneignen des Sinn-

---

19 Popper, Bemerkungen über die Wahrheit, in Objektive Erkenntnis. Ein evolutionärer Entwurf, 4. Aufl., 1984, S. 44, zitiert nach Wickert, Das Buch der Tugenden, 1995, S. 154.
20 Popper, Wissen und Sprache, in Bohnet/Stadler (Hrsg.) Popper Alle Menschen sind Philosophen, 2003, S. 188 ff., hier S. 189.
21 Siehe Schischkoff (Hrsg.), Philosophisches Wörterbuch, 22. Aufl., 1990, S. 598, Stichwort „rational".
22 William of Ockham, 1299 bis 1350. Auch Occam geschrieben.
23 Hans Lenk, Handlungstheorie, in Seiffert/Radnitzky, Hrsg., Handlexikon der Wissenschaftstheorie, 1992, S. 119 ff., hier S. 125 unter 3.
24 Übersetzung zitiert nach Rapoport, Philosophie heute und morgen, 3. Aufl., S. 127; Originaltext, ebenda: „Entia non sunt multiplicando preater necessitatem."
25 Siehe Hawking/Mlodinow, The Grand Theory, 2011, 2011, S. 32: „human centred".
26 Spaemann, Philosophische Essays, Reclam 1994, S. 187.
27 Dabei kommt es nicht darauf an, ob es sich im strengen Sinn um solche handelt. Es wirkt nur die Bezeichnung. Auch Auslegungs-/Lehrmeinungen zählen dazu.
28 Siehe Wolke, What Einstein didn't know, 1997, S. 239 ff.
29 Zentimeter, Meter (= 100 Zentimeter) und Kilometer (= 1.000 Meter) zu 12 Inch = 1 Fuß, 3 Fuß = 1 Yard, 1.760 Yard = 1 Meile.
30 Siehe Der Brockhaus, 1998, Band 10, Stichwort „Ounce".
31 Schischkoff (Hrsg.), Philosophisches Wörterbuch, 22. Aufl., 1991, S. 67: Stichwort: Begriff.

gehalts von erlebten bzw. erfahrenen Sachverhalte, Zuständen, Vorgängen, mit dem Ziel der Wahrheitsfindung".[32] Heisenberg hat auf von Menschen geschaffene „Werkzeuge zum Verständnis der Welt"[33] hingewiesen, die von beeindruckender Einfachheit sind: die „ganzen Zahlen und die geometrischen Formen".[34] Damit ist, angesichts des Anwendungs- und Erklärungsumfanges dieser „Werkzeuge" ein Beispiel für die Bedeutung der Einfachheit gegeben.[35]

Die Bedeutung der Begriffe im betrachteten juristischen Zusammenhang zeigt folgende Aussage auf: „Begriffe sind der Rohstoff und gleichsam das Lebenselixier der Jurisprudenz. Wer sie nicht sicher handhabt, kennt sein eigenes Handwerkszeug nicht; denn unsere Gesetzesbücher sind Sammlungen von Begriffen."[36] Dementsprechende Sorgfalt ist auf deren „Bestimmung" zu verwenden.[37]

Dazu ist ergänzend auf Folgendes hinzuweisen:

- Gegenstand der Rechtsprechung des Bundesfinanzhofs sind Fälle der Eingriffsverwaltung im Rahmen der Besteuerung der Steuerbürger. In den im Rahmen der Rechtsprechung ergehenden Urteile werden Einzelfälle rechtlich beurteilt. Die Urteile haben jedoch eine erhebliche Breitenwirkung. Auch deswegen ist Rechtssicherheit ein hohes von den Richtern zu beachtendes Gut.
- „Rechtssicherheit bedeutet: Vorausberechenbarkeit von Rechtsfolgen bei korrekter Anwendung rechtlicher Normen. Die Vorausberechenbarkeit ist nur gewährleistet bei Verwendung klar definierter Begriffe".[38]
- Im Zusammenhang mit klaren Begriffen kann hier klärend auf Folgendes verwiesen werden: „Eine ständige Quelle von Irrtümern sind unbestimmte Bedeutungen. Sie entziehen sich der Prüfung und der Verantwortung. Unbestimmtheit verdeckt das unbestimmte Vermengen verschiedener Bedeutungen, und erleichtert es, eine Bedeutung an Stelle einer anderen zu setzen, und verbirgt den Mangel, überhaupt keine feste Ansicht zu besitzen. Das ist die Erbsünde gegen die Logik, der Ursprung vieler schlechter Folgen für das geistige Leben. Es ist unmöglich, Unbestimmtheit vollständig zu vermeiden: es bedarf aufrichtiger Anstrengung, um sie soweit als möglich auszuschalten."[39] „Es ist daher ein wissenschaftliches und ein moralisches Gebot an die Juristen, sich ständig darum zu bemühen, nur solche Begriffe zu verwen-

---

32 Schischkoff, (Hrsg.), Philosophisches Wörterbuch, 22. Aufl., 1991, S. 178, Stichwort: Erkenntnis.
33 Heisenberg, Quantentheorie und Philosophie, Reclam 1979, S. 92.
34 Ebenda.
35 Dazu ist zu ergänzen, dass das hinsichtlich der Zahlen lediglich für die arabischen Zahlen gilt.
36 Schneider/Schnapp, Logik für Juristen, 6. Aufl., 2006, S. 20.
37 Siehe Schneider/Schnapp, Logik für Juristen, 6. Aufl., 2006, S. 20, vorletzter Abs.
38 Reinelt, Irrationales Recht, in ZAP, Sonderheft 2002 für Dr. Egon Schneider, S. 52 ff., hier unter II.
39 Soweit der amerikanische Philosoph Dewey, zitiert nach Schneider/Schnapp, Logik für Juristen, 6. Aufl., 2006, S. 19.

B. Methodische Vorbemerkung: Die Relevanz des Rationalprinzips

den, die inhaltlich klar bestimmt sind. Nur so kann dem unentwegt drohenden Auslegungsmissbrauch entgegengewirkt werden."[40]

Zur der damit angesprochenen, auch für das Recht und damit auch für das Steuerrecht maßgebenden, Logik wird auf die umfangreiche einschlägige Literatur hingewiesen.[41]

Und zur juristischen Rationalität wird gesagt: „Im Rechtssystem selbst denkt man Rationalität traditionell als Rationalität des Gesetzgebers, heute aber eher als Vernünftigkeit und Vernünftigkeit als Begründetheit der Entscheidungen."[42] Das entspricht hinsichtlich der Notwendigkeit der Begründung der allgemeinen Auffassung von Rationalität, nach der rationales Handeln und Urteilen gerechtfertigt sein (muss).[43] „In der neuzeitlichen Erkenntnistheorie hat man dafür (die Erkenntnismethoden: der Verfasser) den Begriff der Begründung oder Rechtfertigung eingesetzt: Wissen ist demnach *gerechtfertigte wahre Überzeugung*."[44] Damit sind die beiden Grundfragen der Erkenntnistheorie angesprochen: „Was meinen wir?" und „Wie gelangen wir zu unserem Wissen?"[45]

Damit sind Menschen angesprochen. Und „der Mensch ist ein gewissheitsbedürftiges Wesen. Er will Klarheit und Wahrheit"[46]. Damit sind Ordnung[47], Sicherheit[48], hier als Rechtssicherheit[49] und Planungssicherheit/Planbarkeit[50] durch, mittels Begründung[51] geschaffene Vorhersehbarkeit angesprochen.

Es wird daher im Folgenden in den betrachteten Zusammenhängen die jeweils einfachere Lösung gewählt und vertreten. Sie hat, und das wird sich im Folgenden erweisen, in der Regel gegenüber der jeweiligen komplizierteren, mehrdeutigen Alternative den Vorteil durch die Einfachheit widerspruchsfrei zu sein und sicherere Lösungen bei neuen Fragen zu bieten. Als Beispiel wird hier bereits auf den, diesem Anspruch nicht genügenden, steuerlichen Begriff „Wirtschaftsgut", hingewiesen.[52]

---

40 Schneider/Schnapp, Logik für Juristen, 6. Aufl., 2006, hier S. 30.
41 Siehe allein Schneider/Schnapp, Logik für Juristen, 6. Aufl., 2006.
42 Luhmann Das Recht der Gesellschaft, 1995, S. 563 f., m. w. N.
43 Seiffert/Radnitzky (Hrsg.), Handlexikon der Wissenschaftstheorie, 1994, S. 282 ff. hier S. 282, Stichwort „Rationalität".
44 Keil, Wenn ich mich nicht irre, Reclam 2019, S. 22.
45 Rapoport, Bedeutungslehre, 1972, S. 340.
46 Pörksen, Extremismus der Erregung, Wirtschaftswoche 8 vom 14. 2. 2020, S. 46 f., hier S. 46.
47 Siehe zu dem Grundbedürfnis von Menschen, Wichmann, das System der Ertragsteuern und die Rechtsprechung des Bundesfinanzhofs, 2020, S. 12, m. w. N.
48 Ebenda.
49 Siehe Abschn. IV. C.
50 Siehe Abschn. IV. B. 2.2.1.
51 Siehe Abschn. IV. B. 2.
52 Siehe Abschn. III. B. 3.1.1.

I. Einführung

Mit der Entscheidung für diese Vorgehensweise wird dem Rationalprinzip gefolgt, denn „ein Mensch handelt nach dem Rationalprinzip, wenn er sich bei der Wahl zwischen (zwei) Alternativen für die bessere Lösung entscheidet."[53] Die Ethik hat für Wissenschaftler und Institutionen als Ausfluss des Rationalprinzips sogenannte Vorzugs- und Sicherheitsregeln entwickelt[54]; von denen sollen hier nur die Problemlösungsregel[55] und die Beweislastregel[56] genannt werden. Nach der Beweislastregel sind die erforderlichen Nachweise zu erbringen.

Es wird sich zeigen, dass sowohl im Handels- als auch im Steuerrecht gegen das Prinzip der Einfachheit verstoßen wird. Dazu soll hier zunächst lediglich auf die Verwendung der Grundbegriffe Anschaffung und Herstellung[57], sowie noch einmal auf den Begriff Wirtschaftsgut[58] verwiesen werden.

Da mit Rechnungslegungsfragen Rechtsfragen gestellt sind, ist unter dem Gesichtspunkt des Rationalprinzips ergänzend darauf hinzuweisen, dass „ das Rechtsstaatsprinzip eine methodische **rational überprüfbare Argumentation** bei der Begründung einer Entscheidung (verlangt)."[59] Auch dass Publizität in Gestalt der „Veröffentlichungspflicht mehrere Funktionen (erfüllt)"[60], ist wegen ihrer Wirkung erwähnenswert: denn es kann durch sie z. B. „Druck (bei) unterdurchschnittlichen Ergebnissen entstehen"[61], womit sie „das ... Verfahren öffentlicher Kontrolle" (unterwirft) ... (und) „der **Rationalität** (Hervorhebung durch den Verfasser) und Rechtsstaatlichkeit des Verfahrens (dient)"[62]. Und zur Bewertung im Jahresabschluss wird in diesem Zusammenhang später aufgezeigt werden, „dass der Verkehrswert aufgrund **rationaler** (Hervorhebung durch den Verfasser) dem Grundstücksmarkt entsprechender plausibel nachvollziehbarer Methoden dargelegt wird."[63]

---

53 Wöhe, Allgemeine Betriebswirtschaftslehre, 26 Aufl., 2016, S. 33.
54 Vgl. zu dem Hinweis auf die Quellen und dem Folgenden, auch den folgenden Zitaten, Küng, Projekt Weltethos, 11. Aufl., S. 74 f.; vgl. auch Mieth, Interkulturelle Ethik, in Küng/Kuschel (Hrsg.), Wissenschaft und Weltethos, 2001, S. 359 ff., hier S. 379 f.
55 „Kein wissenschaftlicher ... Fortschritt, der, realisiert, größere Probleme als Lösungen schafft!"
56 „Wer eine neue wissenschaftliche Erkenntnis vorträgt, ... hat selber nachzuweisen, daß ... (er keinen) Schaden verursacht".
57 Siehe Abschn. II. D. 2.1.1., 1.1.2).
58 Siehe Abschn. III. B.3.1.1.
59 Helmuth Schulze-Fielitz in Dreier (Hrsg.) Grundgesetz Kommentar, 3. Aufl., 2015, Art 20 BVerfG (Rechtsstaat), Tz. 176.
60 Werner Heun/Alexander Thiele (Hrsg.) in Dreier, Grundgesetz, 2018, Art. 109a, Tz. 42.
61 Werner Heun/Alexander Thiele (Hrsg.) in Dreier, Grundgesetz, 2018, Art. 109a, Tz. 42.
62 Werner Heun/Alexander Thiele (Hrsg.) in Dreier, Grundgesetz, 2018, Art. 109a, Tz. 42.
63 Zu dieser Anforderung, vgl. Dieterich in Ernst/Zinkahn/Bielenberg/Krautzberger, BauGB, § 194 BauGB, Tz. 142, Stand September 2010; so auch Kleiber in Ernst/Zinkahn/Bielenberg/Krautzberger, BauGB, § 8 ImmoWertV, Tz. 9, Stand Februar 2010.

II. Rechnungslegung, erstellt nach gesetzlichen Grundlagen

A. Inhalte der Verpflichtung

1. Buchführung und Bilanz als Instrumente der Rechnungslegung

Die Buchführungspflicht ist eine öffentlich-rechtliche Pflicht der Kaufleute. Die Buchführung und insbesondere der Jahresabschluss dienen der Selbstinformation der Kaufleute und der Information anderer Interessenten mit berechtigtem Interesse, insbesondere der Gläubiger und des Fiskus.

2. Quellen für Grundlagen

2.1. Handelsrecht

2.1.1. Die Bestimmungen

Die handelsrechtlichen Quellen für die Bestimmungen zu Buchführung und Bilanz finden sich in „Drittes Buch. Handelsbücher" des HGB. Von dort sind die §§ 238 bis 278 HGB für die weiteren Überlegungen von Bedeutung. Damit werden, der weitgehenden Praxis folgend, die für Kapitalgesellschaften geltenden Gliederungsbestimmungen in die Betrachtung einbezogen. Konzernbilanzen werden hier nicht betrachtet.

Die Bilanz und die GuV bilden den Jahresabschluss iSd. § 246 Abs. 1 HGB.

2.1.2. Die Buchführungs- und Bilanzierungsentscheidungen

Für die Erstellung des damit in Bezug genommen, nach § 242 Abs. 3 HGB aus Bilanz und GuV bestehenden, Jahresabschlusses, sind zu den im Folgenden genannten Objekten[1] diese Entscheidungen, zu treffen:

– Ansatz, §§ 246 ff. HGB,
– Gliederung, §§ 266 ff. HGB und
– Bewertung, §§ 252 ff. HGB.

Indem dazu in § 246 Abs. 1 HGB die im Jahresabschluss anzusetzenden Sachverhalte genannt werden, die hier als Objekte des Jahresabschlusses bezeichnet werden, sind die Antworten auf die zwei Fragen

– ob und
– wann

deren Erfassung zu erfolgen hat, beantwortet: sie hat zu erfolgen, wenn die Sachverhalte erfüllt sind.

---

1   Siehe Abschn. II. C. 1. und II. D. 2.1.1., 1.1.1).

II. Rechnungslegung, erstellt nach gesetzlichen Grundlagen

Da der Jahresabschluss auf der Grundlage der Buchführung erstellt wird, gelten diese Feststellungen grundsätzlich gleichermaßen für die Buchführung; dort ist entsprechend zu entscheiden,

- ob,
- auf welchem Konto und
- mit welchem Wert

zu buchen ist.

2.2. Steuerrecht

2.2.1. Der Grundsatz: das umfassende Maßgeblichkeitsprinzip

1) Das Prinzip

§ 5 Abs. 1 EStG fordert, „das Betriebsvermögen anzusetzen (§ 4 Absatz 1 Satz 1), das nach den handelsrechtlichen Grundsätzen ordnungsmäßiger Buchführung auszuweisen ist." Dieser Bezug des Steuerrechts auf das Handelsrecht wird als Maßgeblichkeitsprinzip bezeichnet.[2] Es gilt nach § 8 Abs. 1 KStG ebenfalls für die körperschaftsteuerliche Gewinnermittlung. Und die „Maßgeblichkeit des den „handelsrechtlichen Grundsätzen ordnungsmäßiger Buchführung entsprechenden fehlerfreien Jahresabschlusses[3] für die steuerliche Gewinnermittlung" ist durch „die wiederholte Entscheidung des Gesetzgebers für das Maßgeblichkeitsprinzip"[4] und – wieder – durch das BilMoG bestätigt worden".[5]

Angesichts des Umstandes, dass das Steuerrecht, von Ausnahmen abgesehen[6], keine grundsätzlichen Regelungen zu den Buchungs- und Bilanzierungsentscheidungen

- ob gebucht oder bilanziert (Buchungs-/Ansatzentscheidung) und
- auf welchem Konto gebucht, bilanziert (Gliederungsentscheidung)

wird, enthält, ist es insoweit auf ein außersteuerliches System angewiesen.

Das Maßgeblichkeitsprinzip im Sinne der verpflichtenden Geltung der Bestimmungen der handelsrechtlichen Rechnungslegung ist jedoch grundsätzlicher und umfassender[7]; so stellt § 141 Abs. 1 AO auf handelsrechtliche Bestimmungen zur Rechnungslegung ab und auch in § 146 Abs. 5 AO wird zu besonderen Formen der Buchführung auf die Grundsätze ordnungsmäßiger Buchführung verwiesen.

---

2 Siehe Schmidt/Weber-Grellet, EStG, 38. Aufl., 2019, § 5 Tz. 26.
3 Dieser Jahresabschluss wird üblicherweise als Handelsbilanz bezeichnet: siehe Wichmann, Die sog. Handelsbilanz – aus Sicht des EStG, Stbg 2015, S. 307 ff., hier S. 307 f. unter I, m. w. N.
4 Mathiak in Kirchof/Söhn, EStG Kommentar, § 5 Rz. A 33, (1989).
5 Siehe BT-Drucks. 16/10067 vom 30.07.2008, S. 34, 2. Abs. unter 3. a).
6 Z. B. §§ 6b und 6d EStG.
7 Siehe auch Abschn. II. A. 2.2.1.

A. Inhalte der Verpflichtung

Allerdings wird in § 141 Abs. 1 AO der § 242 Abs. 2 und 3 HGB ausgeschlossen. Damit entfällt, insoweit als § 141 AO wirkt[8], die Pflicht zur Erstellung einer GuV. Daraus wird gefolgert, dass eine einfache Buchführung ausreichen soll.[9] Allerdings wird teilweise auch bei Anwendung des § 141 AO eine GuV gefordert.[10]

2) Die handelsrechtliche Ausnahme

§ 274 HGB hat Vorschriften für die Behandlung der sogenannten latenten Steuern zum Inhalt. Mit deren Ansatz soll in den im Gesetz genannten Fällen ein Korrespondieren des gebuchten Steueraufwandes mit dem handelsrechtlichen Ergebnis erreicht werden.[11] Diese Korrespondenz wäre nämlich sonst wegen – möglicher – dem Betrage nach unterschiedlicher Bilanzansätze in Handels- und Steuerbilanz gestört, da der Steueraufwand der GuV – zunächst[12] – nach dem vom handelsrechtlichen Gewinn abweichenden Steuerbilanzgewinn bemessen wird.

Für die latenten Steuern gilt das Maßgeblichkeitsprinzip nicht.[13] Es handelt sich bei dem Posten um einen rein handelsrechtlichen Posten, der nicht in der Steuerbilanz, einschließlich der GuV, ausgewiesen wird.

2.2.2. Insbesondere die Grundsätze ordnungsmäßiger Buchführung und Bilanzierung

1) Inhalt

Die nach § 238 Abs. 1 HGB bei der „Führung der Handelsbücher" zu beachtenden „Grundsätze ordnungsmäßiger Buchführung" gelten nach § 243 Abs. 1 HGB ebenfalls für den Jahresabschluss; es handelt sich bei ihnen demnach grundsätzlich um Grundsätze ordnungsmäßiger Buchführung[14] und Bilanzierung. Daher leitete Leffson den Inhalt der Grundsätze ordnungsmäßiger Buchführung von den Zielen von Buchführung und Bilanz ab.[15]

Der § 239 HGB hat sogenannte Dokumentationsgrundsätze[16] zum Inhalt, die vorrangig Regeln für die Buchführung nennen. Daneben führen auch die §§ 240 ff. HGB Vorschriften auf, die ebenfalls vorrangig der Buchführung in Gestalt von Aufzeichnungen dienen. Die vorgenannten §§ 239 bis 241a HGB dienen der „Buchführungstechnik"[17].

---

8 Siehe Abschn. II. A. 3.
9 Siehe Drüen in Tipke/Kruse, AO, § 141 Tz. 26, Stand Oktober 2015.
10 Siehe Abschnitt II. C. 1.2.
11 Siehe Grottel/Larenz in Beck Bil-Komm., 11. Aufl., 2018, § 274, Tz. 4.
12 Siehe Abschn. II. D. 3.1.2.
13 Vgl. Winkeljohann/Buchholz/Schubert/Adrian, in Beck Bil-Komm., 11. Aufl., 2018, § 274 Tz. 220.
14 Allerdings gelten sie nach den IFRS nur für die Buchführung, siehe MünchKommHGB/Ballwieser, 3. Aufl., 2013, § 238, Tz. 42.
15 Siehe Leffson, Die Grundsätze ordnungsmäßiger Buchführung, 7. Aufl., 1987, S. 28 ff.
16 Siehe z. B. MünchKommHGB/Ballwieser, 3. Aufl., 2013, § 238, Tz. 25, erster Spiegelstrich.
17 MünchKommHGB/Ballwieser, 3. Aufl., 2013, § 239, Tz. 2 ff.

II. Rechnungslegung, erstellt nach gesetzlichen Grundlagen

2) Zwecke der Grundsätze ordnungsmäßiger Buchführung
Den übergeordneten Zweck der Rechnungslegung stellen Handels-[18] und Steuerrecht[19] übereinstimmend fest: „Die Buchführung muss so beschaffen sein, dass sie einem sachverständigen Dritten innerhalb angemessener Zeit einen Überblick über die Geschäftsvorfälle und über die Lage des Unternehmens vermitteln kann."

Inhaltlich dient die handelsrechtliche Buchführung unter Beachtung und Sicherung des Gläubigerschutzes[20] kaufmännischen Zwecken[21] und, was hier von besonderer Bedeutung ist, der Gewinnermittlung.[22]

2.2.3. Steuergesetzliche Besonderheiten?
Das Steuerrecht stützt sich zur Buchführungstechnik im Zusammenhang mit „der Form der Bücher und Aufzeichnungen"[23] im § 146 Abs. 5 AO auf die GoB. § 146 AO hat darüber hinaus einerseits allgemeine und andererseits besondere Ordnungsvorschriften zum Inhalt.[24] § 146a AO führt ergänzend Ordnungsvorschriften zur elektronischen Buchführung auf.

Insgesamt können diese Bestimmungen der AO als Detaillierung zu handelsrechtlichen Normen betrachtet werden.

§ 5 Abs. 6 EStG bestimmt, dass die Vorschriften des EStG über die Bewertung und die Vorschriften über die Betriebsausgaben zu beachten sind. Damit sind die §§ 4 Abs. 4a ff., 6, 6a, 6b, 7, 7a, 7g, 7h und 7i EStG zu beachten. Die §§ 6b und 7g EStG enthalten darüber hinaus jeweils eine Ansatzbestimmung und Gliederungsbestimmungen.

Zudem sieht § 4 Abs. 1 Satz 2 EStG Leistungsentnahmen vor, die in den handelsrechtlichen Bilanzierungsbestimmungen nicht aufgeführt werden.[25]

§ 4 Abs. 5 EStG zu den nicht abziehbaren Betriebsausgaben ist ohne Einfluss auf die Rechnungslegung, da deren Berücksichtigung außerbilanziell erfolgt.[26] Auch die Gewinnkürzung nach § 34a EStG wird außerbilanziell vollzogen.

3. Besonderheiten bei der Gewinnermittlung nach § 4 Abs. 1 EStG

In § 4 Abs. 1 EStG ist, im Gegensatz zu § 5 Abs. 1 EStG, kein steuerlicher Hinweis auf Bestimmungen dazu enthalten, wie zu bilanzieren ist. Diese Regeln ergeben sich für die Gewinnermittlung nach § 4 Abs. 1 EStG aus § 141 AO; damit sind

---

18 § 238 Abs. 1 HGB.
19 § 145 Abs. 1 AO.
20 Siehe Leffson, Die Grundsätze ordnungsmäßiger Buchführung, 7. Aufl., 1987, S. 45 ff.
21 Siehe Leffson, Die Grundsätze ordnungsmäßiger Buchführung, 7. Aufl., 1987, S. 38 ff.
22 Siehe MünchKommHGB/Ballwieser, 3. Aufl., 2013, § 243, Tz. 14 ff.
23 Drüen in Tipke/Kruse, AO, § 146, Tz. 63, Stand April 2018.
24 Siehe Drüen in Tipke/Kruse AO, § 146, Tz. 2 ff., Stand April 2018.
25 Siehe Abschn. II. D. 4.4.2.
26 Siehe Schmidt/Loschelder, EStG, 38. Aufl., 2019, § 4, Tz. 521.

auch für diese Gewinnermittlung die handelsrechtlichen GoB insoweit maßgeblich.

Der in § 4 Abs. 1 EStG aufgeführte, für die steuerliche Rechnungslegung grundlegende Begriff „Betriebsvermögen" wird im EStG nicht definiert.[27] Darunter wird – üblicherweise – die Summe der einem Betrieb gewidmeten Wirtschaftsgüter verstanden.[28] Das macht z. B. § 6 Abs. 5 Satz 1 EStG deutlich, indem dort die Überführung von Wirtschaftsgütern zwischen verschiedenen Betriebsvermögen geregelt wird. Insoweit als auf das dem Betrieb Gewidmetsein abgestellt wird, erfolgt eine Abgrenzung zum Privatvermögen, für das nach § 264c Abs. 3 HGB auch handelsrechtlich ein Buchungs- und Bilanzierungsverbot besteht.

Der Begriff „Betriebsvermögen" des § 4 Abs. 1 EStG bezeichnet allerdings einen völlig anderen Sachverhalt[29], nämlich „das bilanzmäßige Eigenkapital des Bilanzierenden, ein Betriebs**rein**vermögen, das ist das Eigenkapital."[30]

Nach § 141 Abs. 1 AO sind die Vorschriften des HGB, die nach dem Maßgeblichkeitsprinzip sonst einschlägig sind, mit einer Ausnahme maßgeblich. Diese Ausnahme ergibt sich daraus, dass sich die Vorschrift insoweit nur auf § 242 Abs. 1 HGB bezieht, und somit im Ergebnis bestimmt, dass eine GuV nicht zwingend zu erstellen ist.[31]

Zudem soll nach § 141 Abs. 1 AO eine einfache Buchhaltung ausreichend sein.[32] Das ist zweifelhaft, denn hinsichtlich der GuV wird lediglich die Aufgliederung diskutiert.[33] Das unterstellt eine Pflicht zu deren Erstellung.

B. Der Verpflichtete[34]

1. Nach Handelsrecht

Handelsrechtlich ist der Kaufmann ... Normadressat"[35] des § 238 HGB. Somit ist er verpflichtet die Buchführungs- und Bilanzierungspflichten zu erfüllen.

---

27 Siehe z. B.: Schmidt/Loschelder, EStG, 38. Aufl., 2019, § 4 Tz. 24; Kanzler in Herrmann/Heuer/Raupach, EStG, Vor §§ 4 – 7, Tz. 23, Stand August 2019.
28 Siehe für alle Schmidt/Loschelder, EStG, 38. Aufl., 2019, § 4 Tz. 30.
29 Dennoch meint Loschelder (Schmidt/Loschelder, EStG, 38. Aufl., 2019, § 4 Tz. 24: „§ 4 I ... wohl synonym „Wirtschaftsgüter des Betriebs"".).
30 BFH vom 07.08.2000 GrS 2/99, BStBl 2000, II, S. 632 ff., hier S. 635 unter C. II.1.; siehe auch: Wichmann, Die Frage nach der steuerrechtlichen Bedeutung des § 4 Abs. 1 EStG, StB 5/2014, S. 149 ff., hier S. 149 unter II. 1., m. w. N.; so bereits Schmidt/Wacker, EStG, 6. Aufl. 1987, § 4 Tz. 11; Seiler in Kirchhof/Söhn/Mellinghoff, EStG, § 4 Rdnr. B 22, Stand Oktober 2012; Kanzler in Herrmann/Heuer/Raupach, EStG, Vor §§ 4–7 Tz. 101, Stand August 2019.
31 § 242 Abs. 2 HGB ist eine Folge vom Ausschluss des § 242 Abs. 1 HGB, und § 242 Abs. 3 HGB ist angesichts der in § 141 AO aufgeführten Werte nicht einschlägig.
32 Siehe Drüen in Tipke/Kruse, AO, § 141, Tz. 26, Stand Oktober 2015.
33 Siehe z.B MünchKommHGB/Ballwieser, 3. Aufl., 2013, § 242, Tz. 21 ff.
34 Siehe dazu als besonderen Fall Abschn. III. A. 2.
35 MünchKommHGB/Ballwieser, 3. Aufl., 2013, § 238 Tz. 2.

II. Rechnungslegung, erstellt nach gesetzlichen Grundlagen

2. Nach Steuerrecht

Aufgrund des, den § 141 Abs. 1 AO einschließenden Maßgeblichkeitsprinzips, trifft den Kaufmann, als Bezieher von Einkünften aus Gewerbebetrieb, auch wenn er in § 5 EStG als Gewerbetreibender und in § 5a Abs. 1 EStG, sowie in § 141 Abs. 1 AO als Steuerpflichtiger bezeichnet wird, die Buchführungs- und Bilanzierungspflicht. Bei – bilanzierenden – Beziehern von Einkünften aus selbständiger Arbeit sind es die Steuerpflichtigen iSd. § 141 Abs. 1 AO.

C. Die Objekte von Buchführung und Bilanz

1. Die Objekte

1.1. Objekte der Bilanzkonten

1.1.1. Der Vermögensgegenstand

1) Allgemein
Das bedeutendste aktivische Bilanzierungsobjekt ist der Vermögensgegenstand.
„Nach der überwiegenden, auch hier vertretenen Auffassung ist ein Vermögensgegenstand i. S. v. (§ 246 HGB) Abs. 1 jedes nach der Verkehrsanschauung individualisierbare Gut, das sich bei wirtschaftlicher Betrachtung einzeln verwerten lässt."[36] Diese Auffassung hat der Gesetzgeber im BilMoG bestätigt.[37] Dabei ist die Einzelveräußerbarkeit[38], die überwiegend als Kennzeichen des Vermögensgegenstandes gilt[39], nur eine, jedoch die überwiegend in der Praxis auftretende, Erscheinungsform der Einzelverwertbarkeit[40]. Daher ist auch die, in Fällen rechtlich bestimmter Unmöglichkeit der Einzelveräußerbarkeit, über sie hinausgehende Einzelverwertbarkeit, wie z. B. bei dem nicht übertragbaren Nießbrauch[41], selbst ein eigenständiges Merkmal.[42] Diese Meinung hat bereits Knapp vertreten.[43]

---

36 Adler/Düring/Schmaltz, Rechnungslegung und Prüfung der Unternehmen, 6. Aufl., § 246 Tz. 26. Siehe auch Schubert/F.Huber in Beck Bil-Komm., 11. Aufl., 2018, § 247, Tz. 377.
37 BT-Drucks. 16/10067, S. 35 unter 4.a), 2. Abs. und „Zu Nr. 6", hier S. 50, 2. Abs.
38 Genauer betrachtet ist es die abstrakte Einzelveräußerbarkeit: Siehe Adler/Düring/Schmaltz, Rechnungslegung und Prüfung der Unternehmen, 6. Aufl., § 246 Tz. 19; so auch BFH vom 26.08.1992 I R 24/91, BStBl 1992, II, S. 977 ff. DB 1992, S. 2115.
39 Siehe Adler/Düring/Schmaltz, Rechnungslegung und Prüfung der Unternehmen, 6. Aufl., § 246 Tz. 18.
40 Siehe: Adler/Düring/Schmaltz, Rechnungslegung und Prüfung der Unternehmen, 6. Aufl., § 246 Tz. 20; MünchKommHGB/Ballwieser, 3. Aufl., 2013, § 246, Tz. 14.
41 § 1059 BGB.
42 Siehe Adler/Düring/Schmaltz, Rechnungslegung und Prüfung der Unternehmen, 6. Aufl., § 246 Tz. 28.
43 Siehe Knapp, Was darf der Kaufmann als seine Vermögensgegenstände bilanzieren?, DB 1971, S. 1121 ff., hier S. 1122 unter „Zu a)".

Dabei kommt es nicht auf die konkrete Erfüllung der Voraussetzungen an, sondern darauf, dass die Eigenschaften abstrakt[44] gegeben sind, dass der Gegenstand *„seiner Natur nach* übertragbar ist."[45] Das wird an dem Beispiel deutlich, in dem eine Forderung an einen Schuldner betrachtet wird, der in seinen Auftragsbedingungen bestimmt hat, dass es nicht gestattet ist, Forderungen an ihn abzutreten. Es ist nämlich nicht angemessen, dass die Forderung ihre Eigenschaft als Vermögensgegenstand durch diesen Inhalt von Auftragsbedingungen verliert.

2) Ver- und Entsorgungsnetze
Eine Besonderheit, auf die hier lediglich hingewiesen werden soll[46], stellen Ver- und Entsorgungsnetze dar, wie z. B. jeweils das Trinkwasser-, Stromleitungs- und Abwassernetz, um nur diese zu nennen.[47] Sie erstrecken sich z. T. über die gesamte Bundesrepublik.

Angesichts der damit dargestellten möglichen Größe verbietet es sich, jeweils das gesamte Netz als einen Vermögensgegenstand/ein Wirtschaftsgut[48] zu betrachten, auch wenn sich das betreffende Netz in einer Hand befindet. Befinden sich Teile in mehreren verschiedenen Händen, ist die Einzelverwertbarkeit der Teile bereits nachgewiesen.

1.1.2. Eigene Anteile als Objekte
Eigene Anteile sind handels- und steuerrechtlich nicht aktivierungspflichtig.[49] Sie verändern das Eigenkapital[50], in der Regel die Rücklagen.[51] Sie sind jedoch Objekt der Buchhaltung, da sie zur Verrechnung mit den Rücklagen zunächst erfasst werden müssen.

Allerdings bleiben sie trotz der Verrechnung in der Bilanz Objekte der Buchhaltung; sie sind auf das Folgejahr zu übertragen.

---

44 So bereits Döller, Gedanken zur Bilanz im Rechtssinn, in JbFSt 1979/1980, S. 195 ff., hier S. 199. Siehe z. B. auch Knobbe-Keuk, Bilanz- und Unternehmenssteuerrecht, 8. Aufl., 1991, S. 77.
45 Knobbe-Keuk, Bilanz- und Unternehmenssteuerrecht, 8. Aufl., 1991, S. 77.
46 Im „Entwurf IDW Stellungnahme zur Rechnungslegung: Rechnungslegung der öffentlichen Verwaltung nach den Grundsätzen der doppelten Buchführung (IDW ERS ÖFA 1) wird diese Frage nicht behandelt, obgleich die Netze laut Tz. 36 Gegenstand des Entwurfs sind.
47 Siehe dazu Wichmann, Die Versorgungs-. und Entsorgungsanlage als Vermögensgegenstand, Versorgungs Wirtschaft, 2000, S. 221 ff.
48 Siehe Bundesminister der Finanzen vom 30. Mai 1997, IV B 2 – S 2170–53/97, BStBl 1997, I, S. 567 f.
49 Siehe: Grottel/Larenz in Beck Bil-Komm., 11. Aufl., 2018, § 274, Tz. 34; Hütten/Lorson in Küting/Pfitzer/Weber (Hrsg.), Handbuch der Rechnungslegung Einzelabschluss, § 265, Tz. 55, Stand August 2010.
50 Siehe Grottel/Larenz in Beck Bil-Komm., 11. Aufl., 2018, § 274, Tz. 34.
51 Siehe Küting/Reuter in Küting/Pfitzer/Weber (Hrsg.), Handbuch der Rechnungslegung Einzelabschluss, § 272, Tz. 49, Stand November 2009.

II. Rechnungslegung, erstellt nach gesetzlichen Grundlagen

Vorstehendes gilt hinsichtlich der bilanziellen Behandlung nicht, wenn und soweit sie

- „(Arbeitnehmern) der Gesellschaft als Lohnbestandteil zum Erwerb angeboten werden sollen oder
- dazu dienen, Aktionäre nach § 305 Abs. 2 AktG oder § 320 Abs. 2 AktG im Zuge von UN-Zusammenschlüssen abzufinden."[52]

In diesen Fällen sind die Anteile aktivierungspflichtig.

1.1.3. Die übrigen Objekte

Den § 266 Abs. 2 und 3 HGB ist unmittelbar zu entnehmen, für welche Sachverhalte – zumindest – Bilanzkonten einzurichten sind, das sind insoweit Konten für Anlage- und Umlaufvermögen, für Anzahlungen, für Anlagen im Bau[53], für aktive und passive Rechnungsabgrenzungsposten, aktive und passive latente Steuern, den aktiven Unterschiedsbetrag aus der Vermögensverrechnung, Eigenkapital-, einschließlich Rücklagenkonten, insbesondere für Anteile an einem herrschenden oder mit Mehrheit beteiligten Unternehmen[54], Rückstellungen und Verbindlichkeiten. Ergänzend ergibt sich aus § 272 Abs. 1 HGB die Notwendigkeit der Einfügung eines Kontos „Ausstehende Einlagen".

Die zwingende Verrechnung für Altersversorgungsverpflichtungen nach § 246 Abs. 2 Satz 2 HGB, als Ausnahme vom Verrechnungsverbot des § 246 Abs. 2 Satz 1 HGB, führt jeweils zu einem Aktivkonto oder einem besonderen Rückstellungskonto für „Altersversorgung sowie Pensionen". Der überschießenden aktivische Betrag des § 246 Abs. 2 Satz 3 HGB ist in einem gesonderten Konto aufzunehmen; das ist das oben bezeichnete, in § 266 Abs. 2 E. HGB bezeichnete Konto.[55]

Dabei sind im Rahmen schwebender Geschäfte[56] bei Vorleistung des nicht zu Sach- oder Dienstleistung Verpflichteten ein Rechnungsabgrenzungsposten zu bilden.[57]

Anlagen im Bau sind zu aktivieren, obgleich sie keinen Vermögensgegenstand darstellen. Voraussetzung ist jedoch, dass der Bau „bei Fertigstellung aktivierungsfähig ist".[58] Das Prinzip gilt dann für alle in der Herstellung befindlichen Vermögensgegenstände, auch immaterielle, wie handelsrechtlich z.B. selbst geschaffene immaterielle Gegenstände des Anlagevermögens. Für letztere je-

---

52 Küting/Reuter in Küting/Pfitzer/Weber (Hrsg.), Handbuch der Rechnungslegung Einzelabschluss, § 272, Tz. 47, Stand November 2009.
53 Siehe Schubert/Kreher/F.Huber in Beck Bil-Komm., 11. Aufl., 2018, § 247, Tz. 561.
54 § 272 Abs. HGB.
55 Schmidt/Ries in Beck Bil-Komm., 11. Aufl., 2018, § 246, Tz. 120.
56 Siehe dazu Abschn. II. C. 2.2.3,2).
57 Siehe MünchKommHGB/Ballwieser; 3. Aufl., 2013, § 249, Tz. 57.
58 Schubert/F.Huber/Grottel/Kreher in Beck Bil-Komm., 10. Aufl., 2016, § 247 Tz. 115, m.w.N.

C. Die Objekte von Buchführung und Bilanz

doch nur, wenn das für seine Aktivierung bestehende Wahlrecht ausgeübt werden soll.[59]

Für Zuschüsse der öffentlichen Hand und von privater Seite sind dem Zuwendungszwecks entsprechend Konten einzurichten.[60]

Darüber hinaus enthält der IKR 04 weitere erforderliche Konten.

1.1.4. Besonderheiten für Einzelunternehmen und Personengesellschaften?

Im Prinzip gilt Vorstehendes abgesehen von Besonderheiten für die Kapitalkonten der OHG und der KG für alle Rechtsformen. Für vorstehend genannte Gesellschaften sind Konten für das Festkapital und das variable Kapital und zu den Festkapitalkonten Konten für ausstehende Einlagen zu führen. Üblich sind daneben Entnahmekonten für Gesellschafter und Einzelunternehmer. Auch Rücklagekonten sind denkbar.

1.2. Objekte der Gewinn- und Verlustrechnungskonten

Die Objekte der GuV ergeben sich zunächst aus § 275 Abs. 2 HGB[61]: es handelt sich um die dort aufgeführten Aufwendungen und Erträge. Für die Zwischensummen sind Konten nicht zu bilden.

Ein besonderer Posten ergibt sich bei Altersversorgungsverpflichtungen aus § 246 Abs. 2 Satz 2, 2. Halbsatz HGB im Rahmen der dort geregelten Verrechnung von „Aufwendungen und Erträgen aus der Abzinsung und aus dem zu verrechnenden Vermögen".[62]

1.3. Steuerrechtliche Besonderheiten

1.3.1. Für die Bilanz

§ 5 Abs. 6 EStG bestimmt, dass die Vorschriften des EStG über die Bewertung und die Vorschriften über die Betriebsausgaben zu beachten sind. Damit sind die §§ 4 Abs. 4a ff., 6, 6a, 6b, 7, 7a, 7g, 7h und 7i EStG einschlägig. Allerdings betreffen diese Bestimmungen überwiegend keine Objekte der Bilanz, im Sinne der Bestimmung eines Objektes; vielmehr handelt es sich insoweit um Bewertungsfragen oder die Vorschriften betreffen die Gewinn- und Verlustrechnung.

§ 5 Abs. 1a EStG untersagt die Verrechnung nach § 246 Abs. 1 HGB.

§ 6b EStG betrifft insoweit die Bilanz als dort in Abs. 3 EStG die Bildung einer Rücklage gestattet wird.

---

59 Siehe Abschn. II. C. 2.2.1., 2.1).
60 Siehe Schubert/Gadeck in Beck Bil-Komm., 11. Aufl., 2018, § 255 Tz. 115 ff.
61 Auf § 275 Abs. 3 und 4 HGB wird nicht eingegangen, da sich kontenmäßig keine Besonderheiten ergeben; es wird entweder weniger differenziert oder die Konten werden besonders zusammengefasst.
62 Siehe dazu IDW RS HFA 30 Tz. 86.

II. Rechnungslegung, erstellt nach gesetzlichen Grundlagen

Aufwendungen im Zusammenhang mit der Herstellung immaterieller Wirtschaftsgüter des Anlagevermögens sind angesichts des nach § 5 Abs. 2 EStG bestehenden Bilanzierungsverbots nicht aktivierbar.

1.3.2. Für die Gewinn- und Verlustrechnung
Aus der Anwendung der §§ 4f, 4g, 4h und 6b EStG ergeben sich besondere Posten für die GuV.

2. Die Zugangsweisen

2.1. Der Regelfall

2.1.1. Kennzeichnung

1) Einnahmen und Ausgaben
In der Regel vollziehen sich in einem Unternehmen[63] Einnahmen und Ausgaben. Das sind dann betriebliche Einnahmen und Ausgaben, auf die sich die weiteren Ausführungen ausschließlich beziehen.

Dabei „(sind) Ausgaben ...alle Geschäftsvorfälle, die zu einer Verminderung des Geldvermögens, also der Summe aus Zahlungsmittelbestand (Kasse und jederzeit verfügbare Bankguthaben) und Bestand an sonstigen Geldforderungen abzüglich des Bestandes an Geldverbindlichkeiten führt".[64] Das entspricht, um das vorwegzunehmen, der steuerlichen Begriffsbildung.[65]

Einnahmen sind entsprechend gekennzeichnet.[66]

Dabei werden lediglich Einnahmen und Ausgaben des zur Rechnungslegung Verpflichteten betrachtet.[67]

2) Ertrag und Aufwendungen
Ein Zweck des Jahresabschlusses besteht, wie dargestellt[68] in der Gewinnermittlung. Dazu wird nicht auf die pagatorischen Vorgänge in Gestalt von Einnahmen und Ausgaben abgestellt. Vielmehr erfolgt eine Periodisierung.[69]

---

63 Dazu zählen hier nicht nur kaufmännische Unternehmen, sondern auch freiberufliche Praxen.
64 Adler/Düring/Schmaltz, Rechnungslegung und Prüfung der Unternehmen, 5. Aufl., § 250 Tz. 25, m. w. N.
65 Siehe: Schmidt/Krüger; EStG, 38. Aufl., 2019, § 11, Tz. 35 f.; Kister in Herrmann/Heuer/Raupach, EStG, § 11, Tz. 120, Stand Januar 2017.
66 Siehe: Adler/Düring/Schmaltz, Rechnungslegung und Prüfung der Unternehmen, 5. Aufl., § 250 Tz. 25; Schmidt/Krüger; EStG, 38. Aufl., 2019, § 11, Tz. 15 f.
67 Siehe zum Handelsrecht für einen Gesellschafter § 264c Abs. 3 HGB und für das Steuerrecht § 8 Abs. 1 EStG, der nach Schmidt/Loschelder, EStG, 38. Aufl., 2019, § 4 Tz. 420, maßgeblich ist.
68 Siehe Abschn. II. A. 2.2.2., 2).
69 Siehe MünchKommHGB/Ballwieser, 3. Aufl., 2013, § 243, Tz. 15; siehe auch Leffson, Die Grundsätze ordnungsmäßiger Buchführung, 7. Aufl., 1987, S. 304 ff.

Damit soll Erfolgsneutralität von Beschaffungsvorgängen erreicht werden.[70] Unter Beschaffungsvorgängen versteht Leffson dabei lediglich die durch Aufwendungen erfolgte Beschaffung, oder den durch sie erfolgten Zugang von Aktiva. Die Periodisierung betrifft jedoch ebenfalls Einnahmen[71] und damit Passiva.

Allgemein lässt sich feststellen, Einnahmen und Ausgaben, die nicht Bilanzobjekten zuzuordnen sind, werden handelsrechtlich als Erträge und Aufwendungen bezeichnet. Diese Feststellung ist für die Bestimmung von Erträgen und Aufwendungen systematisch von grundsätzlicher Bedeutung.

3) Die Begriffsbildung des Steuerrechts
Die vorbezeichneten Sachverhalte nennt Steuerrecht, ohne dass damit eine inhaltliche Änderung verbunden wäre: Betriebseinnahmen und Betriebsausgaben. Auch für das Steuerecht gilt, dass es sich um Sachverhalte handeln muss, die dem Steuerpflichtigen zuzurechnen sind.

Allerdings kennt das Steuerrecht darüber hinaus Sonderbetriebseinnahmen und -ausgaben[72], sowie Betriebseinnahmen und -ausgaben, die sich aus Ergänzungsbilanzen und Gewinn- und Verlustrechnungen ergeben sollen.[73]

2.1.2. Der Einfluss von Aufwendungen und Erträgen

1) Auf die die Bilanz

1.1) Zweck: Periodisierung

1.1.1) Die Periodisierung
Der Gewinn kann für praktische Zwecke nicht für die gesamte Lebensdauer eines Unternehmens ermittelt werden.[74] Als Rechnungsperioden sind, abgesehen von Rumpfwirtschaftsjahren, 12-Monatszeiträume, ob als Kalender- oder abweichendem Wirtschaftsjahr festgelegt. Dabei erfolgt die Ermittlung des jeweiligen Jahresergebnisses unter Beachtung folgender Prinzipien[75]:

– Realisationsprinzip[76],
– Grundsätze der Abgrenzung der Sache und der Zeit nach und
– Imparitätsprinzip[77].

---

70 Siehe Leffson, Die Grundsätze ordnungsmäßiger Buchführung, 7. Aufl., 1987, S. 251, erster Abs.
71 Siehe MünchKommHGB/Ballwieser, 3. Aufl., 2013, § 243, Tz. 15.
72 Siehe Abschn. III. A. 2.
73 Siehe Abschn. III. A. 3.
74 Siehe Leffson, Die Grundsätze ordnungsmäßiger Buchführung, 7. Aufl., 1987, S. 188. Das Folgende gilt ebenfalls für Betriebseinnahmen und -ausgaben.
75 Siehe hierzu Leffson, Die Grundsätze ordnungsmäßiger Buchführung, 7. Aufl., 1987, S. 189 unter 503.40.
76 Siehe Schmdft/Weber-Grellet, EStG, 38. Aufl, 2019, § 5 Tz. 601.
77 Siehe Schmdft/Weber-Grellet, EStG, 38. Aufl, 2019, § 5 Tz. 601.

Dazu lässt sich systematisch[78], beispielhaft für betriebliche Ausgaben[79], folgendes feststellen: Betriebsausgaben liegen vor, wenn die Ausgaben des Bilanzierenden betrieblich veranlasst sind. Aus Gründen der für die Rechnungslegung bestehenden Notwendigkeit ihrer Periodisierung ist für sie zunächst zu ermitteln, ob sie

- entweder für die Anschaffung[80] oder Herstellung eines Vermögensgegenstandes/Wirtschaftsguts[81]
- für die Herstellung[82] eines Rechnungsabgrenzungspostens oder
- für die Tilgung von Schulden oder Rückführung von Eigenkapital

angefallen sind, denn Anschaffungs- und Herstellungskosten dienen z. B. der „Speicherung v. Aufwand"[83]. Ist dies nicht der Fall, sind sie sofort abziehbar. Es sind folglich betriebliche Ausgaben (Betriebsausgaben im weiteren Sinn) von den (sofort abziehbaren) Betriebsausgaben[84], das sind handelsrechtlich Aufwendungen, zu unterscheiden.[85]

Eine entsprechende Systematik gilt für die betrieblichen Einnahmen: es ist zunächst festzustellen, ob die Einnahmen aus dem Zugang von Schulden oder Eigenkapital resultieren; erst wenn das nicht der Fall ist, können sie zum Zeitpunkt der Vereinnahmung insoweit[86] gewinnwirksam angesetzt werden.

Im Vordergrund der sogenannten Periodisierung steht als Mittel somit die Bilanz.

Damit sind die maßgebenden Bilanzierungskonventionen dargestellt, aufgrund derer die Vermögens-, Finanz- und Ertragslage, einschließlich des Jahresgewinns der Unternehmen ermittelt werden.

1.1.2) Instrumente der Periodisierung

Alle Konten der Bilanz dienen der Periodisierung von betrieblichen Einnahmen und Ausgaben, und zwar, in vollem Umfang. Bei abnutzbaren Vermögensgegenständen des Anlagevermögens und Rechnungsabgrenzungsposten wer-

---

[78] Wichmann, Zur Behandlung von Aufwendungen in der Anfangsphase von Anschaffung und Herstellung, FR 1995, S. 569 ff., hier S. 569 unter 1.; Goerdeler/Müller, Die Behandlung von nichtigen oder schwebend unwirksamen Anschaffungsgeschäften, von Forderungsverzichten und Sanierungszuschüssen im Jahresabschluß, Wpg 1980, S. 313 ff. hier S. 319, 2. Abs. unter 4., m. w. N., sprechen davon, dass Anschaffung und Herstellung „zunächst erfolgsneutral zu behandeln sind."
[79] Siehe zu der Begrifflichkeit Abschn. II. C. 2.1.1.
[80] Siehe Schmidt/Loschelder, EStG, 38. Aufl., 2019, § 4, Tz. 481.
[81] Siehe für das Steuerrecht Kanzler in Herrmann/Heuer/Raupach, EStG, Vor §§ 4–7, Tz. 101, Stand August 2019.
[82] Siehe Abschn. II. D. 4.2.2., 1.2). und II. D. 4.2.2., 3.3).
[83] Schindler in Kirchhof, EStG 2018, 17. Aufl., 2018, S. 521 unter Tz. 27.
[84] Nur sie werden in der steuerlichen Praxis üblicherweise als Betriebsausgaben bezeichnet.
[85] Das Gleiche gilt im Übrigen für Werbungskosten als „Aufwendungen zur Erwerbung, Sicherung und Erhaltung von Einnahmen (§ 9 Abs. 1 Satz 1 EStG)."
[86] Die Gewinnwirksamkeit der Auflösung der passiven Rechnungsabgrenzungsposten ist zu beachten.

den danach lediglich die nicht auf die laufende Periode entfallenden Einnahmen und Ausgaben in der Bilanz erfasst.

1.2) Zweck: Gewinnermittlung
Der Gewinn wird unter Beachtung der Bilanzierungskonventionen ermittelt. Damit ist dessen Höhe bestimmt. Allerdings ist aus verschiedenen Gründen auf Besonderheiten hinzuweisen.

Insoweit als handels- und steuerrechtliche vGA[87] übereinstimmen[88], ist in der ordnungsgemäßen Handelsbilanz ein mit der vGA entstandener sog. Rückforderungsanspruch der Gesellschaft[89] zeitgleich gewinnwirksam[90] zu bilanzieren.[91] Die vGA hat sich zwar gewinnmindernd ausgewirkt, der Gewinn ist dann durch die gewinnwirksame Erfassung des Anspruchs – durch die Maßgeblichkeit auch steuerlich (Ergebnis bestritten.) – zutreffend ermittelt worden.

Die Bildung von Bewertungseinheiten nach § 254 HGB dient der Gewinnermittlung[92]: durch die Art der Betrachtung als Einheit entfallen Bewertungsmaßnahmen der einbezogenen Posten, die anderenfalls die Höhe des Jahresergebnisses beeinflusst hätten.

Mit der Erfassung der latenten Steuern wird der Steueraufwand der Abrechnungsperiode dem Handelsbilanzergebnis angepasst[93]. Damit wird gleichzeitig dem Zweck der Ermittlung eines periodengerechten Handelsbilanzergebnisses entsprochen.

1.3) Weitere Zwecke
Mit der nach § 272 Abs. 4 zu bildenden „Rücklage für Anteile an einem herrschenden oder mit Mehrheit beteiligten Unternehmen" wird eine Ausschüttungssperre bezweckt.[94]

2) Auf die Gewinn- und Verlustrechnung
Die GuV dient der Periodisierung, indem dort auch

- Abschreibungen iSd. § 275 Abs. 2 Nr. 7 und 12 HGB,
- gemäß § 275 Abs. 2 Nr. 2 HGB die „Erhöhung oder Verminderung des Bestands an fertigen und unfertigen Erzeugnissen", sowie

---

87 Siehe Abschn. II. C. 2.2.5.
88 Das ist der Fall bei Unausgeglichenheit von Leistung und Gegenleistung, siehe: Hommelhoff, in Lutter/Hommelhoff, 19. Aufl., GmbH-Gesetz, § 29 Tz. 48; Hueck/Fastrich in Baumbach/Hueck, GmbHG, 21. Aufl., § 29 Tz. 68 f.; Lang in Ernst & Young, KStG, § 8 Tz. 522 ff., Stand Juni 2013.
89 Das gilt auch für eine genehmigte vGA: in dem Fall wird die Forderung ausgebucht.
90 Siehe Derzeitiger Erkenntnisstand zur Rückabwicklung einer verdeckten Gewinnausschüttung, GmbHR 1997, S. 991 ff., hier S. 992 f. unter II. 1. b) aa).
91 Siehe Wichmann, Bilanzierungsfragen im Zusammenhang mit einer verdeckten Gewinnausschüttung, BB 1992, S. 26 ff., hier S. 27 m.w. N. zu 2.2.2.1., m. w. N.
92 Siehe MünchKommHGB/Ballwieser, 3. Aufl., 2013, § 254 Tz. 1.
93 Siehe Abschn. II. A. 2.2.1. 2).
94 Siehe Winkeljohann/K. Hoffmann in Beck Bil-Komm., 11. Aufl., 2016, § 272, Tz. 206.

II. Rechnungslegung, erstellt nach gesetzlichen Grundlagen

- gemäß § 275 Abs. 2 Nr. 3 HGB „andere aktivierte Eigenleistungen" und
- nach § 275 Abs. 2 Nr. 5. a) HGB „Aufwendungen für Roh-, Hilfs- und Betriebsstoffe und für bezogene Waren", die zunächst nach § 266 Abs. 2 B. I. HGB unter Vorräten gebucht wurden,

erfasst werden.

2.1.3. Die Zeitpunkte der Erfassung

Es gilt der Grundsatz: nur Erfüllungsgeschäfte sind zu buchen.[95] Das ergibt sich auch aus der Behandlung schwebender Geschäfte[96] im Sinne des § 249 Abs. 1 Satz 1 HGB. Der Schwebezustand endet nämlich mit Erfüllung.[97] Das sind, beispielhaft aufgeführt: Lieferung eines Vermögensgegenstandes aufgrund eines Kaufvertrages, Auszahlung/Kontogutschrift eines Geldbetrages aufgrund eines Darlehensvertrages.

Entgegen der Auffassung des IDW sind die Vorgänge jedoch nicht erst in der Bilanz[98], sondern bereits in der laufenden Buchhaltung zu erfassen.[99] Das gilt auch im Zusammenhang mit den dargestellten Bestandsänderungen: dabei ist jeweils auf den Zeitpunkt der Fertigstellung und bis dahin auf den der Lagerentnahme abzustellen. Abschreibungen sollten, angesichts des Zwecks der GoB[100], aufgrund der Möglichkeiten, die die EDV bietet, monatlich, sonst und bei Buchung von Inventurdifferenzen jährlich erfolgen.

2.2. Weitere Zugangsweisen und deren Erfassungszeitpunkte

2.2.1. Bilanzierungsentscheidungen

1) Bei Bewertungseinheiten

§ 246 Abs. 2 HGB sieht als Ausnahme vom grundsätzlichen Verrechnungsverbot eine Verrechnung von Altersversorgungsverpflichtungen und bestimmten diesen dienenden Vermögensgegenständen vor.[101] Diese Verrechnung erfolgt in der Bilanz, nicht in der Buchhaltung.

Mit § 254 HGB sind Vorschriften zur „Bildung von Bewertungseinheiten[102]" gegeben. Da der Gesetzgeber in § 254 HGB ein Wahlrecht im Rahmen der Bilan-

---

95 Siehe Wichmann, Bilanzierung dem Grunde, der Art und dem Werte nach in Handels- und Steuerbilanz, Stbg 2005, S. 526 ff., hier S. 526.
96 Siehe Abschn. II. C. 2.2.3., 2).
97 Siehe z. B. Schubert in Beck Bil-Komm., 11. Aufl., § 249, Tz. 56.
98 So IDW RS HFA 4, Tz. 11.
99 Siehe Abschn. II. C. 3.2.
100 Siehe Abschn. II. A. 2.2.2., 2).
101 Zur übereinstimmenden steuerlichen Behandlung siehe § 5 Abs. 1a EStG.
102 Siehe dazu Abschn. II. B. 2.2.1., 1).

zerstellung einräumt[103], ist damit der Zeitpunkt der Bildung entsprechend bestimmt. Zudem gilt auch insoweit, dass die Bewertungseinheiten in der Bilanz, nicht in der Buchhaltung gebildet werden.

2) Bei Wahlrechten

2.1) Aktivierungswahlrechte

Nach § 248 Abs. 2 Satz 1 HGB besteht ein Aktivierungswahlrecht für selbst erstellte immaterielle Vermögensgegenstände des Anlagevermögens. Allerdings gilt das Wahlrecht nicht für die in § 248 Abs. 2 Satz 2 HGB genannten immateriellen Vermögensgegenstände, und damit nicht für selbst geschaffene

- Marken,
- Drucktitel,
- Verlagsrechte,
- Kundenlisten und
- vergleichbare immaterielle Vermögensgegenstände

des Anlagevermögens.[104]

Die Herstellungskosten der vom Wahlrecht betroffenen Vermögensgegenstände sind nach § 255 Abs. 2a HGB zu erfassen, wenn sie im Herstellungsprozess anfallen, also bereits vor Fertigstellung als Vermögensgegenstand.[105]

§ 250 Abs. 3 Satz 1 HGB sieht ein Wahlrecht für die Aktivierung eines Disagios vor.

2.2) Passivierungswahlrechte

„Für vor dem 1. Januar 1987 erteilte (Pensions-)[106] **Zusagen** (Altzusagen) und deren **Erhöhung** brauchen Rückstellungen nach (§ 249) Abs. 1 Satz 1 (HGB) nicht gebildet zu werden (Art 28 Abs. 1 EGHGB)."[107] Dieses Wahlrecht ist als, durch abzulehnende Induktion[108] gewonnene Meinung, gesetzgewordener Schlendrian von „ehrbaren Kaufleuten" eines bestimmten Bezirks des Deutschen Industrie- und Handelstages zu betrachten.[109]

---

103 Siehe: MünchKommHGB/Ballwieser, 3. Aufl., 2013, § 254, Tz. 17, m.w.N.; Schmidt/Usinger in Beck Bil-Komm., 11. Aufl., 2018, § 254, Tz. 5; a.A. Glaser/Hachmeister, Pflicht oder Wahlrecht zur Bildung bilanzieller Bewertungseinheiten nach dem BilMoG, BB 2011, S. 555 ff.
104 Siehe Schmidt/Usinger in Beck Bil-Komm., 11, Aufl., 2018, § 248, Tz. 13 f.
105 Siehe Abschn. II. C. 1.1.3.
106 Ergänzung durch den Verfasser.
107 Grottel/Johannleweling in Beck Bil-Komm., 11 Aufl., 2018, § 249 Tz. 167. Siehe auch Kußmaul in Küting/Pfitzer/Weber (Hrsg.), Handbuch der Rechnungslegung Einzelabschluss, Kap 6, Tz. 39, Nr. (4), Stand November 2016.
108 Siehe z.B. Adler/Düring/Schmaltz, Rechnungslegung und Prüfung der Unternehmen, 6. Aufl., 1998, § 243, Tz. 12 ff.
109 Siehe zu der Ermittlung BGH vom 27. 2. 1961, II ZR 292/59, Wpg 1961, S. 241 ff.., hier S. 242 unter I.

2.2.2. Das Eigenkapital betreffend

1) Bei Kapitalgesellschaften

1.1) Bei Zeichnung des Eigenkapitals bei Gründung

Aus § 272 Abs. 1 HGB ergibt sich, dass sowohl das gezeichnete Kapital als auch die darauf nicht eigeforderten Einlagen zu erfassen sind. Dabei „(gilt) das Kapital ... ab dem Moment als **gezeichnet**, wo der seiner Gewährung zugrunde liegende gesellschaftsrechtliche Vorgang (Gesellschaftsgründung ...) wirksam wird, also regelmäßig mit Eintragung des Vorgangs in das Handelsregister".[110]

Allerdings erfolgen vor der Eintragung Zahlungsvorgänge:

- so haben die Gründer einer GmbH bei der Anmeldung der Gesellschaft nach § 8 Abs. 2 GmbHG zu versichern, „dass die in § 7 Absatz 2 und 3 bezeichneten Leistungen auf die Gesellschaftsanteile bewirkt sind", und
- die Anmeldung einer Aktiengesellschaft darf entsprechend nach § 36 Abs. 2 AktG erst erfolgen, wenn „der eingeforderte Betrag ordnungsgemäß eingezahlt worden ist".

Diese Zahlungen sollten in der Buchhaltung auf ein Konto „Zur Durchführung der Gründung geleistete Einlagen"[111] gebucht werden.

1.2) Die ausstehenden Einlagen

Bis zum Zeitpunkt der Gründung ist der Nennbetrag des Stammkapitals/Grundkapitals mit der Gegenbuchung auf dem Konto „Ausstehende Einlagen" in der Buchhaltung zu erfassen. Auf diesem Konto zunächst erfasste Einzahlungen ergeben dort dann als Saldo die nicht geleisteten Einzahlungen. Soweit und sobald diese eingefordert werden, sind sie als Forderung gegen Gesellschafter zu erfassen. Auf diese Weise wird durch das in § 272 Abs. 1 HGB vorgesehene offene Absetzen der ausstehenden Einlagen das nach § 272 Abs. 1 HGB im Jahresabschluss auszuweisende „Eingeforderte Kapital" gebildet.

Bei Aktiengesellschaften sind in besonderen Ausnahmefällen auf ein Agio iSd. § 272 Abs. 2 Nr. 1 HGB ausstehende Beträge unter einem Forderungsposten auszuweisen.[112]

Im handelsrechtlichen Schrifttum wird an einer Stelle die Auffassung vertreten, in der Steuerbilanz sei die ausstehende Einlage als Forderung der Gesellschaft zu erfassen.[113] Die Autoren nennen für ihre Auffassung keine Quelle und eine solche ist nicht erkennbar. Da mit einem derartigen Ausweis gegen das Maßgeblichkeitsprinzip verstoßen würde, wird er hier abgelehnt.

---

110 MünchKommHGB/Reiner, 3. Aufl., § 272, Tz. 3.
111 Entsprechend der Vorgehensweise bei Kapitalerhöhungen, siehe Adler/Düring/Schmaltz, Rechnungslegung und Prüfung der Unternehmen, 6. Aufl., 1997, § 272, Tz. 19.
112 Siehe Adler/Düring/Schmaltz, Rechnungslegung und Prüfung der Unternehmen, 6. Aufl., 1997, § 272, Tz. 105.
113 Siehe Winkeljohann/K. Hoffmann in Beck Bil-Komm., 11 Aufl., 2018, § 272, Tz. 41.

1.3) Die Rücklagen

1.3.1) Die Kapitalrücklagen
Gemäß § 272 Abs. 2 HGB sind die dort genannten Sachverhalte, das sind

- nach Nr. 1 „der Betrag, der bei der Ausgabe von Anteilen einschließlich von Bezugsanteilen über den Nennbetrag oder, falls ein Nennbetrag nicht vorhanden ist, über den rechnerischen Wert hinaus erzielt wird",
- nach Nr. 2 „der Betrag, der bei der Ausgabe von Schuldverschreibungen für Wandlungsrechte und Optionsrechte zum Erwerb von Anteilen erzielt wird",
- nach Nr. 3 „der Betrag von Zuzahlungen, die Gesellschafter gegen Gewährung eines Vorzugs für ihre Anteile leisten",
- nach Nr. 4 „der Betrag von Zuzahlungen, die Gesellschafter in das Eigenkapital leisten",

als Kapitalrücklage auszuweisen.

Der nach § 272 Abs. 2 Nr. 1 HGB auszuweisende Betrag wird auch als Aufgeld oder Agio bezeichnet.[114] Dessen buchhalterische Erfassung erfolgt

- bei der Aktiengesellschaft bei Zahlung, da es nach § 36a AktG vor der Anmeldung in voller Höhe zu leisten ist[115],
- bei der GmbH ebenfalls bei Zahlung, die jedoch nicht vor der Anmeldung zu leisten ist[116]; es ist auch jeweils lediglich der gezahlte Betrag auszuweisen.

Zuzahlungen iSd. § 272 Abs. 2 Nr. 3 HGB sind bei der AG und der GmbH bei deren Leistung, das heißt, bereits in der Buchhaltung, in die Kapitalrücklage einzustellen.[117] Das Gleiche gilt für Zuzahlungen iSd. § 272 Abs. 2 Nr. 3 HGB[118] und iSd. § 272 Abs. 2 Nr. 4 HGB[119].

1.3.2) Die Gewinnrücklage
Nach § 272 Abs. 3 HGB sind Gewinnrücklagen zu bilden. Im Gegensatz zu Kapitalrücklagen, die aus Zahlungsvorgängen resultieren, werden als Gewinnrücklagen „nur Beträge ausgewiesen.., die im Geschäftsjahr oder einem früheren Geschäftsjahr aus dem Ergebnis gebildet worden sind."[120] Sie werden folglich jeweils aus dem Jahresüberschuss, und damit, ob von der Geschäftsführung,

---

[114] Winkeljohann/K. Hoffman in Beck Bil-Komm., 11 Aufl., 2018, § 272, Tz. 170.
[115] Siehe Adler/Düring/Schmaltz, Rechnungslegung und Prüfung der Unternehmen, 6. Aufl., 1997, § 272, Tz. 104.
[116] Siehe Adler/Düring/Schmaltz, Rechnungslegung und Prüfung der Unternehmen, 6. Aufl., 1997, § 272, Tz. 107.
[117] Siehe Adler/Düring/Schmaltz, Rechnungslegung und Prüfung der Unternehmen, 6. Aufl., 1997, § 272, Tz. 131.
[118] Siehe Adler/Düring/Schmaltz, Rechnungslegung und Prüfung der Unternehmen, 6. Aufl., 1997, § 272, Tz. 131.
[119] Siehe Adler/Düring/Schmaltz, Rechnungslegung und Prüfung der Unternehmen, 6. Aufl., 1997, § 272, Tz. 135.
[120] § 272 Abs. 3 Satz 1 HGB.

II. Rechnungslegung, erstellt nach gesetzlichen Grundlagen

dem Vorstand oder der Gesellschafter- oder Hauptversammlung beschlossen, im Jahresabschluss gebildet.[121]

Eine Verpflichtung zu deren Bildung besteht für Aktiengesellschaften, Kommanditgesellschaften auf Aktien nach §§ 150 Abs. 1 f., 300 AktG und nach § 5a Abs. 3 GmbHG für die „Unternehmergesellschaft (haftungsbeschränkt)".[122] Daneben kann die zwingende Bildung in den Gesellschaftsverträgen oder der Satzung der Gesellschaften vorgeschrieben werden.

In den folgenden Fällen ist diese Rücklage

- bei der GmbH in dem der Gesellschafterversammlung zur Feststellung des von der Geschäftsführung aufgestellten Jahresabschlusses[123] und
- bei der Aktiengesellschaft in dem der Hauptversammlung vorgelegten von dem Vorstand aufgestellten und dem durch Billigung durch den Aufsichtsrat festgestellten Jahresabschluss[124]

zu berücksichtigen.

Das gilt auch in dem Fall, dass der Gesellschaftsvertrag oder die Satzung der Geschäftsführung/dem Vorstand gestattet Gewinnrücklagen aus dem Jahresüberschuss zu bilden.

Entscheidet die Gesellschafter-/Hauptversammlung eine abweichende Bildung, oder macht sie von ihrem Recht zur Bildung von Gewinnrücklagen nach § 58 Abs. 1 AktG oder § 29 Abs. 2 GmbHG Gebrauch, ist der Jahresabschluss nicht zu ändern. Die Änderungen werden im folgenden Jahr „in laufender Rechnung"[125] durchgeführt.[126] Dazu wird hier eine Berichtigung der Eröffnungsbilanz vorgeschlagen. Anderenfalls würden zusätzlicher Aufwand[127], der dadurch entstehen kann, dass Vergütungen nach dem ausgeschütteten Gewinn bemessen werden, und entsprechend „verwendungsbedingter Ertrag"[128], dem Folgejahr, und damit einem Jahr, dem die Objekte nicht zuzurechnen sind, zugeordnet.

Für die GmbH ist es gestattet, den Jahresabschluss zu ändern.[129]

1.3.3) Die Rücklage für Anteile an einem herrschenden oder mit Mehrheit beteiligten Unternehmen

Bei Erwerb von Anteilen an einem herrschenden oder mit Mehrheit beteiligten Unternehmen ist nach § 272 Abs. 4 HGB in der Buchhaltung eine entsprechende Rücklage zu bilden. Das Gleiche gilt zu dem Zeitpunkt zu dem bekannt wird,

---

121 Siehe Winkeljohann/K. Hoffman in Beck Bil-Komm., 11 Aufl., 2018, § 272, Tz. 230.
122 Siehe Winkeljohann/K. Hoffman in Beck Bil-Komm., 11 Aufl., 2018, § 272, Tz. 235 ff.
123 Hommelhoff in Lutter/Hommelhoff, GmbH-Gesetz, 17. Aufl., 2009, § 29, Tz. 8.
124 § 172 AktG.
125 Hüffer, Aktiengesetz, 13. Aufl., 2018, § 174, Tz. 1.
126 Siehe Schulze-Osterloh in Baumbach/Hueck, GmbH-Gesetz, 22. Aufl., 2019, § 29, Tz. 7.
127 Siehe Kersting in Baumbach/Hueck, GmbH-Gesetz, 22. Aufl., 2019, § 29, Tz. 27.
128 Scholz/Verse GmbHG, 12. Aufl., 2018, § 29, Tz. 52.
129 Siehe: Schulze-Osterloh in Baumbach/Hueck, GmbH-Gesetz, 22. Aufl., 2019, § 29, Tz. 7 in Verbindung mit 18. Aufl., 2006, § 42, Tz. 566.

dass ein anderes Unternehmen herrschend wird oder zu dem es mit Mehrheit beteiligt ist.

1.4) Die Kapitalerhöhungen
Es sind folgende Arten der Kapitalerhöhungen zu unterscheiden
- Kapitalerhöhungen gegen Einlagen,
- Kapitalerhöhungen aus Gesellschaftsmitteln,
- bedingte Kapitalerhöhungen bei AG und KGaA, sowie
- genehmigtes Kapital.

Neues Kapital wird der Gesellschaft bei der Kapitalerhöhung gegen Einlagen[130] und, mit Ausnahme des Falles, dass bei Ausgabe an Mitarbeiter der fällige Betrag aus dem Jahresüberschuss erbracht werden soll[131], bei Durchführung einer genehmigten Kapitalerhöhung[132] zugeführt.

Der Zeitpunkt der Buchung bei einer Kapitalerhöhung gegen Einlagen und bei genehmigter Kapitalerhöhung liegt jeweils bei deren Durchführung[133], das ist einerseits die Einzahlung, andererseits die erfolgte Umbuchung. Vor der Eintragung der Kapitalerhöhung gegen Einlagen erfolgte Zahlungen sind zu erfassen, und zwar als Sonderposten nach dem Eigenkapital.[134]

Die Kapitalerhöhung aus Gesellschaftsmitteln, die bei der AG, der KGaA und der GmbH nach §§ 207 ff. AktG, 57c ff. GmbHG möglich ist, vollzieht sich durch Umwandlung einer Kapitalrücklage oder von Gewinnrücklagen in Grund- oder Stammkapital.[135] Sie wird „mit Eintragung des Beschlusses in das HR wirksam."[136] Zu dem Zeitpunkt erfolgen die erforderlichen Buchungen.

Eine bedingte Kapitalerhöhung ist nach § 192 Abs. 1 AktG bei der AG und der KGaA gestattet. Sie erfolgt bei zu erfüllenden Umtausch- und Bezugsrechten.[137] Die Kapitalerhöhung wird mit Eintragung des Beschlusses und Ausgabe der Aktien wirksam[138] und damit ist sie in der Buchhaltung zu erfassen.

1.5) Die Kapitalherabsetzungen
Im AG- und GmbH-Recht werden die ordentliche und die vereinfachte Kapitalherabsetzung unterschieden.

Die ordentliche Kapitalherabsetzung, die „die Auszahlung von Beträgen an die Gesellschafter bezweckt"[139], wird gemäß §§ 224, 227 Abs. 1, 231 Abs. 1 Satz 1,

---

130 Siehe MünchKommHGB/Reiner, 2. Aufl., 2008, § 272, Tz. 17.
131 Siehe MünchKommHGB/Reiner, 2. Aufl., 2008, § 272, Tz. 21.
132 Siehe MünchKommHGB/Reiner, 2. Aufl., 2008, § 272, Tz. 21.
133 MünchKommHGB/Reiner, 2. Aufl., 2008, § 272, Tz. 17 und 20.
134 Siehe MünchKommHGB/Reiner, 2. Aufl., 2008, § 272, Tz. 18.
135 Siehe Winkeljohann/K.Hoffmann in Beck Bil-Komm., 11. Aufl., 2018, § 272. Tz. 55.
136 Winkeljohann/K.Hoffmann in Beck Bil-Komm., 11. Aufl., 2018, § 272. Tz. 55.
137 Siehe MünchKommHGB/Reiner, 2. Aufl., 2008, § 272, Tz. 18.
138 Siehe MünchKommHGB/Reiner, 2. Aufl., 2008, § 272, Tz. 20.
139 MünchKommHGB/Reiner, 2. Aufl., 2008, § 272, Tz. 26.

232, 237 Abs. 5 AktG, 54 Abs. 3, 58c Satz 1 GmbHG mit der Eintragung des erforderlichen Herabsetzungsbeschlusses wirksam.[140] Damit ist das Kapital, gegebenenfalls in der Buchhaltung, mit dem herabgesetzten Betrag anzusetzen und es entsteht eine Verbindlichkeit gegenüber den Gesellschaftern.[141]

Die vereinfachte Kapitalherabsetzung bezweckt „den Ausgleich von Wertminderungen, die Deckung sonstiger Verluste oder die Einstellung von Beträgen in die Kapitalrücklage zur Sanierung des Unternehmens"[142]. Sie wird mit der Eintragung des Herabsetzungsbeschlusses wirksam und führt zu den dem Zweck entsprechenden Umbuchungen[143], einschließlich der entsprechenden Minderung des Kapitals.[144]

1.6) Die Einziehung von Anteilen

Die Einziehung von Anteilen ist aktienrechtlich in §§ 237 ff. AktG vorgesehen und GmbH-rechtlich nach § 34 GmbHG durch Vertrag möglich.[145]

Erfolgt die Einziehung gegen Entgelt, gelten die Regelungen über die ordentliche Kapitalherabsetzung (§§ 237 Abs. 2 Satz 1, 222 ff AktG). Erfolgt sie nach § 237 Abs. 3 AktG unentgeltlich oder zu Lasten des Bilanzgewinns oder einer zu diesem Zweck verwendbaren Gewinnrücklage ist der nach § 237 Abs. 5 AktG bestimmte Betrag in die Kapitalrücklage einzustellen.

Bei einer GmbH vollziehen sich die Vorgänge entsprechend den vertraglichen Regeln. Eine Herabsetzung des Stammkapitals kommt nicht in Betracht.[146] Nach § 34 Abs. 3 GmbHG ist eine Einziehung gegen Entgelt nämlich nur bei ausreichendem freien Vermögen zulässig.[147] Daher ist das Entgelt gegebenenfalls gegen Buchung auf die Kapitalrücklage zu leisten.

2) Bei Personengesellschaften

Bei Personengesellschaften werden Eigenkapitalkonten grundsätzlich bei Zahlungsvorgängen berührt.

§ 264c Abs. 2 Satz 4 HGB hat für den Jahresabschluss eine besondere Ausweisregel im Fall, dass der anteilige Verlust das Kapital übersteigt, zum Inhalt.

---

140 Siehe MünchKommHGB/Reiner, 2. Aufl., 2008, § 272, Tz. 25.
141 Siehe MünchKommHGB/Reiner, 2. Aufl., 2008, § 272, Tz. 25.
142 MünchKommHGB/Reiner, 2. Aufl., 2008, § 272, Tz. 26.
143 Siehe §§ 229 Abs. 1 230 Satz 2, 58b Abs. 1 f.
144 Siehe MünchKommHGB/Reiner, 2. Aufl., 2008, § 272, Tz. 26.
145 Siehe MünchKommHGB/Reiner, 2. Aufl., 2008, § 272, Tz. 28 f.
146 Siehe MünchKommHGB/Reiner, 2. Aufl., 2008, § 272, Tz. 29.
147 Siehe Lutter in Lutter/Hommelhoff, GmbHG, 17. Aufl., 2009, § 34, Tz. 19.

2.2.3. Die Rückstellungen betreffend

1) Grundsätzliches

Rückstellungen sind nach § 249 HGB zu bilden.[148] Sie sind

i. für Schulden zu bilden, die hinsichtlich
   - ihrer Existenz/ihres Bestehens und/oder
   - ihrer Höhe

   ungewiss sind[149] und

ii. für drohende Verluste aus schwebenden Geschäften[150] und

iii. für bestimmte unterlassene Aufwendungen für Instandhaltung, sowie

iv. für Gewährleistungen, die ohne rechtliche Verpflichtung erbracht werden,

zu bilden.

Zudem sind Rückstellungen nach § 274 Abs. 1 HGB für latente Steuern zu bilden, ohne dass eine Verbindlichkeit besteht.[151]

Die Ungewissheit der Fälligkeit einer Verbindlichkeit führt nicht zum Ausweis als Rückstellung: es bleibt bei dem Ausweis als Verbindlichkeit.[152]

Rückstellungen sind im Jahresabschluss zu bilden. Es stellt sich allerdings die Frage, ob in Fällen, in denen unterjährig absehbar ist, dass im Jahresabschluss eine Rückstellung zu bilden ist, in der laufenden Buchhaltung aus Gründen der Vollständigkeit ein Erinnerungsposten gebucht wird.[153] Diese Frage wird hier bei Wesentlichkeit[154] bejaht.

2) Die Rückstellung für drohende Verluste aus schwebenden Geschäften

Rückstellungen für drohende Verluste aus schwebenden Geschäften sind nach § 249 Abs. 1 Satz 1 HGB zu bilden. „Als schwebend gilt nach h. M. ein zweiseitig verpflichtender Vertrag, der auf einen Leistungsaustausch gerichtet ist und bei dem der zur Sach- oder Dienstleistung Verpflichtete noch nicht erfüllt hat. Die Ansprüche bleiben bei Ausgeglichenheit unbilanziert."[155]

Da die letztlich den Wert bestimmenden Wertverhältnisse am Jahresabschlussstichtag maßgebend sind, sind sie im Jahresabschluss anzusetzen.

---

148 Auf Artikel 28 EGHGB wird in Bezug auf Altzusagen über Pensionen hingewiesen.
149 Siehe für alle MünchKommHGB/Ballwieser, 3. Aufl., 2013, § 249, Tz. 1.
150 Siehe dazu Abschn. II. C. D 2.1.1., 1.2.1) und II. C. 2.2.3., 2).
151 Siehe MünchKommHGB/Ballwieser, 3. Aufl., 2013, § 249, Tz. 2.
152 Siehe MünchKommHGB/Ballwieser, 3. Aufl., 2013, § 249, Tz. 1.
153 Siehe dazu grundsätzlich Wichmann, Der Wert DM 0,00 im Jahresabschluss nach dem HGB, BB 1988, S. 2345 f.
154 Siehe Kemsat/Wichmann, Die Frage nach der zutreffenden Kennzeichnung des Wesentlichkeitsgrundsatzes, insbesondere düe den Jahresabschluss und dessen Prüfung, ZSteu 2007, S. 401 ff.
155 MünchKommHGB/Ballwieser, 3. Aufl., 2013, § 249, Tz. 57.

II. Rechnungslegung, erstellt nach gesetzlichen Grundlagen

Diese Rückstellung kommt nach hier vertretener Auffassung jedoch auch ohne schwebendes Geschäft in Betracht: Sollte sich bei einem verlustfrei bewerteten[156] Vermögensgegenstand erweisen, dass er nur noch mit Verlust absetzbar ist, ist der Minderbetrag im Jahresabschluss unter dieser Position auszuweisen. Dazu ist bei Kapitalgesellschaften ein Hinweis im Anhang erforderlich.[157]

3) Die Rückstellung für unterlassene Instandhaltung und Abraumbeseitigung als Aufwandsrückstellung

Die Rückstellung für unterlassene Instandhaltung und Abraumbeseitigung ist eine Aufwandsrückstellung. Deren Kennzeichen ist, dass ihnen „keine (unsichere) Außenverpflichtung zugrunde liegt."[158]

Mit dieser Rückstellung wird hinsichtlich der Instandhaltung eine eigentlich erforderliche Abschreibung, für den Fall ersetzt, dass die Maßnahmen, mit drei Monaten geringfügig zeitlich verschoben, durchgeführt werden.[159] Hinsichtlich der Abraumbeseitigung ist der Nachholungszeitraum großzügiger bemessen, indem gefordert wird, dass die Nachholung im folgenden Geschäftsjahr erfolgen muss.

Diese Rückstellung ist im Rahmen der Jahresabschlusserstellung zu bilden.

4) Die Rückstellung für Gewährleistung ohne rechtliche Verpflichtung

Unter dieser Position sind erwartete künftige Aufwendungen „für solche Leistungen (zu erfassen), denen sich das Unternehmen aus sittlichen oder wirtschaftlichen Gründen nicht entziehen kann (faktischer Leistungszwang ...)."[160]

Auch diese Rückstellung ist bei der Jahresabschlusserstellung zu bilden, da erst dann die für die Erfassung erforderlichen vollständigen Informationen vorliegen.

2.2.4. Den Sachbezug betreffend

Als Sachbezug wird die unentgeltliche oder teilentgeltliche Zurverfügungstellung von Gegenständen des Betriebsvermögens verstanden. Sie erfolgt in der Praxis überwiegend in Gestalt von Zurverfügungstellung von Kraftfahrzeugen an Mitarbeiter/innen. Und der Fall soll im Folgenden beispielhaft betrachtet werden.

Die Notwendigkeit der Buchung entsteht mit der ersten Erfüllung der Zusage. Die Erfassung in der Buchhaltung hat dann monatlich zu erfolgen, da die

---

156 Siehe dazu: Adler/Düring/Schmaltz, Rechnungslegung und Prüfung der Unternehmen, 6. Aufl., § 253, Tz. 462; Schubert/Berberich in Beck Bil-Komm., 11, Aufl., 2018, § 253, Tz. 547; Abschn. II. D. 4.3.1., 1).
157 Bei Wesentlichkeit ist eine Anpassung der Postenbezeichnung denkbar.
158 MünchKommHGB/Ballwieser, 3. Aufl, 2013, § 249, Tz. 83.
159 Siehe MünchKommHGB/Ballwieser, 3. Aufl, 2013, § 249, Tz. 84.
160 Schubert in Beck Bil-Komm., 10. Aufl., 2016, § 249, Tz. 10.

lohn[161]- und umsatzsteuerlichen[162] Konsequenzen monatlich gezogen werden müssen.

2.2.5. Die verdeckte Gewinnausschüttung betreffend

1) Die Erscheinungsformen der verdeckten Gewinnausschüttung

Eine Kapitalgesellschaft kann mit ihren Gesellschaftern außerhalb der gesellschaftsrechtlichen Beziehung in Lieferungs- und Leistungsbeziehungen stehen. Dabei stimmen Leistung und Gegenleistung nicht zwingend wertmäßig überein, sie sind dann nicht äquivalent.

Handelsrechtlich und steuerrechtlich liegt dann in Höhe der Differenz der Werte eine „verdeckte Gewinnausschüttung ... vor, wenn die Gesellschaft einzelnen oder allen Gesellschaftern außerhalb förmlicher Gewinnverteilung Leistungen aus dem GesVermögen ohne äquivalente Gegenleistung gewährt."[163] Ist eine Äquivalenz nicht gegeben, liegt ein Missbrauch der Gestaltungsformen des Rechts vor. Steuerlich ist dieser Sachverhalt in § 42 AO geregelt. Und es ist anerkannt, dass die vGA rechtsgenetisch einen Missbrauchstatbestand darstellt.[164]

Der überschießende Wert der Leistung der Gesellschaft wird handels- und steuerrechtlich als verdeckte Gewinnausschüttung bezeichnet.[165] Dabei können sich Unterschiede im Wert der vGA ergeben.[166]

Daneben kennt das Steuerrecht vGAs, für die das Verhältnis der Werte nicht maßgebend ist.[167] Das sind die folgenden Fälle:

(1) nicht eingehaltene Probezeit[168],

(2) nicht eingehaltene Wartezeit[169],

(3) unmittelbar gewährte Unverfallbarkeit[170],

---

161 Siehe § 41a Abs. 1 EStG.
162 Siehe § 18 Abs. 1 UStG.
163 Kersting, in Baumbach/Hueck, GmbHG, 22. Aufl., 2019, § 29, Fn. 166 kennzeichnet diese Definition als „sinngem. nahezu einhellige Begriffsbestimmung" der vGA.
164 Siehe Fischer, Fremdvergleich und Üblichkeit, DStZ 1997, S. 357 ff., hier S. 357, re. Sp., 2. Abs.; m. w. N.; so auch Drüen in Tipke/Kruse, AO, § 42 Tz. 77, Stand Januar 2010. A. A. Gosch, Körperschaftsteuergesetz, 2. Aufl., § 8 Tz. 192, der das Verhältnis der vGA zu § 42 AO als „weitgehend ungeklärtes Niemandsland" bezeichnet. Siehe die grundsätzliche Betrachtung bei Wichmann, Verdeckte Gewinnausschüttungen – zu Recht steuerlich nicht anerkannte Gestaltungen?, DStZ 2017, S. 487 ff.
165 Siehe: Hommelhoff, in Lutter/Hommelhoff, 19. Aufl., GmbH-Gesetz, § 29 Tz. 48; Hueck/Fastrich in Baumbach/Hueck, GmbHG, 21. Aufl., § 29 Tz. 68 f.; Lang in Ernst & Young, KStG, § 8 Tz. 522 ff., Stand Juni 2013; Wichmann; Abwicklung einer verdeckten Gewinnausschüttung und deren Folgen nach Handels- und Steuerrecht bei einer Gesellschaft mit beschränkter Haftung, DStZ 2019, S. 157 ff. hier S. 158 f. unter II. 1.
166 In der Leistungsphase bei Pensiomsrückstellungen.
167 Siehe Abschn. III. B. 2.2.
168 Vgl. Gosch, KStG, 3. Aufl., 2015, § 8 Rn. 1080.
169 Ebenda, hier Rn. 1081.
170 Ebenda, hier Rn. 1082.

II. Rechnungslegung, erstellt nach gesetzlichen Grundlagen

(4) nicht erfüllte Erdienbarkeit[171],
(5) nicht eingehaltenes „Mindest-Höchstpensionsalter"[172],
(6) nicht eingehaltenes „Höchstzusagealter"[173],
(7) sog. Überversorgung[174],
(8) der sog. „doppelten Fremdvergleich"[175], bei dem sogar ein Nachteil für den Gesellschafter und ein Vorteil für die Gesellschaft[176] vorliegt,
(9) die Umsatztantieme[177] und
(10) Besonderheiten bei beherrschenden Gesellschaftern.[178]

Im Weiteren werden diese unterschiedlichen vGAs durch ihre jeweilige Bezeichnung wie folgt unterschieden:

i. handels- und steuerrechtliche vGA,
ii. rein steuerliche vGA.

2) Die möglichen Ansprüche der Gesellschaft nach einer verdeckten Gewinnausschüttung

2.1) Der unmittelbar entstehende Anspruch

Bei einer handels- und steuerrechtlichen vGA, ist in der ordnungsgemäßen Handelsbilanz ein mit der vGA entstandener sog. Rückzahlungsanspruch der Gesellschaft[179] zeitgleich gewinnwirksam[180] zu bilanzieren.[181] Das gilt auch bei der genehmigten vGA; in dem Fall wird die durch den tatsächlichen Vorgang in Gestalt der vGA entstandene Forderung nach ihrer Entstehung ausgebucht.

2.2) Die gegebenenfalls entstehenden Schadensersatzansprüche

Bei schuldhaften Treuepflichtverletzungen[182] ohne Verstoß gegen den Gleichbehandlungsgrundsatz[183] und bei pflichtwidrigem Handeln von Geschäftsführern steht der Gesellschaft ein Anspruch auf Schadensersatz zu.[184]

---

171 Ebenda, hier Rn. 1090 f.
172 Ebenda, hier Rn. 1092 f.
173 Ebenda, hier Rn. 1094.
174 Ebenda, hier Rn. 1128 ff.
175 Ebenda, hier Rn. 360; kritisch Pezzer, Kommentar, FR 2014, S. 518 f.
176 Das ist ein Gesichtspunkt, der gegen das Vorliegen einer vGA spricht: vgl. Lang in Ernst & Young, KStG, § 8, Rn. 1172, Stand Februar 06.
177 Vgl. BFH vom 29.06.1994 R 137/93, FR 1994, S. 833 ff.
178 Vgl. Verse in Scholz/Emmerich, GmbHG, 12. Aufl., § 29 Rn. 133.
179 Das gilt auch für eine genehmigte vGA: in dem Fall wird die Forderung ausgebucht.
180 Siehe Wichmann, Derzeitiger Erkenntnisstand zur Rückabwicklung einer verdeckten Gewinnausschüttung, GmbHR 1997, S. 991 ff., hier S. 992 f. unter II. 1. b) aa).
181 Siehe Wichmann, Bilanzierungsfragen im Zusammenhang mit einer verdeckten Gewinnausschüttung, BB 1992, S. 26 ff., hier S. 27 unter 2.2.2.1., m.w.N.
182 Vgl.: Verse in Scholz/Emmerich, GmbHG, 12. Aufl., § 29 Rn. 126; Ulmer/Thomas Raiser, GmbHG, 2. Aufl., § 14 Tz. 101; Fastrich in Baumbach/Hueck, GmbHG, 21. Aufl., § 13 Rn. 30.
183 Vgl. Verse in Scholz/Emmerich, GmbHG, 12. Aufl., § 29 Rn. 129.
184 Vgl. Fastrich in Baumbach/Hueck, GmbHG, 21. Aufl., § 29 Rn. 78.

Die Pflichtwidrigkeit des Geschäftsführers kann darin liegen, dass er mit einem Gesellschafter

(1) ein Rechtsgeschäft gegen eine nicht äquivalente Gegenleistung und damit ein eine handels- und steuerrechtlichen vGA verursachendes Rechtsgeschäft abgeschlossen, oder
(2) bei einem Rechtgeschäft gegen eine äquivalente Gegenleistung an Stelle einer steuerunschädlichen eine eine vGA verursachende Gestaltung gewählt[185]

hat.

Die beiden aufgeführten Fälle unterscheiden sich darin, dass

- nur gegen den treuwidrig handelnden Gesellschafter ein Anspruch auf Ersatz der handelsrechtlichen vGA entstehen kann, denn
- nur im Fall (1) entsteht gleichzeitig mit dem Schadensersatzanspruch wegen eines Verstoßes gegen die Kompetenzordnung ein gesellschaftsrechtlicher Anspruch gegen den begünstigten Gesellschafter.[186] Die sich aus § 254 Abs. 2 Satz 1 BGB ergebende Schadensminderungspflicht[187] der Gesellschaft erfordert jedoch die Geltendmachung des gesellschaftsrechtlichen Anspruchs durch die Gesellschaft.[188] Bei Uneinbringlichkeit des vom Gesellschafter geschuldeten Betrages tritt ein Schadensersatzanspruch gegenüber dem Geschäftsführer in Kraft.
- Da im Fall (2) keine handelsrechtliche vGA vorliegt, entsteht auch insoweit kein Rückzahlungsanspruch; ein Schadensersatzanspruch; besteht in Höhe eines Folgeschadens.[189]

Im unter (2) bezeichneten Fall ist vom Geschäftsführer Schadensersatz in Höhe der durch die vGA entstandenen Belastung mit Körperschaft- und Gewerbesteuer zu leisten. Der treuwidrig handelnde Gesellschafter hat ebenfalls Schadensersatz in Höhe der durch die vGA entstandene Belastung mit Körperschaft- und Gewerbesteuer zu leisten.[190]
Die dargestellten Ansprüche können auf § 280 Abs. 1 BGB gestützt werden.[191]

2.2.6. Die Bezugsrechte betreffend
Mit Kapitalerhöhungsbeschlüssen zu Kapitalerhöhungen gegen Einlagen und bei Gratisaktien entstehen mit Wirksamkeit der Beschlüsse für Gesellschafter/Aktionäre mit Altanteilen in der Regel Bezugsrechte.

---

185 Z.B. Nichterfüllung der besonderen Vorschriften für beherrschende Gesellschafter.
186 Vgl. Verse in Scholz/Emmerich, GmbHG, 12. Aufl., § 29 Rn. 129.
187 Vgl. Palandt/Grüneberg, BGB, 76. Aufl., § 254 Rn. 36.
188 Vgl. zum Vorrang Fastrich in Baumbach/Hueck, GmbHG, 21. Aufl., § 29 Rn. 73 f.
189 Vgl. Abschn. II. D. 4.2.2., 3.2.,1) b) und 3.2.2.
190 Vgl. MüKoGmbHG/Ekkenga, 2. Aufl., § 29, Tz. 274.
191 Vgl. Verse in Scholz/Emmerich, GmbHG, 12. Aufl., § 29 Rn. 129.

Die Bezugsberechtigten haben es dann zum Zeitpunkt der Entstehung des Rechtes zu buchen.

2.3. Steuergesetzliche Besonderheiten

Steuerrechtlich bestehen im Zusammenhang mit dem Ansatz von Rückstellungen folgende abweichenden Regelungen[192]:

- § 5 Abs. 2a EStG untersagt den Ausweis von Verpflichtungen, die bedingt sind durch zukünftige Einnahmen oder Gewinne, solange diese nicht angefallen sind.
- Nach § 5 Abs. 3 EStG ist der Ansatz von Rückstellungen für dort genannte Schutzrechtsverletzungen abweichend vom Handelsrecht[193] geregelt.
- § 5 Abs. 4 EStG stellt besondere Anforderungen an den Ausweis von Jubiläumsrückstellungen.
- § 5 Abs. 4a EStG untersagt die Bildung von Rückstellungen für drohende Verluste aus schwebenden Geschäften.
- In § 5 Abs. 4b EStG gilt, abweichend vom Handelsrecht[194]: „Rückstellungen für Aufwendungen, die in künftigen Wirtschaftsjahren als Anschaffungs- oder Herstellungskosten eines Wirtschaftsguts zu aktivieren sind, dürfen nicht gebildet werden."
- In § 5 Abs. 6 EStG sind insoweit als es den Ansatz von Geschäftsvorfällen im Jahresabschluss betrifft, Vorschriften zu Entnahmen und Einlagen enthalten.
- § 6a EStG hat zusätzlich besondere Ansatzbestimmungen zum Inhalt.[195]
- § 6b EStG weist zusätzliche Ansatzbestimmungen auf.

3. Die Arten des Ausscheidens

3.1. Bei Abgang

Vermögensgegenstände gehen durch Verkauf oder Entnahme ab. Für den Verkaufsfall nennt § 272 Abs. 1b HGB ein Beispiel.

Unfertige selbst erstellte Vermögensgegenstände/Wirtschaftsgüter scheiden, als in Herstellung/im Bau pp. befindlich gekennzeichnet, mit Fertigstellung aus.

Pensionsrückstellungen entfallen, sobald ein Berechtigter verstirbt.

3.2. Bei Erfüllung

Forderungen und Verbindlichkeiten scheiden mit Erfüllung durch Zahlung aus.

---

192 Siehe die Aufzählung bei Schubert in Beck Bil-Komm., 11. Aufl., 2018, § 249, Tz. 14.
193 Siehe Schubert in Beck Bil-Komm., 11. Aufl., 2019, § 249, Tz. 100, Stichwort „Patentverletzung".
194 Siehe Schubert in Beck Bil-Komm., 11. Aufl., 2019, § 249, Tz. 100, Stichwort „Anschaffungs- und Herstellungskosten".
195 Siehe Schmidt/Weber-Grellet, EStG, 38. Aufl., 2019, § 6a, Tz. 12.

C. Die Objekte von Buchführung und Bilanz

Im Rahmen der Jahresabschlusserstellung von Jahren nach der Bildung von Rechnungsabgrenzungsposten ist zu prüfen, inwieweit darin ausgewiesene Aufwendungen oder Erträge auf das abgelaufene Wirtschaftsjahr entfallen. Die entsprechenden Beträge sind in der GuV artmäßig zutreffend zugeordnet zu erfassen. Dazu wird für ein Disagio in § 250 Abs. 3 HGB der Zeitraum bestimmt, auf den zu verteilen ist. Das ist die Laufzeit der Verbindlichkeit. Der einzuhaltende Plan ist zu Beginn des Auflösungszeitraums zu erstellen. Der kann handels- und gegebenenfalls steuerrechtlich kürzer sein.[196] Die Posten scheiden aus, wenn keine Teilbeträge auf zukünftige Wirtschaftsjahre entfallen.

Die vollständige Einzahlung des gezeichneten Kapitals führt zum Ausscheiden des Postens „ausstehende Einlage".

Als Erfüllung wird hier auch das Ende des Schwebezustandes, der nach § 249 Abs. 1 Satz 1 HGB zur Buchung und Bilanzierung einer Rückstellung für drohende Verluste aus schwebenden Geschäften geführt hat, betrachtet. Zu dem Zeitpunkt entfällt die Rückstellung.

3.3. Bei Verbrauch

3.3.1. Durch Herstellung
Im Unternehmen können Gegenstände des Anlage- und Umlaufvermögens hergestellt werden. Die für die Herstellung verwendeten Vermögensgegenstände/Wirtschaftsgüter scheiden als solche im Rahmen des Prozesses aus.

3.3.2. Bei Gesellschafterbeschlüssen zu verdeckten Gewinnausschüttungen
Mit einem durch fehlende Äquivalenz von Leistung und Gegenleistung zu kennzeichnender Geschäftsvorfall, das ist bei einer Kapitalgesellschaft eine handels- und steuerrechtliche vGA, entsteht eine Forderung der Gesellschaft.[197] Ist oder wird sie von der Gesellschafterversammlung genehmigt, ist sie gewinnwirksam auszubuchen.[198]

3.4. Bei verdeckter Gewinnausschüttung
Der Steuerbilanzgewinn ergibt sich aus der Steuerbilanz, für die die den Grundsätzen ordnungsmäßiger Buchführung entsprechende Handelsbilanz, wie festgestellt, maßgeblich ist.[199] Insoweit als handels- und steuerrechtliche vGA[200] übereinstimmen[201], ist in der ordnungsgemäßen Handelsbilanz ein mit der vGA

---
196 Siehe Schubert/Waubke in Beck Bil-Komm., 11. Aufl., 2018, § 250, Tz. 45 ff.
197 Siehe Abschn. II. C. 2.2.5. und II. C. 3.4.
198 Zu möglichen Folgen siehe Wichmann, Abwicklung einer verdeckten Gewinnausschüttung und dren Folgen nach Handels- und Steuerrecht bei einer Gesellschaft mit beschränkter Haftung, DStZ 2019, S. 157 ff., hier S. 160, re.Sp.
199 Siehe auch BFH vom 18.12.1996 I R 26/95, DStR 1997, S. 575 ff., hier S. 576, 1. Abs. unter 2.
200 Zur rein steuerlichen verdeckten Gewinnausschüttung siehe Abschn. III. B. 5.1.3. 2).
201 Das ist der Fall bei Unausgeglichenheit von Leistung und Gegenleistung, siehe: Hommelhoff, in Lutter/Hommelhoff, 19. Aufl., GmbH-Gesetz, § 29 Tz. 48; Hueck/Fastrich in Baumbach/Hueck, GmbHG, 21. Aufl., § 29 Tz. 68 f.; Lang in Ernst & Young, KStG, § 8 Tz. 522 ff., Stand Juni 2013.

II. Rechnungslegung, erstellt nach gesetzlichen Grundlagen

entstandener sog. Rückforderungsanspruch der Gesellschaft zeitgleich gewinnwirksam[202] zu bilanzieren.[203] Die vGA hat sich zwar gewinnmindernd ausgewirkt, der Gewinn ist jedoch durch die gewinnwirksame Erfassung des Anspruchs – durch die Maßgeblichkeit auch steuerlich (Ergebnis bestritten.) – zutreffend ermittelt worden. Es besteht, da das Einkommen per Saldo somit nicht gemindert wurde[204], keine Notwendigkeit und keine Rechtfertigung für eine außerbilanzielle steuerliche Hinzurechnung der vGA.[205] Eine außerbilanzielle Hinzurechnung würde nämlich zu einer Doppelerfassung des betrachteten Betrages führen.

Maßgeblich ist jedoch nur der ordnungsgemäße handelsrechtliche, das heißt grundsätzlich: der, gemessen an den handelsrechtlichen GoB, fehlerfreie Jahresabschluss. Entspricht der handelsrechtliche Jahresabschluss nicht den GoB, besteht die Pflicht zur Erstellung einer eigenständigen ordnungsgemäßen, von der konkreten Handelsbilanz abweichenden, Steuerbilanz.[206]

In dieser eigenständigen Steuerbilanz sind die durch die vGA entstandenen Ansprüche folglich den handelsrechtlichen Grundsätzen ordnungsmäßiger Buchführung entsprechend zu bilanzieren.

Angesichts dieser Pflicht eine den handelsrechtlichen GoB entsprechende Bilanz steuerlich anzuwenden einerseits, und dem Umstand, dass eine vGA nach h.M. außerbilanzmäßig hinzuzurechnen ist, ohne dass eine eigenständige Steuerbilanz erstellt wird, andererseits, folgt logischer Weise insoweit, dass in den betrachteten Fällen eine ordnungsgemäße Handelsbilanz/Steuerbilanz vorliegt. Dann entfällt jedoch die außerbilanzmäßige Hinzurechnung.

Tatsächlich enthalten Handels- und Steuerbilanz in den zu betrachtenden Fällen in der Regel die Ansprüche nicht, sind demnach nicht ordnungsmäßig. Das führt jedoch an Stelle der außerbilanziellen Zurechnung zur Pflicht eine ordnungsgemäße Steuerbilanz zu erstellen.

3.5. Steuergesetzliche Besonderheiten

Nachdem die Bildung von Rechnungsabgrenzungsposten für Zölle und Verbrauchsteuern handelsrechtlich durch das BilMoG aufgehoben wurde[207] besteht steuerlich in § 5 Abs. 5 Satz 2 Nr. 1 EStG die Besonderheit, dass dafür

---

202 Siehe Derzeitiger Erkenntnisstand zur Rückabwicklung einer verdeckten Gewinnausschüttung, GmbHR 1997, S. 991 ff., hier S. 992 f. unter II. 1. b) aa).
203 Siehe Wichmann, Bilanzierungsfragen im Zusammenhang mit einer verdeckten Gewinnausschüttung, BB 1992, S. 26 ff., hier S. 27 unter 2.2.2.1., m.w.N.
204 Das ist jedoch nach § 8 Abs. 3 Satz 2 KStG erforderlich.
205 Siehe BFH vom 18.12.1996 I R 26/95, DStR 1997, S. 575 ff., hier S. 576, 2. Abs. unter 2. So aber: Siehe z.B. Lang in Ernst & Young, KStG, § 8 Tz. 599, Stand Juni 2013.
206 Siehe z.B.: BFH vom 18.12.1996 I R 26/95, DStR 1997, S. 575 ff., hier bereits Leitsatz 1. und S. 576 unter 2.; Wichmann, Bilanzierungsfragen im Zusammenhang mit einer verdeckten Gewinnausschüttung, BB 1992, S. 26 ff., hier S. 27 unter 2.2.2.2., m.w.N.; Wichmann, Unmaßgeblichkeit des Maßgeblichkeitsprinzips? – Anmerkungen zur Rechtsprechung des BFH, Stbg 2019, S. 69 ff., hier S. 81 unter III.
207 Siehe Schmidt/Weber-Grellet, EStG, 38. Aufl., 2019, § 5, Tz. 259.

jeweils ein Rechnungsabgrenzungsposten zu bilden ist. Dieser Posten ist zum Zeitpunkt der aufwandsmäßigen Belastung mit den Zöllen und Verbrauchsteuern zu erfassen.

Eine Zugangsweise wird dazu nicht genannt; man kann jedoch von Herstellung[208] ausgehen.

Handelsrechtlich ist es gestattet, zur Erfassung erhaltener Anzahlungen die sog. Bruttomethode anzuwenden; dann ist die mit der Anzahlung geleistete Umsatzsteuer als passiver Rechnungsabgrenzungsposten[209] auszuweisen; diesen Ausweis macht § 5 Abs. 5 Satz 2 Nr. 2 EStG zur Pflicht.

In § 6b Abs. 3 EStG wird ein Wahlrecht zur Bildung einer für die Übertragung von aufgelösten stillen Reserven dort gespeicherten Rücklage eingeräumt. Entsprechendes gilt für die Rücklage, die nach § 6d EStG gebildet werden konnte.

In den vorgenannten Fällen sind nach hier vertretener Meinung Herstellungskosten anzusetzen.

4. Die Bewertung

4.1. Die Bewertungsmaßnahme

Bewerten bedeutet allgemein einen Wert beimessen.[210] Dabei muss der Maßstab nicht zwingend in Geld bestehen.[211] Im Zusammenhang mit der Rechnungslegung ist der Maßstab jedoch ausschließlich Geld.

4.2. Die Bewertungsvereinfachungsverfahren

§ 240 Abs. 3 HGB sieht vor, dass bereits in dem Inventar die dort bezeichneten Vermögensgegenstände zum Festwert bewertet werden und § 240 Abs. 4 HGB bestimmt, dass die dort genannten Vermögensgegenstände und Schulden nach den Regeln der Gruppenbewertung bewertet werden dürfen. Daraus folgen entsprechende Bewertungsmaßnahmen im Rahmen der Folgebewertung. Dem folgt Steuerrecht.[212]

Nach § 256 HGB sind das FIFO- und das LIFO-Verfahren bei der Bewertung gleichartiger Vermögensgegenstände des Vorratsvermögens als Bewertungsmethode bei der Folgebewertung[213] zugelassen. Steuerlich darf nach § 6 Abs. 1 Nr. 2a. EStG lediglich das LIFO-Verfahren verwendet werden.

---

208 Schubert/Waubke in Beck Bil-Komm., 11. Aufl., 2018, § 250, Tz. 1 nennen AK/HStK, ohne sich festzulegen.
209 Bei Anwendung der Nettomethode wird der Posten unter den sonstigen Verbindlichkeiten auszuweisen, siehe Schubert/Waubke in Beck Bil-Komm., 11. Aufl., 2018, § 250, Tz. 1.
210 Wahrig, Wörterbuch der deutschen Sprache, 26. Aufl, 2014, S. 188, Stichwort bewerten: „jmd. od. etwas (seinem Werte nach) (ein)schätzen".
211 Siehe das Beispiel in Abschn. I. B.
212 Siehe Schmidt/Kulosa, EStG, 38. Aufl., 2019, § 6 Tz. 611 und die dort gegebenen Verweise.
213 Siehe Abschn. II. D. 4.3.

II. Rechnungslegung, erstellt nach gesetzlichen Grundlagen

D. Grundlagengerechte Entscheidungen

1. Die Zwecke des Rechnungswesens

1.1. Zwecke der Buchhaltung

1.1.1. Finanzbuchhaltung

Den übergeordneten Zweck stellen Handels-[214] und Steuerrecht[215] übereinstimmend fest: „Die Buchführung muss so beschaffen sein, dass sie einem sachverständigen Dritten innerhalb angemessener Zeit einen Überblick über die Geschäftsvorfälle und über die Lage des Unternehmens vermitteln kann."

Inhaltlich dient die Buchführung unter Beachtung und Sicherung des Gläubigerschutzes[216] handelsrechtlich kaufmännischen Zwecken[217] und, was hier, insbesondere aus steuerlicher Sicht, von besonderer Bedeutung ist, der Gewinnermittlung.[218]

1.1.2. Kontokorrentbuchhaltung

Das Kontokorrent in Gestalt des Debitoren- und Kreditorenkontokorrents dient kaufmännischen Zwecken, nämlich der „Sicherung vor Forderungsverlusten und der Übersicht über die Schulden".[219]

1.2. Zwecke des Jahresabschlusses insgesamt

Zweck des handelsrechtlichen Jahresabschlusses insgesamt ist die vollständige und richtige Information der Adressaten über die, unter Berücksichtigung der dem Gläubigerschutz dienenden Bestimmungen, darzustellende Lage[220] des Unternehmens[221]; das sind die Vermögens-, Finanz- und Ertragslage.

1.3. Zwecke der Bilanz

Aufgabe der Bilanz ist handelsrechtlich die Darstellung der Vermögenslage, die nach den § 266 Abs. 2 und 3 HGB aufzuzeigen ist.[222] Damit können „zivil- oder gesellschaftsrechtliche Wirkungen z. B. bei der Bemessung von Zahlungen an die Gesellschafter (Ausschüttungen, Entnahmen) oder an die Geschäftsführung (z. B. laut Anstellungsvertrag) verbunden sein".[223] Auch im Verhältnis zu kreditgebenden Kreditinstituten kann sie nach dem KWG Bedeutung haben.[224]

---

214 § 238 Abs. 1 HGB.
215 § 145 Abs. 1 AO.
216 Siehe Leffson, Die Grundsätze ordnungsmäßiger Buchführung, 7. Aufl., 1987, S. 45 ff.
217 Siehe Leffson, Die Grundsätze ordnungsmäßiger Buchführung, 7. Aufl., 1987, S. 38 ff.
218 Siehe MünchKommHGB/Ballwieser, 3. Aufl., 2013, § 243, Tz. 14 ff.
219 Leffson, Die Grundsätze ordnungsmäßiger Buchführung, 7. Aufl., 1987, S. 39.
220 Siehe zu Details Winkeljohann/Schellhorn, Beck Bil-Komm., 11. Aufl., 2018, § 264, Tz. 37 ff.
221 Siehe z. B. §§ 264 Abs. 2, 321 Abs. 2 HGB.
222 Siehe MünchKommHGB/Reiner/Haußer, 3. Aufl., 2013, § 266, Tz. 1.
223 Adler/Düring/Schmatz, Rechnungslegung und Prüfung der Unternehmen, 6. Aufl., 1998, § 242, Tz. 29.
224 Siehe Adler/Düring/Schmatz, Rechnungslegung und Prüfung der Unternehmen, 6. Aufl., 1998, § 242, Tz. 29.

D. Grundlagengerechte Entscheidungen

Die Bilanz dient zudem der Periodisierung[225], indem dort die ihr dienenden Posten zur Verfügung gestellt werden.

1.4. Zwecke der Gewinn- und Verlustrechnung
„Die GuV hat die Funktion, die Entstehung des Jahresergebnisses (*Gewinnermittlungsfunktion*) aus den einzelnen Erfolgsquellen zu zeigen, um einen Einblick in die Ertragslage des Unt zu ermöglichen (*Informationsfunktion*). Sie ermittelt das Ergebnis des abgelaufenen Gj (Geschäftsjahres) durch Gegenüberstellung der Aufwendungen und Erträge des Gj (§ 242 Abs 2)."[226]
Soweit die Gewinnermittlungsfunktion der GuV Gegenstand der Betrachtung ist, ist für steuerliche Zwecke auf die nach § 4 Abs. 5 EStG nicht abziehbaren Betriebsausgaben hinzuweisen: sie behalten die Qualifikation der Betriebsausgaben, mindern den Gewinn der Steuerbilanz jedoch nicht.[227]

2. Buchung/Ansatz

2.1. Die Zugangsweisen und Erfassungszeitpunkte
Hierunter ist zu betrachten, ob und wenn ja: aufgrund welchen Ereignisses und damit: wann, zu buchen ist.

2.1.1. Im Handelsrecht

1) In der Bilanz

1.1) Der Regelfall
Der Regelfall ist dadurch gekennzeichnet, dass betriebliche Ausgaben oder Einnahmen anfallen.[228] Für Zwecke der Periodisierung[229] ist, gleichsam als erste Gliederungsentscheidung, zu ermitteln, ob diese für ein Bilanzobjekt angefallen sind.

1.1.1) Die Objekte

a. Die Aktiva
Als Aktiva sind aus Sicht der Bilanz zunächst Vermögensgegenstände und Rechnungsabgrenzungsposten zu betrachten. Es kommen bei dieser Betrachtung die Aktivposten nach §§ 246 Abs. 2 und 254 HGB und bei Ausübung des in § 274 Abs. 1 HGB geregelten Wahlrechts der dort beschriebene, lediglich in der Handelsbilanz anzusetzende[230], aktive Überschuss (§ 266 Abs. 2 D. HGB) in Betracht.

---

225 Siehe Abschn. II. C. 2.1.2., 1.1).
226 Schmidt/Peun in Beck Bil-Komm., 11. Aufl., 2018, § 275 Tz. 7.
227 Siehe Schmidt/Loschelder, EStG, 38. Aufl., 2019, § 4, Tz. 521.
228 Siehe Abschn. II. C. 2.1.1., 2).
229 Siehe Abschn. II. C. 2.1.2., 1.1).
230 Siehe Abschn. II. A. 2.2.1.

II. Rechnungslegung, erstellt nach gesetzlichen Grundlagen

Hierfür sind in der Finanzbuchhaltung die entsprechenden Konten einzurichten. Aus Sicht der Finanzbuchhaltung ist das einzurichtende Konto „ausstehende Einlagen" ergänzend in die Betrachtung einzubeziehen.

b. Die Passiva
Als Passiva sind aus Sicht der Bilanz das Eigenkapital iSd. § 266 Abs. 3 A. HGB, die Rückstellungen (§ 266 Abs. 3 B. HGB), die Verbindlichkeiten (§ 266 Abs. 3 C. HGB), die Rechnungsabgrenzungsposten (§ 266 Abs. 3 D. HGB) und ein zwingend auszuweisender passiver Überschuss nach § 274 Abs. 1 HGB[231] zu betrachten.

1.1.2) Bei Neuzugang

a. Grundsatz: Anschaffung oder Herstellung
Handels- und Steuerrecht benennen gleichermaßen die Anschaffungs- und Herstellungskosten als Bewertungsmaßstäbe.[232]

Somit kennen das Handels- und auch das Ertragsteuerrecht die Zugangsweisen Anschaffung und Herstellung. Und tatsächlich lassen sich alle (rechtlichen) Vorgänge, die zu einer Rechtsinhaberschaft, und zu einer Zurechnung eines Bilanzierungsobjektes zu einem – wirtschaftlichen[233] – Eigentümer, führen, in das System von Anschaffung und Herstellung einordnen.[234] Diese beiden Vorgänge sind z.B. durch folgende eindeutige, sich gegenseitig ausschließende, Kriterien gekennzeichnet[235]:

	Herstellung	Anschaffung
Das Wirtschaftsgut hat vor der Zurechnung bestanden	ja	nein,
es war demnach zuvor jemandem zugerechnet	ja	nein,
es ist während des Prozesses entstanden	nein[236]	ja,
es wird als derivativer[237] Erwerb bezeichnet	ja	nein,

---

231 Siehe § 266 Abs. 3 E. HGB.
232 Siehe Stobbe in Herrmann/Heuer/Raupach, EStG, § 6 Tz. 160, Stand September 2015.
233 Zur Zurechnung des wirtschaftlichen Eigentums: Handels- und Steuerrecht: Schmidt/Ries in Beck Bil-Komm., 11. Aufl., § 246 Tz. 5; Steuerrecht: Schmidt/Loschelder, EStG, 38. Aufl, 2019, § 4 Tz. 61, der allerdings auf § 39 AO abhebt.
234 Siehe Wichmann, Die Systematik der Anschaffungs- und Herstellungsvorgänge, FR 1997, S. 589 ff., hier, S. 590 ff., insbesondere S. 594 ff.
235 Siehe zu weiteren Kriterien Wichmann, Die Systematik der Anschaffungs- und Herstellungsvorgänge, FR 1997, S. 589 ff., hier, S. 590.
236 Als Beispiel: Ein bestellter VW-Golf entsteht zwischen den Zeitpunkten Bestellung und Anschaffung; er entsteht bis zur Anschaffung, also im Rahmen der Anschaffung, jedoch unter der Herrschaft des VW AG als Hersteller. Er wird zunächst Vermögen des VW AG.
237 Siehe: Wichmann, Die Systematik der Anschaffungs- und Herstellungsvorgänge, FR 1997, S. 589 ff., hier, S. 590, m. w. N. BFH vom 30. 11. 1976 VIII R 202/72, BStBl 1977, II, S. 384 ff., hier S. 386, li.Sp. 3. Abs. unter III.

D. Grundlagengerechte Entscheidungen

es wird als originärer Erwerb bezeichnet	nein	ja[238],
es ist fremdbezogen	ja[239]	nein[240]
es ist selbsterstellt	nein[241]	ja[242].

Diese – kurze – Aufstellung zeigt zudem auf, dass nach dem Gesetz vom ausgeschlossenen Dritten[243], als einem der vier Grundsätze des Denkens[244], neben Anschaffung und Herstellung kein dritter Vorgang denkbar ist: ist – beispielhaft – jemandem ein Wirtschaftsgut zugerechnet, kann es zuvor nur jemandem zugerechnet oder nicht zugerechnet gewesen sein. Anschaffung und Herstellung sind also die ausschließlichen Zugangsweisen oder Erwerbsarten.[245] Das heißt ebenfalls: jede Nicht-Anschaffung ist eine Herstellung und jede Nicht-Herstellung ist eine Anschaffung.[246] Bei dem Begriffspaar handelt es sich folglich um eine Dualität.[247] Das heißt auch; es gibt keine dritte Zugangsart.

Verfolgt man einen Vermögensgegenstand, ein Wirtschaftsgut auf seinem Weg von dem aktuellen Rechtsinhaber/wirtschaftlichen Eigentümer zurück, gibt es einen ersten Rechtsinhaber, der es nicht von einem anderen erworben haben, der nicht Anschaffender sein kann. Diese Person ist zwangsläufig Hersteller des somit von ihm hergestellten Vermögensgegenstands/Wirtschaftsguts.[248]

Da dieses Ergebnis „aufgrund einfacher logischer Deduktion"[249] gewonnen wurde, kann, insbesondere aufgrund der Einfachheit,[250] erwartet werden, dass dem Ergebnis so lange gefolgt wird, bis ein Fehler in der Überlegung nachge-

---

238 Siehe Wichmann, Die Systematik der Anschaffungs- und Herstellungsvorgänge, FR 1997, S. 589 ff., hier, S. 590, m. w. N.; BFH vom 30. 11. 1976 VIII R 202/72, BStBl 1977, II, S. 384 ff., hier S. 386, li.Sp. 3. Abs. unter III.
239 Siehe Knop, W./Küting, P/Knop, N. in Küting/Weber Handbuch der Rechnungslegung Einzelabschluss, § 255 Tz. 125, Stand November 2016.
240 Siehe Knop, W./Küting, P/Knop, N. in Küting/Weber Handbuch der Rechnungslegung Einzelabschluss, § 255 Tz. 125, Stand November 2016.
241 Ebenda. Siehe auch § 248 Abs. 2 HGB: selbst geschaffen.
242 Siehe Knop, W./Küting, P/Knop, N. in Küting/Weber Handbuch der Rechnungslegung Einzelabschluss, § 255 Tz. 125, Stand Dezember 2015.
243 Siehe Wichmann, Nachträgliche Anschaffung und Herstellung – Plädoyer für eine sachgerechte Unterscheidung im, Handels- und Ertragsteuerrecht, DB 2016, S. 2493 ff., hier S. 2494 unter b), m. w. N.
244 Siehe Schischkoff (Hrsg.), Philosophisches Wörterbuch, 22. Aufl., 1990, Stichwort „Logik"; siehe auch: Hoffmeister, Wörterbuch der philosophischen Begriffe, 2. Aufl., 1955, Stichwort „Logik"; Schneider/Schnapp, Logik für Juristen, 6. Aufl., 2006, S. 87 unter § 16. und S. 94 f. unter III.
245 Siehe Schubert/Gadeck in Beck Bil-Komm, 11. Aufl., § 255 Tz. 35.
246 Siehe Wichmann, Nachträgliche Anschaffung und Herstellung – Plädoyer für eine sachgerechte Unterscheidung im, Handels- und Ertragsteuerrecht, DB 2016, S. 2493 ff., hier S. 2494 unter b), m. w. N.
247 Nach Hoffmeister, Wörterbuch der philosophischen Begriffe, 2. Aufl., 1955, Stichwort „Dualität" „die Zweiheit oder Doppelheit des Prinzips", hier der Erwerbsarten.
248 Siehe Wichmann, Frage nach der Herstellung von GmbH Anteilen, DStZ 2018, S. 316 ff., hier S. 317, li.Sp., 2. Spiegelstrich, m. w. N.
249 So beurteilt Hoffmann, Die Bilanzierung von Beteiligungen an Personengesellschaften, BB Beilage 2 zu Heft 9/1988, hier S. 6, letzter Abs. unter 2., den Gedankengang zutreffend.
250 Siehe Abschn. I. B.

wiesen ist. Das ist bisher und wird auch in Zukunft nicht geschehen: angesichts des Umstandes, dass die zugrunde gelegten Annahmen – unbestreitbar – zutreffend sind, ist auch das Ergebnis der Deduktion zutreffend.[251]

Daraus ergibt sich für die Feststellung der Zugangsart, als einfache Methode der Ermittlung, zu fragen,

- ob der/das betrachtete Vermögensgegenstand/Wirtschaftsgut vor der Zurechnung zu einem wirtschaftlichen Eigentümer als solcher bestanden hat, und
- ob er jemandem zugerechnet war,

bejahendenfalls liegt Anschaffung, verneinendenfalls Herstellung vor.

Es kommt folglich nicht zwingend auf die Bezeichnung des Vorgangs[252] an. Im HGB wird z. B. für herstellen der Begriff selbst schaffen[253] verwendet.[254]

Die Entscheidung eines Wirtschaftssubjekts für Anschaffung einerseits oder Herstellung andererseits richtet sich darauf, einen/ein Vermögensgegenstand/Wirtschaftsgut zu erwerben, dessen (wirtschaftlicher) „Eigentümer"[255] zu werden.

Anschaffung und Herstellung werden im EStG nicht definiert. Es fehlen im EStG auch Definitionen der dort aufgeführten[256] Kosten der Anschaffung und der Herstellung, aus denen das Verständnis dieser Vorgänge ableitbar wäre. Vielmehr stellt Steuerrecht hinsichtlich der Anschaffungskosten auf § 255 Abs. 1 HGB[257] und hinsichtlich der Herstellungskosten auf § 255 Abs. 2 HGB[258] ab. Daraus leiten sich die folgenden handels- und steuerrechtlichen Definitionen ab, die mit den oben für Anschaffung und Herstellung genannten Kriterien übereinstimmen:

- „Unter Anschaffung wird der Erwerb eines bestehenden WG (von einem Dritten) verstanden."[259]

---

251 Siehe: Cannavo, Think to win, 1998, S. 177: Originalzitat: „We have already seen that if the premises of a deductively valid argument are all true, than the conclusion must be true."; Keil, Wenn ich mich nicht irre, Reclam 2019, S, 37 und S. 26 zum Stichwort Syllogismus; Schneider/Schnapp, Logik für Juristen, 6. Auf., 2006, Beispielaus S. 123, § 27 I:.
252 Siehe zu den Synonymen Erich und Hildegard Bulitta, Wörterbuch der Synonyme und Antonyme, 5. Aufl., 2011, Stichworte „anschaffen", S. 77 und „herstellen", S. 452.
253 Siehe z. B. § 255 Abs. 2a HGB.
254 § 255 Abs. 2a HGB bejaht im Übrigen Herstellung eines immateriellen Vermögensgegenstandes.
255 Das schließt andere Rechtsinhaberschaft – z. B. eines Rechtes – als Eigentum ein.
256 Siehe § 6 Abs. 1 Nr. 1. EStH.
257 Siehe Schmidt/Kulosa, EStG, 38. Aufl., 2019, § 6 Tz. 31.
258 Siehe Schmidt/Kulosa, EStG, 38. Aufl., 2019, § 6, hier Tz. 151.
259 Stobbe in Herrmann/Heuer/Raupach, EStG § 6 Tz. 163, Stand September 2015; so auch für das Handelsrecht Schubert/Gadeck in Beck Bil-Komm, 11. Aufl., § 255 Tz. 20.

– Herstellung ist in seinem Grundfall[260] „Neuschaffung eines bisher noch nicht bestehenden WG"[261], wie auch Vermögensgegenstandes.

Zur Anschaffung wird teilweise auch die Auffassung vertreten sie sei „grds. nur (der) entgeltl. Erwerb."[262] Insoweit als dabei auf die Gesamtrechtsnachfolge abgestellt wird, kann das angesichts der dazu geltenden sog. „Fußstapfentheorie", nach der darauf abzustellen ist, ob der Rechtsvorgänger entgeltlich erworben hat oder nicht, nicht sicher[263] behauptet werden: hat er z.B. angeschafft, hat auch der Gesamtrechtsnachfolger angeschafft. Und da bei Schenkung, einem unentgeltlichen Vorgang, ein Erwerb eines bestehenden Vermögensgegenstandes/Wirtschaftsguts von einem Dritten erfolgt, ist die Behauptung unzutreffend. Es würde sich sonst die Frage stellen, welche andere Erwerbsart oder Zugangsweise soll im Falle der Schenkung gegeben sein, etwa Herstellung?

b. Postenbezogene Betrachtung

b.a) Grundsätzliche Vorbemerkung
In der Diskussion über die Zugangsart eines Vermögensgegenstandes wird gelegentlich für Herstellung ein industrielles Verständnis zugrunde gelegt.[264] § 255 Abs. 2a HGB zeigt die Unangemessenheit dieser Argumentation auf: es wird dort im Zusammenhang mit immateriellen Vermögensgegenständen von „selbst geschaffen" und von Herstellungskosten gesprochen.[265] Folglich hält der Gesetzgeber deren Herstellung ohne bauliche und ähnliche technische Maßnahmen als Zugangsweise für gegeben.

b.b) Bei Beteiligungen
Bei Gründung einer Gesellschaft entstehen für die Gesellschafter Beteiligungsrechte. Dementsprechend wird von originärem Erwerb gesprochen.[266] Diese Rechte entstehen bei Personenhandelsgesellschaften und Kapitalgesellschaften durch den Vorgang der Gründung mit der Eintragung der Gesellschaft in das Handelsregister[267]; sie entstehen für den Gesellschafter[268]; vor der Gründung

---

260 Zu dem weiteren Fall, nämlich der nachträglichen Herstellung, siehe Abschnitt II. D. 2.1.1., 1.1.3) d).
261 Stobbe in Herrmann/Heuer/Raupach, EStG, § 6 Tz. 165, Stand September 2015; so auch für das Handelsrecht Schubert/Gadeck in Beck Bil-Komm, 11. Aufl., § 255 Tz. 35.
262 Ehemals: Schmidt/Kulosa, EStG, 36. Aufl., § 6 Tz. 31.
263 Angesichts der Gesamtrechtsnachfolge kommt es auf die Erwerbsweise des Erblassers an.
264 Siehe z. B. Abschn. III. B. 3.1.4.
265 Siehe § 253 Abs. 3 Satz 3 HGB.
266 Siehe Lutter in Lutter/Hommelhoff, GmbH-Gesetz, 17. Aufl., 2009, § 33, Tz. 1, in Abgrenzung zum ebenfalls aufgeführten derivativen Erwerb.
267 Scholz/Veil in GmbHG, 12. Aufl., § 10 Tz. 18 f.
268 Siehe für alle Groh, Ist die verdeckte Einlage ein Tauschgeschäft?, DB 1997, S. 1683 ff., hier S. 1684 unter III. 1. a).

II. Rechnungslegung, erstellt nach gesetzlichen Grundlagen

existierten sie nicht und waren demzufolge niemandem, auch nicht der Gesellschaft[269] zugerechnet.

Daher können die Gesellschaftsanteile nicht vom Gesellschafter angeschafft sein. Somit, und da sie im Rahmen der Gründung entstanden sind, sind sie durch die Gründung für den Gesellschafter hergestellt.[270]

Bei der Gesellschaft bürgerlichen Rechts[271] entstehen die Anteile in Ermangelung einer Handelsregistereintragung mit Abschluss des Gesellschaftsvertrages, auf den abzustellen ist: „die Gesellschaft (bildet) (nämlich) ein – durch die Besonderheiten der Gesamthand (§§ 717 bis 719 (BGB)) modifiziertes – vertragliches Schuldverhältnis in Form eines Dauerschuldverhältnisses."[272] Und dieses Vertragsverhältnis entsteht mit Abschluss des Gesellschaftsvertrages.

Gegen Herstellung wird, obgleich ein Erwerb eines bereits vorhandenen Vermögensgegenstandes bei der Gründung nicht erfüllt ist, dennoch insoweit eingewendet, der Vorgang habe „wirtschaftlich den Charakter einer Anschaffung in Form eines Leistungsaustausches von Anteilen gegen Einlagen"[273]. Zu dieser von der rechtlichen Betrachtung abweichenden wirtschaftlichen Betrachtungsweise wird jedoch nicht angegeben, wer die Anteile tauschen kann. Die Gesellschaft, die von den Gesellschaftern Geld als Leistung erhält, könnte somit als einziger insoweit potenziell (Gegen-)Leistender in Betracht kommen. Sie kann jedoch die Anteile nicht tauschen, da die Anteile nie Anteile der Gesellschaft geworden sein können, weil die Gesellschaft noch nicht existierte, als die Anteile entstanden sind. Sie kann somit nicht deren Hersteller sein. Hätte sie die Anteile erworben, wäre die Gesellschaft nicht entstanden, da eine „Kein-Mann" Gesellschaft nicht entstehen kann.[274] Denn sie kann nicht entstehen, wenn sie

---

269 Denn auch sie entsteht erst – wie die Gesellschaftsanteile – mit der Eintragung der Gesellschaft in das Handelsregister: Siehe Hueck/Fastrich in Baumbach/Hueck, GmbHG, 21. Aufl., § 10. Tz. 6.
270 So auch: Wichmann, Frage nach der Herstellung von GmbH-Anteilen, DStZ 2018, S. 316 ff.; Wichmann, Herstellung von Rechten – dargestellt am Nießbrauch und der GmbH-Anteile, BB 1986, S. 28 ff.; Hoffmann, Die Bilanzierung von Beteiligungen an Personenhandelsgesellschaften, BB 1988, Beilage 2, hier S. 6 f., unter Abschn. 2 ff, insbesondere Abschn. 6.; Wichmann, Herstellung von Beteiligungen, BB 1992. S. 1241 ff.; Schubert/Gadeck in Beck BilKomm., 10. Aufl., 2016, § 255 Tz. 143, m.w.N.; Knop, W./Küting. P./Knop, N. in Küting/Weber Handbuch der Rechnungslegung Einzelabschluss, § 255 Tz. 133, Stand November 2016; Watermeyer, § 17 Abs. 4 EStG – Veräußerungsverlust durch eigenkapitalersetzende Gesellschafterdarlehen?, BB 1993 ff.; weitere Quellen bei Wichmann, Die Systematik der Anschaffungs- und Herstellungsvorgänge, FR 1997, S. 589 ff., hier FN 79; Adler/Düring/Schmaltz, Rechnungslegung und Prüfung der Unternehmen ; 6. Aufl., 1998, § 253, Tz. 38.
271 § 705 ff. BGB.
272 Ulmer, Die Gesellschaft bürgerlichen Rechts, 1980, Vor § 705, Tz. 9.
273 Brösel/Olbrich in Küting/Weber, Handbuch der Rechnungslegung Einzelabschluss, § 253 Tz. 111, m. w. N., Stand November 2012.
274 Siehe Kleindiek in Lutter/Hommelhoff, GmbH-Gesetz, 20. Aufl., 2020, § 60, Tz. 24.

nicht „fortbestehen" kann[275]; es fehlt ihr ein „funktionsfähiges Willensbildungsorgan"[276].

Dennoch werden Beteiligungen an Kapitalgesellschaften ohne die Art der Zugangsweise zu klären zu Anschaffungskosten bewertet[277]; es wird demnach Anschaffung fingiert: Für Beteiligungen an Personengesellschaften entsteht diese Frage nach Anschaffung oder Herstellung der Beteiligung **steuerlich**, entgegen der Wirkung des Maßgeblichkeitsprinzips, angeblich nicht, da sie nicht als Wirtschaftsgut betrachtet werden.[278] Handelsrechtlich sind auch sie hergestellt.[279]

b.c) Bei Forderungen
Zu Forderungen wird die Auffassung vertreten, sie werden mit Anschaffungskosten bewertet, wären demnach angeschafft. Und das soll sowohl bei Erwerb bestehender Forderungen[280] als auch bei sog. „originär entstehenden Forderungen"[281] gelten. Durch Verwendung des Begriffs „originär"[282] wird allerdings bereits auf Herstellung verwiesen[283].

Lediglich Forderungen, die von Dritten erworben wurden, können angeschafft sein. Diese Voraussetzung ist jedoch z. B. bei Forderungen aus dem Lieferungs- und Leistungsverkehr nicht erfüllt; sie waren niemandem z. B. auch nicht dem Schuldner als Forderung jemals zugerechnet. Da diese im Unternehmen des Liefernden entstehen, sind sie hergestellt.

b.d) Bei Kiesvorkommen
Ein Kiesvorkommen ist bis zu seiner Entdeckung Teil des Grundstücks, unter dem es sich befindet.[284] Mit der Entdeckung ist es hergestellt[285], denn vor der

---

275 Siehe dazu: Scholz/Karsten Schmidt/Bitter, GmbHG, 11. Aufl., 2015, § 60, Tz. 65; Fastrich in Baumbach Hueck, GmbHG, 22. Aufl., 2019, § 1, Tz. 49.
276 Kersting in Baumbach Hueck, GmbHG, 22. Aufl., 2019, § 33, Tz. 19.
277 Siehe: für das Handelsrecht z. B. Adler/Düring/Schmaltz, Rechnungslegung und Prüfung der Unternehmen, 6. Aufl. (ADS), § 253, Tz. 44; für das Steuerrecht z. B. BFH vom 03. 10. 1985 IV R 144/84, BStBl 1988, II, S. 142 f., bereits im Tenor; Schmidt/Weber-Grellet EStG, 38. Aufl., 2019, § 5 Tz. 270, Stichwort „Beteiligungen an KapGes".
278 Siehe zur Kritik Abschnitt III. B. 3.1.3.
279 Z. B. Hoffmann, Die Bilanzierung von Beteiligungen an Personenhandelsgesellschaften, Beilage 2 zu Heft 9/1988, hier S. 5 ff unter D.I., m. w. N.
280 Siehe Schubert/Gadeck in Beck Bil-Komm., 11. Aufl., 2018, § 255, Tz. 250.
281 Schubert/Gadeck in Beck Bil-Komm., 11. Aufl., 2018, § 255, Tz. 251, mit Überschrift. Siehe z. B. auch Brösel/Olbrich in Küting/Pfitzer/Weber (Hrsg.), Handbuch der Rechnungslegung Einzelabschluss, § 253 HGB, Tz. 180, Stand November 2012.
282 Siehe dazu und der Bedeutung dessen Abschn. II, D. 1.1.2.
283 Auf einen „Herstellungsprozess" stellen Schubert/Gadeck in Beck Bil-Komm., 11. Aufl., 2018, § 255, Tz. 251, auch ab, den sehen sie jedoch auch im Fall einer „Warenlieferung"; das ist nicht nachvollziehbar.
284 Siehe Wichmann, Die bilanzielle Behandlung eines zunächst unentdeckten Kiesvorkommens in Handels- und Steuerbilanz, Stbg 2018, S. 460 ff., hier S. 461, unter II.
285 Siehe Wichmann, Die bilanzielle Behandlung eines zunächst unentdeckten Kiesvorkommens in Handels- und Steuerbilanz, Stbg 2018, S. 460 ff., hier S. 461, hier unter III. 1.

II. Rechnungslegung, erstellt nach gesetzlichen Grundlagen

Entdeckung hat es als Vermögensgegenstand, als etwas Einzelverwertbares nicht bestanden.[286] Spätestens mit der Entdeckung beginnt die gewerbliche Tätigkeit des betreffenden Kaufmanns[287] mit der Folge der Bilanzierungspflicht.[288] Dabei ist das Kiesvorkommen als „abnutzbar" zu behandeln.[289]

Dem hat Steuerrecht aufgrund des Maßgeblichkeitsprinzips zu folgen.[290] Der Bundesfinanzhof bezeichnet entdeckte Bodenschätze entsprechend als „originär erworbene Bodenschätze"[291] Dem steht der derivative Erwerb gegenüber, das heißt der Fall, dass das – wirtschaftliche – Eigentum von einem Dritten abgeleitet wurde; das ist Anschaffung; dementsprechend ist originärer Erwerb Herstellung.[292]

b.e) Bei Bezugsrechten

Durch die Kapitalerhöhung des Grundkapitals einer Aktiengesellschaft entsteht für die Aktionäre in der Regel ein Bezugsrecht auf neue Aktien als Vermögensgegenstand oder als „selbständiges Wirtschaftsgut, der/das neben den/das Vermögensgegenstand/Wirtschaftsgut Aktie tritt."[293] Das Gleiche gilt bei Kapitalerhöhungen von GmbHs.

Der Aktionär/Gesellschafter der GmbH ist die erste Person, der das Bezugsrecht losgelöst vom Anteil zugerechnet wird; folglich ist es für ihn hergestellt.

b.f) Bei Parzellierungen

Zur Frage der Parzellierung von Grundstücke äußert sich die handelsrechtliche Literatur nicht.

Bei der Parzellierung eines Grundstücks entstehen durch die dafür erforderlichen Maßnahmen einzelne Parzellen,

– die zuvor nicht bestanden haben und
– die jeweils einzelveräußerbar/einzelverwertbar sind.

---

286 Siehe Wichmann, Die bilanzielle Behandlung eines zunächst unentdeckten Kiesvorkommens in Handels- und Steuerbilanz, Stbg 2018, S. 460 ff., hier S. 461, hier unter III. 2.
287 Siehe Wichmann, Die bilanzielle Behandlung eines zunächst unentdeckten Kiesvorkommens in Handels- und Steuerbilanz, Stbg 2018, S. 460 ff., hier S. 461, hier unter III. 3. a).
288 Siehe Wichmann, Die bilanzielle Behandlung eines zunächst unentdeckten Kiesvorkommens in Handels- und Steuerbilanz, Stbg 2018, S. 460 ff., hier S. 461, hier unter IV. 1. a).
289 Siehe Wichmann, Die bilanzielle Behandlung eines zunächst unentdeckten Kiesvorkommens in Handels- und Steuerbilanz, Stbg 2018, S. 460 ff., hier S. 461, hier unter IV. 1. a) und IV. 2. b) bb).
290 Siehe Wichmann, Die bilanzielle Behandlung eines zunächst unentdeckten Kiesvorkommens in Handels- und Steuerbilanz, Stbg 2018, S. 460 ff., hier S. 461, hier unter IV. 2.; siehe aber hier Abschn. III. B. 4,2.6.
291 Z. B. BFH vom 28.10.1982 IV R 73/81, BStBl 1983, II, S. 107 ff., hier S. 109, 2. Abs. unter 2.2. und BFH vom 13.09.1988 VIII R 236/81, BStBl 1989, II, S. 37 ff., hier S. 38, 2. Abs. unter 4. So auch Waldhoff in Kirchhof/Söhn/Mellinghoff. Einkommensteuergesetz Kommentar, § 7 Tz. H 18, Stand Oktober 2009.
292 Vgl. zum Begriff „originär" BFH vom 4.12.2006 GrS 1/05, BStBl 2007, II, S. 508 ff., hier S. 514 unter 2.
293 BFH vom 22.05.2003 X R 9/00, Haufe-Index 952769, hier unter II. 2. b).

D. Grundlagengerechte Entscheidungen

Die entstandenen Parzellen sind somit hergestellt.

b.g) Bei Eigentumswohnungen/Teileigentumen
Im Falle der Aufteilung eines Gebäudes nach dem WEG liegen in Gestalt der entstandenen Eigentumswohnungen/Teileigentume hergestellte Vermögensgegenstände/Wirtschaftsgüter[294] vor[295]:

- Vor der Aufteilung besteht z. B. ein Zwei-/Mehrfamilienhaus, danach mehrere Eigentumswohnungen/Teileigentume. Das gilt auch für die Aufteilung durch einen Bauträger.[296]
- Letztere Objekte haben zuvor nicht bestanden, auch nicht als Vermögensgegenstände/Wirtschaftsgüter.
- Mit der Aufteilung nach dem WEG haben sich auch die Bezeichnungen geändert[297], z. B. von Mehrfamilienhaus in Eigentumswohnungen.
- Vor der Aufteilung besteht Sachvermögen, danach als etwas Anderes/Neues ein – grundstücksgleiches – Recht.[298]

Die Eigentumswohnung und das Teileigentum sind, allein deswegen, weil sie vor der Aufteilung nicht bestanden haben, hergestellt.

b.h) Bei handels- und steuerrechtlichen verdeckten Gewinnausschüttungen
Zwischen einer Kapitalgesellschaft und deren Gesellschaftern können Lieferungs- und Leistungsbeziehungen bestehen.

Insoweit als die Äquivalenz zwischen den Werten der Leistung der Gesellschaft und der Gegenleistung des Gesellschafters nicht erfüllt ist[299], ist in der ordnungsgemäßen Handelsbilanz ein mit der vGA entstandener sog. Rückforderungsanspruch der Gesellschaft[300] zeitgleich gewinnwirksam[301] zu bilanzieren.[302]

---

294 Siehe aber Abschn. III. B. 4.2.5.
295 Siehe aber Abschn. III. B. 7.6.5.
296 Siehe. Armbruster in Bärmann, Wohnungseigentumsgesetz, 12. Aufl., 2013, 2 192 f., unter Tz. 40 f.; MüKoBGB Commichau, 7. Aufl., 2017, § 3 WEG, § 74 f.
297 Zur Bedeutung der Bezeichnung für etwas durch Herstellung Geschaffenes siehe: Palandt/Herrler, 78. Aufl., § 950 Tz. 3; Staudinger/Wolfgang Wiegand, 2017, § 950 Tz. 9.
298 Siehe: Dusemond/Heusinger-Lange/Knop in Küting/Pfitzer/Weber, Handbuch der Rechnungslegung Einzelabschluss, § 266 Tz. 20, Stand Dezember 2010; Wichmann, Bilanzierung von Wohnungs-und Teileigentums i. S. des § 1 WEG – zugleich kritische Würdigung des BFH-Beschlusses vom 5. Oktober 2011, SteuerConsultant 2012, S. 21 ff., hier S. 22 f., unter 3.
299 Das ist der Fall bei Unausgeglichenheit von Leistung und Gegenleistung, Siehe: Hommelhoff, in Lutter/Hommelhoff, 19. Aufl., GmbH-Gesetz, § 29 Tz. 48; Hueck/Fastrich in Baumbach/Hueck, GmbHG, 21. Aufl., § 29 Tz. 68 f.; Lang in Ernst & Young, KStG, § 8 Tz. 522 ff., Stand Juni 2013.
300 Das gilt auch für eine genehmigte vGA: in dem Fall wird die Forderung ausgebucht.
301 Siehe Derzeitiger Erkenntnisstand zur Rückabwicklung einer verdeckten Gewinnausschüttung, GmbHR 1997, S. 991 ff., hier S. 992 f. unter II. 1. b) aa).
302 Siehe Wichmann, Bilanzierungsfragen im Zusammenhang mit einer verdeckten Gewinnausschüttung, BB 1992, S. 26 ff., hier S. 27 unter 2.2.2.1., m. w. N.

b.i) Bei (selbsterstellten) immateriellen Vermögensgegenständen des Anlagevermögens

Gemäß § 248 Abs. 2 Satz 1 HGB ist dem Bilanzierenden hinsichtlich der selbstgeschaffenen immateriellen Vermögensgegenständen des Anlagevermögens, nicht des Umlaufvermögens[303], ein Aktivierungswahlrecht eingeräumt. Dieses Wahlrecht kann bereits im Rahmen der Erstellung der Buchhaltung ausgeübt werden.[304]

Nicht entgeltlich erworbene immaterielle Gegenstände sind hergestellt[305] und mit Herstellungskosten zu bewerten.[306]

1.1.3) Bei nachträglichen Vorgängen

a. Vorbemerkung

Die im Folgenden genannten Begriffsbestimmungen für nachträgliche Aufwendungen[307] sind aus den Definitionen von Anschaffung und Herstellung hergeleitet. Allerdings besteht in dem Zusammenhang mit Einlagen in die Kapitalrücklage ein gesellschaftsrechtlicher Sachverhalt[308], der in das System von Anschaffung und Herstellung nicht einwandfrei integrierbar ist. Da Anschaffung und Herstellung – wie aufgezeigt – nach ihren Definitionen nach dem Gesetz vom ausgeschlossenen Dritten die ausschließlichen Zugangsweisen sind, besteht daher die Notwendigkeit diesen Sachverhalt dem Begriffssystem zuzuweisen. Hier werden dazu die Auffassungen berücksichtigt, dass die entsprechenden Kosten in der Literatur als „zusätzliche AK"[309] oder nach dem BFH vom 22.05.2019 als „fiktive nachträgliche Anschaffungskosten" betrachtet werden.

b. Nachträgliche Anschaffungskosten

Unabhängig davon, dass die Kosten der Herstellung der Betriebsbereitschaft eines angeschafften Vermögensgegenstandes/Wirtschaftsguts in die Anschaffungskosten einzubeziehen sind[310], ist der Zeitpunkt der Anschaffung „der Zeitpunkt des **Erlangens wirtschaftlicher Verfügungsmacht**".[311] Da ein Vermögensgegenstand/Wirtschaftsgut nach einer abgeschlossenen Anschaffung nach

---

303 Für diese besteht Bilanzierungspflicht.
304 Siehe Abschn. II. D. 2.1.1., 1.1.2) b.i).
305 Das bestehende Problem den Begriff Herstellung bei immateriellen Vermögensgegenständen zu verwenden zeigen Haase/Philip auf, wenn sie an Stelle des Begriffs im Zusammenhang mit Steuerrecht den im EStG nicht verwendeten Begriff „Erschaffung" einsetzen; Steuerliche Aspekte der Erschaffung, Ansiedlung und Verlagerung von IP, FR 2017, S. 1 ff.
306 Die Herstellung bejahend: steuerrechtlich Schmidt/Weber-Grellet, EStG, 38. Aufl., 2019, § 5, Tz. 196.
307 Das sind nachträgliche Anschaffungs- oder Herstellungskosten.
308 Siehe unter Abschn. II.D.2.1.1., 1.1.3) c.
309 Knop W./Küting P./Knop N. in Küting/Weber, Handbuch der Rechnungslegung Einzelabschluss, § 255 Tz. 50, Stand November 2016.
310 Siehe Schmidt/Kulosa, EStG, 38. Aufl., 2019, § 6 Tz. 44; das ergibt sich auch aus Schubert/Gadeck, Beck Bil-Komm., 11. Aufl., § 255, Tz. 33.
311 Schubert/Gadeck, Beck Bil-Komm., 11. Aufl., § 255, Tz. 31; so auch Schmidt/Kulosa, EStG, 38. Aufl., 2019, § 6 Tz. 35.

den Gesetzen der Denklogik nicht nachträglich noch einmal von einem Dritten erworben, angeschafft, werden kann, ist eine nachträgliche Anschaffung undenkbar. Daher können erhöhende nachträgliche Anschaffungskosten, wie anderenfalls Anschaffungskostenminderungen, lediglich dann vorliegen, wenn sich an den **durch die Anschaffung verursachten Kosten**[312] etwas ändert.[313]

Dem liegt die in dem Handels- und dem Steuerrecht übereinstimmend vertretene Auffassung[314] zugrunde, dass es sich bei den Anschaffungskosten um Kosten handelt, die final dem Zweck der Anschaffung dienen.[315] Da mit den Kosten die durch die Anschaffung erlangten Objekte bewertet werden, müssten auch die nachträglichen Maßnahmen zweckgerichtet auf Anschaffung sein. Diese Bedingung, wie auch Erwerb von einem Dritten, kann nach zuvor abgeschlossener Anschaffung nicht ein zweites Mal erfüllt werden.

c. Fiktive nachträgliche Anschaffungskosten

Gegenstand der Betrachtung sind die Fälle, in denen ein Gesellschafter nachträglich bei einer GmbH einen Betrag in die Kapitalrücklage und bei einer Personengesellschaft auf ein Kapitalkonto, das keine Gesellschaftsrechte vermittelt[316], leistet.[317] Die geleisteten Beträge sind als „Zuschreibungen"[318] bei den Beteiligungen[319] zu berücksichtigen[320]: es ist keine neue, andere Beteiligung entstanden, hergestellt.[321]

Allerdings sind diese Aufwendungen nicht in jedem Fall durch eine ehemalige Anschaffung verursacht, sondern erfolgen auch bei einer hergestellten Beteiligung. Es handelt sich jedoch nicht um nachträgliche Herstellungskosten, da keine neue, andere Beteiligung entstanden ist.

---

312 So auch Schubert/Gadeck in Beck Bil-Komm., 11. Aufl., 2018, § 255, Tz. 75.
313 Z. B: wird der Kaufpreis nachträglich erhöht oder gemindert, was bei Grundstückserwerb auch grunderwerbsteuerliche Folgen zeitigt. Daraus ergeben sich ebenfalls nachträglichen Anschaffungskosten.
314 Siehe dazu Abschn. II. D. 4.2.2., 1.1).
315 Siehe aktuell BFH vom 22. 05. 2019 XI 44/17, HFR 2020, S. 112 ff., hier S. 113 unter 19.
316 Siehe z. B. BFH vom 29. 07. 2015 IV R 15/14, BStBl 2016, II S. 593.
317 Bei Personengesellschaften sind die in Abschn. II. C. 2.2.2., 2) kritisch dargestellten Besonderheiten zu bedenken.
318 Zum Begriff siehe Grottel in Beck-Bil-Komm., 11. Aufl., § 284 Tz. 270.
319 Einen in diesem Zusammenhang bestehenden steuerrechtlichen Verstoß gegen das Maßgeblichkeitsprinzip stellen kritisch dar: Winkeljohann/Taetzner in Beck-Bil-Komm., 11. Aufl., § 253 Tz. 654.
320 Allerdings stellt sich bei der GmbH möglicherweise ein Bewertungsproblem, wenn die Kapitalrücklage nicht nur für den leistenden Gesellschafter besteht.
321 Siehe Abschn. II. D. 2.1.1., 1.1.2) b.a). und b.b).

II. Rechnungslegung, erstellt nach gesetzlichen Grundlagen

d. Nachträgliche Herstellungskosten

Eine Nachträglichkeit von Herstellungskosten[322] kann sich ergeben, wenn sich
- einerseits nach einer Herstellung, das ist ein Zusammenfügen angeschaffter/hergestellter Güter und Dienstleistungen, deren Anschaffungs-/Herstellungskosten, wie dargestellt[323], ändern oder
- andererseits nach betrieblichem Einsatz[324] eines angeschafften oder hergestellten Vermögensgegenstandes/Wirtschaftsguts Herstellungsmaßnahmen durch[325] „seine Erweiterung oder für eine über den ursprünglichen Zustand hinausgehende wesentliche Verbesserung" erfolgen.[326] Dadurch entsteht ein „neues", anderes, bisher als Vermögensgegenstand/Wirtschaftsgut so nicht vorhandener(s) Vermögensgegenstand/Wirtschaftsgut.[327]

Erweiterungen können hinsichtlich ihres Umfanges unterschiedliche Ausmaße annehmen. Gestützt auf den Wortlaut des § 255 Abs. 2 Satz 1 HGB sollen auch geringfügige Erweiterungen zu Herstellungskosten führen.[328]

Das IDW äußert sich aktuell zum Umfang der Erweiterung nicht.[329] Somit könnte nach Meinung des IDW auch eine geringfügige Erweiterung zu Herstellungskosten führen. Allerdings soll „die materielle Substanzmehrung ... dem Kriterium der **wesentlichen** (Hervorhebung durch den Verfasser) Verbesserung des VG (entsprechen)."[330]

Im Entwurf der seinerzeitigen Stellungnahme WFA 1/1996 wurde die geringfügige Erweiterung vom IDW ausdrücklich als Fall des Herstellungsaufwandes i. S. des § 255 Abs. 2 Satz HGB genannt.[331] In der endgültigen Stellungnahme WFA 1/1996 fehlte dieser Hinweis.[332] Dieses Ergebnis führt zu mangelnder Eindeutigkeit, es stellen sich nämlich die Fragen:

---

322 Siehe Wichmann, Nachträgliche Anschaffung und Herstellung – Plädoyer für eine sachgerechte Unterscheidung im, Handels- und Ertragsteuerrecht, DB 2016, S. 2493 ff., hier S. 2494 f. unter c), m. w. N.; die dortigen Ausführungen werden im Folgenden teilweise wörtlich zitiert.
323 Siehe Abschn. II. D. 2.1.1., 1.1.3) b.).
324 Siehe Wichmann, Offene Fragen zu Erhaltungsaufwand und Herstellungskosten? – Anmerkungen zum IDW RS IFA 1, DB 2016, S. 1145 ff., hier S. 1145, unter III. 1., m. w. N.
325 Siehe zu den folgenden Vorgängen § 255 Abs. 2 Satz 1 HGB und ihm folgend Steuerrecht: siehe Schmidt/Kulosa, EStG, 38. Aufl., 2019, § 6 Tz. 161 ff.
326 Siehe zu weiteren Kriterien Wichmann, Die Systematik der Anschaffungs- und Herstellungsvorgänge, FR 1997, S. 589 ff., hier, S. 595 f.
327 Z. B. Wichmann, Die Erweiterung eines Gebäudes als Herstellungsaufwandfall, Stbg 1998, S. 8: Die angesprochene Formulierung im Entwurf einer Verlautbarung wurde aufgrund des im Aufsatz enthaltenen Hinweises nicht Inhalt der Verlautbarung.
328 Siehe: Schubert/Pastor in Beck Bil-Komm., 11 Aufl., 2018, § 255, Tz. 380; Knop W./Küting P./Knop N. in Küting/Pfitzer/Weber (Hrsg.), Handbuch der Rechnungslegung Einzelabschluss, § 255, Tz. 338, m. w. N., Stand November 2016.
329 Siehe IDW RS IFA 1, FN IDW 2014, S. 246 ff., hier S. 248 unter 2.2., Tz. 5 f.
330 Knop, W./Küting, P./Küting, N. in Küting/Pfitzer/Weber (Hrsg.), Handbuch der Rechnungslegabschluss, § 255, Tz. 343, Stand November 2016.
331 Siehe Entwurf zum IDW WFA 1/1996, FN IDW 1996, S. 323 ff., hier S. 324 unter 2.2.
332 Siehe IDW WFA 1/1996, Wpg 1997, S. 103 f., hier unter 2.2.

- Beruhte die endgültige, auf einem Hinweis aus dem Berufsstand beruhende, Fassung auf einer Meinungsänderung?
- Allerdings wurde die Textänderung nicht publiziert und war nur „Eingeweihten" bekannt, oder
- wollte das IDW nicht Stellung beziehen?

Diese Ungewissheit besteht insoweit fort: einerseits kann die seinerzeitige Änderung des Textes ein Hinweis darauf sein, dass die geringfügige Erweiterung vom IDW nicht mehr als Herstellungsfall betrachtet wird, andererseits kann sich, die Antwort auf den Gesetzestext gestützt, durch Umkehrschluss ergeben: nur im Zusammenhang mit der Verbesserung wird auf Wesentlichkeit abgestellt.[333] Somit wären auch nicht-wesentliche oder unwesentliche Erweiterungen Gegenstand der Betrachtung. Allerdings ist nicht jede unwesentliche Erweiterung auch eine geringfügige[334] Erweiterung. Zusätzlich zu dieser Frage stellt sich ergänzend die grundsätzliche handelsbilanzielle Frage der Wesentlichkeit.

Das IDW zählt Bautechnisches als Kriterium für eine Erweiterung eines Gebäudes auf.[335] Das ist jedoch lediglich **ein** Hilfskriterium. Allerdings sind bautechnische Maßnahmen bei Gebäuden unabdingbar.

Geht man davon aus, dass durch Herstellungsaufwand „der bisher vorhandene VG seinen eigenständigen Charakter aufgeben (muss) und die Substanzmehrung zu einem selbständigen neuen VG führen (muss)"[336], kommt man auch zu dem Ergebnis, dass eine geringfügige Erweiterung nicht zu Herstellungsaufwand führen kann.

Im Übrigen zeigt der Fall der geringfügigen Erweiterung die Unzulänglichkeit des Begriffspaares „Herstellungskosten und Erhaltungsaufwand" auf: die sofortige Abziehbarkeit der Aufwendungen für geringfügige Erweiterungen macht diese Aufwendungen nicht zu Erhaltungsaufwendungen[337] im Sinne von Aufwendungen zur Erhaltung des Gebäudes. Zutreffend lautet das Begriffspaar: Herstellungskosten einerseits, und Aufwand/Betriebsausgaben, sofort abziehbar andererseits.[338] Nur dieses Begriffspaar kann sich auf gesetzliche Vorschriften stützen. Zudem könnten die Aufwendungen prinzipiell noch Anschaffungsnebenkosten oder nachträgliche Anschaffungskosten darstellen.

---

333 So bereits Wichmann, Die Erweiterung eines Gebäudes als Herstellungsaufwandsfall, Stbg 1998, S. 8.
334 Kemsat/Wichmann, Die Frage nach der zutreffenden Kennzeichnung des Wesentlichkeitsgrundsatzes, insbesondere für den Jahresabschluss und dessen Prüfung; ZSteu 2007 S. 401 ff., hier S. 401 unter 2.1., m. w. N.
335 Siehe IDW RS IFA 1, FN IDW 2014, S. 246 ff., hier S. 247 unter Tz. 5.
336 Knop/Küting in Küting/Pfitzer/Weber (Hrsg.), Handbuch der Rechnungslegung Einzelabschluss, § 255, Tz. 341, m. w. N., Stand November 2016.
337 Siehe Wichmann, „Nachträgliche Herstellungskosten" im Begriffssystem von Anschaffung und Herstellung – Darstellung der Rechtsprechung und Lehren daraus, ZSteu 2009, S. 44 ff., hier unter 2., insbesondere S. 47 re.Sp.
338 Steuerlich lautet das Begriffspaar bei den Überschusseinkünften: Herstellungskosten und Werbungskosten.

II. Rechnungslegung, erstellt nach gesetzlichen Grundlagen

Im Fall der Leistung eines GmbH-Gesellschafters aufgrund insoweit noch anerkannter Finanzierungshilfe stellt sich dann, wenn der Anteil angeschafft oder hergestellt wurde, die Frage nach nachträglichen Herstellungskosten, d.h. Herstellung einer anderen Beteiligung.

Eine Beteiligung an einer Kapital- und Personengesellschaft ist als Recht[339] durch die folgenden Rechte[340], die es vermittelt, gekennzeichnet:

– Stimmrecht[341],
– Gewinnbezugsrecht[342],
– Recht auf Feststellung des Jahresabschlusses und
– Recht auf Liquidationserlös[343], sowie
– gegebenenfalls Recht auf Teilnahme an einer Kapitalerhöhung[344], das ist das sogenannte Bezugsrecht.

In diesem Zusammenhang ist steuerlich bei Personengesellschaften dazu auf das Kapitalkonto abzustellen, das Gesellschaftsrechte vermittelt: „Für die Frage, ob als Gegenleistung für die Übertragung Gesellschaftsrechte gewährt werden, wird ... entscheidend darauf abgestellt, ob der Einbringende (erstmals) einen Gesellschaftsanteil erhält bzw. – im Fall einer bereits bestehenden Mitunternehmerstellung –, ob sein Gesellschaftsanteil erhöht wird. Dies bestimmt sich grundsätzlich nach seinem Kapitalanteil. Denn dieser ist nach dem Regelstatut des Handelsgesetzbuchs (HGB) für die maßgeblichen Gesellschaftsrechte, insbesondere für die Verteilung des Jahresgewinns, entscheidend."[345]

An den aufgeführten Rechten ändert sich nichts, wenn eine Finanzierungshilfe des betroffenen Gesellschafters[346] geleistet wird. Die Beteiligung ist danach die nämliche[347] Beteiligung[348]; es hat sich, wenn überhaupt nachfolgende Änderungen erfolgt sind, zumindest keine „erhebliche Wesensveränderung"[349], es

---

339 Siehe: Palandt/Sprau, 78. Aufl., § 823 Tz. 91; Veil in Scholz, GmbHG, 12. Aufl., § 10 Tz. 18 ff.
340 Adler/Düring/Schmaltz, Rechnungslegung und Prüfung der Unternehmen, 6. Aufl. (ADS), § 271 Tz. 6 spricht von „Mitgliedschaftsrechten" und nennt die folgenden Rechte, sowie „Kontroll- und Informationsrechte".
341 § 45 GmbHG, z.B. § 119 HGB.
342 § 29 GmbHG, z.B. § 121 HGB.
343 § 72 GmbHG, z.B. § 155 HGB.
344 § 55 GmbHG.
345 BFH vom 29.07.2015 IV R 15/14, BStBl 2016, II S. 593, Tz. 23.
346 So auch bei insoweit noch anerkannten Bürgschaften; dabei sind ohnehin lediglich Bürgschaften zu betrachten, die „im Hinblick auf das Gesellschaftsverhältnis gewährt" wurden: BFH vom 09.06.1997 GrS 1/94, DB 1997, S. 1693 ff., hier S. 1695, li.Sp., oben.
347 Siehe zu den Merkmalen der Nämlichkeit Knop, W./Küting, P./Knop, N. in Küting/Weber Handbuch der Rechnungslegung Einzelabschluss, § 255 Tz. 134, Stand November 2016 und zur Unmaßgeblichkeit einer Wertsteigerung Palandt/Herrler, 78. Aufl., § 950 Tz. 3.
348 Siehe Wichmann, Nachträgliche Anschaffung und Herstellung – Plädoyer für eine sachgerechte Unterscheidung im Handels- und Ertragsteuerrecht, DB 2016, S. 2493 ff., hier S. 2496.
349 Staudinger/Wolfgang Wiegand, 2017, § 950 Tz. 9.

D. Grundlagengerechte Entscheidungen

haben sich nicht „andere Eigenschaften"[350] ergeben, die zu einem „anderen Verwendungszweck"[351] führen; dies wäre jedoch erforderlich, wenn Herstellung vorliegen soll. Zudem hat sich die Bezeichnung/der Name[352] nicht geändert. Das ist jedoch nicht zwingend erforderlich, aber es ist hinreichend. Das gilt auch bei einer wertgeminderten Beteiligung. Zum Vergleich: die Nämlichkeit z.B. einer Eigentumswohnung ändert sich nicht dadurch, dass der Eigentümer/Rechtsinhaber eine Einzahlung in die Instandhaltungsrücklage leistet; das gilt entsprechend für den Fall einer Inanspruchnahme des Gesellschafters wegen schlechter Lage der (Grundstücks-)Gesellschaft: so wie sich die Nämlichkeit eines Vermögensgegenstandes nicht durch eine ungünstige, wie auch günstige, Marktpreisentwicklung ändert, haben die Folgen der schlechten Lage der Gesellschaft keinen Einfluss auf die Nämlichkeit der Beteiligung. Und auch die, aus welchen Gründen für die Wertminderung einer Eigentumswohnung auch immer, erfolgende Einzahlung in die Instandhaltungsrücklage ändert an deren Nämlichkeit nichts.

Denn „die Frage der Nämlichkeit ist ... nach den Kriterien der Gleichartigkeit, Funktionsgleichheit und Gleichwertigkeit unter Berücksichtigung der Verkehrsauffassung zu beantworten."[353] Allerdings ist eine im betrachteten Fall erfolgende Wertsteigerung nach herrschender Meinung „alleine nicht maßg".[354] Das zeigt sich bei den erwähnten Marktpreisentwicklungen.

Nachträglich Herstellungskosten kommen bei den soeben betrachteten Fällen folglich nicht in Betracht. Das zeigt sich steuerlich insbesondere an dem unveränderten Gewinnbezugsrecht, das steuerlich eine besondere Bedeutung hat.[355]

1.2) Die Ausnahmen

1.2.1) Die Rückstellung für drohende Verluste aus schwebenden Geschäften
Eine Rückstellung für drohende Verluste aus schwebenden Geschäften[356] ist bei Vorliegen dieses wirtschaftlichen Sachverhalts in dem Jahresabschluss des Jahres zum ersten Mal zu bilden, in dem die Situation entstanden ist, wenn sie zum Jahresabschlusszeitpunkt noch besteht. Es sind nämlich die Wertverhältnisse zum Jahresabschlusszeitpunkt maßgebend.

---

350 MüKoBGB/Füller, 7. Aufl., § 950 Tz. 8.
351 MüKoBGB/Füller, 7. Aufl., § 950 Tz. 8.
352 Siehe: Palandt/Herrler, 78. Aufl., § 950 Tz. 3; Staudinger/Wolfgang Wiegand, 2017, § 950 Tz. 9.
353 Knop, W./Küting, P./Knop, N. in Küting/Weber Handbuch der Rechnungslegung Einzelabschluss, § 255 Tz. 134, Stand November 2016.
354 Siehe Palandt/Herrler, 78. Aufl., § 950 Tz. 3.
355 Siehe MüKoBGB/Füller, 7. Aufl., § 950 Tz. 8.
356 Siehe dazu Abschn. III.D. 2.1.1., 1.2.1).

II. Rechnungslegung, erstellt nach gesetzlichen Grundlagen

1.2.2) Die Bewertungseinheiten

Nach § 246 Abs. 2 Satz 2 HGB besteht als Ausnahme vom grundsätzlich geltenden Verrechnungsverbot[357] ein im Jahresabschluss auszuübendes Verrechnungsgebot;[358] danach sind, als „Deckungs- bzw. zweckgebundenes Vermögen"[359] bezeichnete Vermögensgegenstände mit Altersversorgungsverpflichtungen zu verrechnen.[360] Lediglich die jeweils überschießenden Beträge sind entweder nach § 264 Abs. 2 E. HGB als Aktivum oder „unter der jeweiligen Rückstellungskategorie (§ 266 Abs. 3 B.) auszuweisen, wobei sich eine Anpassung der Bezeichnung des Bilanzpostens empfiehlt (... z. B. „Rückstellungen für Pensionen und ähnliche Verpflichtungen nach Verrechnung mit Deckungsvermögen")".[361]

Zudem sieht § 254 HGB ein Wahlrecht[362] zur Bildung von bestimmten sogenannten Bewertungseinheiten vor. Dieses Wahlrecht ist im Jahresabschluss und nach § 252 Abs. 1 Nr. 6 HGB in den ihm folgenden Jahresabschlüssen auszuüben.

In der Buchhaltung sind die eingerichteten Konten beizubehalten.

1.2.3) Die Schenkungen

Schenkungen stellen sogenannten unentgeltlichen Erwerb dar.[363] Ist ein bilanzierungsfähiger Vermögensgegenstand geschenkt worden, ist er zu bilanzieren.[364] Dann stellt sich die Bewertungsfrage.[365]

2) In der Gewinn- und Verlustrechnung

2.1) Grundsätzliches

Betriebliche Ausgaben, die keine Anschaffungs- oder Herstellungskosten, auch nicht in der Erscheinungsform der nachträglichen Anschaffungs- oder Herstellungskosten darstellen, sind sofort abziehbar[366], und zwar

- handelsrechtlich als (sofort abziehbarer) Aufwand[367] und
- steuerlich, im Rahmen der Gewinneinkünfte, als (sofort abziehbare) Betriebsausgaben[368].

---

357 § 246 Abs. 2 Satz 1 HGB.
358 Zur übereinstimmenden steuerlichen Behandlung siehe § 5 Abs. 1a EStG.
359 Schmidt/Ries in Beck Bil-Komm., 11. Aufl., 2018, § 246, Tz. 120.
360 Siehe Schmidt/Ries in Beck Bil-Komm., 11. Aufl., 2018, § 246, Tz. 120.
361 Schmidt/Ries in Beck Bil-Komm., 11. Aufl., 2018, § 246, Tz. 120.
362 Siehe MünchKommHGB/Ballwieser, 3. Aufl., 2013, § 254, Tz. 17.
363 Siehe für alle Schmidt/Usinger in Beck Bil-Komm., 11. Aufl., 2018, § 248, Tz. 13.
364 Siehe Schubert/Gadek in Beck Bil-Komm., 11. Aufl. 2018, § 255, Tz. 99 f.
365 Siehe dazu Schubert/Gadeck in Beck Bil-Komm., 11. Aufl., § 255, Tz. 90 ff.
366 Siehe Wichmann, Die Systematik der Anschaffungs- und Herstellungsvorgänge, FR 1997, S. 589 ff., hier, S. 595 f.
367 Siehe Schubert/Hutzler, in Beck Bil-Komm., 11. Aufl., § 255 Tz. 390.
368 Das folgt auch aus dem Maßgeblichkeitsprinzip, siehe zum Handelsrecht: Baetge/Kirsch/Thiele in Küting/Weber Handbuch der Rechnungslegung Einzelabschluss, Kap 4, Tz. 72, Stand Dezember 2011.

D. Grundlagengerechte Entscheidungen

Im Steuerrecht und ihm folgend im Handelsrecht[369] werden die sofort abziehbaren Aufwendungen in der Praxis üblicher Weise als Instandhaltungskosten[370]/Erhaltungsaufwand[371] bezeichnet. Allerdings sind die Begriffe Instandhaltungskosten/Erhaltungsaufwand keine Begriffe des HGB und des EStG; dann ist der rechtstechnische handelsrechtliche Begriff: „Aufwendungen" und der steuerliche rechtstechnische Begriff: „Betriebsausgaben" zu verwenden. Dass nämlich die Begriffe Instandhaltungskosten/Erhaltungsaufwand, die im Zusammenhang mit Aufwendungen auf Gebäude entstanden sind, in anderen Zusammenhängen ungeeignet sind, zeigten bereits Goerdeler/Müller auf, als sie im Zusammenhang mit nachträglichen Herstellungskosten bei GmbH-Anteilen in der Diskussion der möglichen Beurteilungen der Aufwendungen von einer „Art „Erhaltungsaufwand""[372] sprachen.

2.2) Besonderheiten/Ausnahmen

Gemäß § 246 Abs. 2 Satz 2 Halbsatz 2 HGB sind Aufwendungen und Erträge aus der Auf- bzw. Abzinsung von Verpflichtungen und Aufwendungen und Erträge aus dem miteinander zu verrechnenden Deckungsvermögen miteinander zu saldieren."[373] In der GuV ist lediglich der Saldo auszuweisen.[374]

Gemäß § 274 HGB sind latente Steuern, ohne dass sich Zahlungsvorgänge ereignet haben, in der Bilanz auszuweisen. Die Gegenbuchungen erfolgen unter dem für § 275 Abs. 2 Nr. 18. HGB eingerichteten Konto.

2.3) Speziell: Der Sachbezug

Die Buchung hat zunächst bei erstmaliger Erfüllung und dann monatlich bei Erfüllung der Zusage, im beispielhaft betrachteten Fall der Zurverfügungstellung eines Kraftfahrzeugs, dessen Zurverfügungstellung, zu erfolgen.

3) Die Zeitpunkte der Erfassung in Sonderfällen

Handelsrechtlich sollen Beteiligungserträge, dem EuGH und dem BGH folgend, als Forderungen gegenüber der Untergesellschaft, phasengleich zu erfassen sein.[375] Dazu müssen nach dem EuGH folgende Voraussetzungen erfüllt sein[376]:

- 100 %ige Beteiligung an einer GmbH/AG,
- Tochterunternehmen (GmbH/AG) „ist abhängiges Konzernunternehmen iSv. §§ 17 Abs. 2, 18 Abs. 1 S 3 AktG",

---

369 Siehe z. B. Schubert in Beck Bil-Komm., 11. Aufl., 2018, § 249, Tz. 101 f.
370 Schubert in Beck Bil-Komm., 11. Aufl., 2018, § 249, Tz. 101 f.
371 Siehe z. B. Schmidt/Kulosa, EStG, 38. Aufl., 2019, § 6 Tz. 188.
372 Goerdeler/Müller, Die Behandlung von nichtigen oder schwebend unwirksamen Anschaffungsgeschäften, von Forderungsverzichten und Sanierungszuschüssen im Jahresabschluss, Wpg 1980, S. 313 ff. hier S. 320, re.Sp., 2. Abs.
373 IDW RS HFA 30 n. F., Tz. 85. Auf diese Quelle weisen Schmidt/Ries in Beck Bil-Komm., 11. Aufl., 2018, § 246, Tz. 120 hin.
374 Zur Anhangsangabe wird auf § 285 Nr. 25 Halbsatz 1 HGB hingewiesen.
375 Schubert/Waubke in Beck Bil-Komm., 11. Aufl., 2018, § 266, Tz. 120.
376 Siehe Schubert/Waubke in Beck Bil-Komm., 11. Aufl., 2018, § 266, Tz. 120.

II. Rechnungslegung, erstellt nach gesetzlichen Grundlagen

- die Feststellung des Jahresabschlusses und der Beschluss über die Gewinnverwendung ist erfolgt, bevor die Prüfung des Jahresabschlusses der Obergesellschaft beendet ist,
- beide Unternehmen haben ein übereinstimmendes Geschäftsjahr und
- der Jahresabschluss des Tochterunternehmens vermittelt ein den tatsächlichen Verhältnissen entsprechendes Bild.

Das Gleiche soll entsprechend bei einer Beteiligung von unter 100 % gelten, wenn das Mutterunternehmen „allein in der Lage ist, den entspr Gewinnverwendungsbeschluss durchzusetzen".[377]

Es geht dabei grundsätzlich um eine Antwort auf die Frage: besteht am Bilanzstichtag der Obergesellschaft ein Vermögensgegenstand in Gestalt einer Forderung an die Untergesellschaft auf Auszahlung des auf die Obergesellschaft entfallenden Gewinns? Da ein solcher Vermögensgegenstand rechtlich erst mit dem Gewinnausschüttungsbeschluss entsteht[378], liegt er in den dargestellten Fällen noch nicht vor.[379]

2.1.2. Nach den Steuergesetzen

1) Die Bilanz betreffend

Es bestehen

- nach § 5 Abs. 2 EStG ein Bilanzierungsverbot für selbstgeschaffene immaterielle Wirtschaftsgüter,
- nach § 5 Abs. 3 EStG abweichende Regeln für die Bildung von Rückstellungen für Patent-, Urheberrechtsverletzungen, und Verletzung sonstiger Schutzrechte[380],
- sowie nach § 5 Abs. 4 EStG abweichende Regeln für Jubiläumsaufwendungen[381] und
- nach § 5 Abs. 2a EStG abweichende Regeln für bedingte Verbindlichkeiten und Rückstellungen[382].

Zudem wirkt § 5 Abs. 4a EStG. Danach besteht ein Bilanzierungsverbot für Rückstellungen für drohende Verluste aus schwebenden Geschäften. Und § 5 Abs. 4b EStG regelt,

- die Bilanzierung ablehnend, mit den Rückstellungen im Zusammenhang mit Kernkraftwerken einen Sachverhalt der handelsrechtlich als Frage eines

---

377 Schubert/Waubke in Beck Bil-Komm., 11. Aufl., 2018, § 266, Tz. 120.
378 Siehe Hoffmann, Von der phasengleichen Dividendenvereinnahmung zu den Grundsätzen ordnungsmäßiger steuerlicher Bilanzierung, DStR 2000, S. 1809 ff., hier S. 1822, unter 3.2, m. w. N.
379 So der Große Senat des BFH, siehe hier Abschn. III. B. 3.1.2.
380 Siehe Schubert in Beck Bil-Komm., 11. Aufl., 2018, § 249, Tz. 100; „Patentverletzung, …".
381 Siehe Schubert in Beck Bil-Komm., 11. Aufl., 2018, § 249, Tz. 100, „Jubiläumszuwendungen".
382 Siehe Schubert in Beck Bil-Komm., 11. Aufl., 2018, § 247, Tz. 223 ff.

drohenden Verlustes aus einem schwebenden Beschaffungsgeschäft betrachtet wird[383] und
- die Bilanzierung einschränkend, Sachverhalte zu Kernbrennmaterial.

Nach § 4f EStG entstehen bei Verpflichtungsübernahmen, Schuldbeitritten und Erfüllungsübernahmen in bestimmten Fällen Aktiv- oder Passivposten. Bei der Entnahme von Wirtschaftsgütern und deren Verbringung in eine ausländische Betriebsstätte desselben Steuerpflichtigen ist nach § 4g Abs. 1 EStG ein Ausgleichsposten zu bilden. Für die vorgenannten Posten sind keine steuerlichen Gliederungsbestimmungen vorhanden. Es ist eine sachgerechte Bezeichnung zu wählen.

Die §§ 6a, 6b, und 7g EStG sehen Ansatz- und teilweise Bewertungsbestimmungen vor, ohne die jeweilige Zugangsart des zu Bewertenden zu klären. Damit gilt insoweit Handelsrecht: die Vorschriften dienen folglich der Ermittlung der handelsrechtlich qualifizierten Anschaffungs- und Herstellungskosten.

2) Die Gewinn- und Verlustrechnung betreffend
Ein nach § 4f EStG gebildeter Posten ist nach § 4f Abs. 1 EStG abzuschreiben. Der bei der Entnahme von Wirtschaftsgütern und deren Verbringung in eine ausländische Betriebsstätte desselben Steuerpflichtigen nach § 4g Abs. 1 EStG zu bildende Ausgleichsposten ist nach § 4g Abs. 2 EStG gewinnwirksam aufzulösen. Für beide Posten wird ebenfalls keine Gliederungsbestimmung genannt. Auch hier sind sachgerechte Bezeichnungen zu wählen.

Die §§ 7, 7a, 7h und 7i EStG enthalten für Gebäudeabschreibungen besondere Bestimmungen.

2.2. Bei Ausscheiden
Es ist, unabhängig von der Art des Ausscheidens[384], ob Abgang, Erfüllung oder Verbrauch, zum Zeitpunkt des Ausscheidens zu buchen.

3. Konto/Gliederung
3.1. Nach Handelsrecht

3.1.1. Allgemein
Für die Gliederung der Konten der Finanzbuchhaltung ist hier der SKR 04 und für die Bilanz die § 266 Abs. 2 und 3 HGB, sowie für die Gewinn- und Verlustrechnung § 275 Abs. 2 HGB Grundlage.

Für den Jahresabschluss gilt das Verrechnungsverbot des § 246 Abs. 2 Satz 1 HGB. Das gilt für die Finanz- und Kontokorrentbuchhaltung. Nur für den Jahresabschluss gelten Ausnahmen:

---

[383] Siehe IDW RS HFA 4, Tz. 30, auf den Schubert in Beck Bil-Komm., 11. Aufl., 2018, § 249, Tz. 100, Stichwort „Anschaffungs- Herstellungskosten" hinweisen.
[384] Siehe Abschn. II. C. 3.

II. Rechnungslegung, erstellt nach gesetzlichen Grundlagen

- Als gesetzliche Ausnahmen sind § 246 Abs. 2 Sätze 2 f. HGB[385] und § 254 HGB zu nennen.
- Die offenen Absetzungen nach § 272 Abs. 1 HGB und die Saldierungen nach § 264c Abs. 2 Sätze 3 und 6 HGB und nach § 274 HGB sind dabei nicht als Verrechnungen zu betrachten.
- Weitere Ausnahmen bestehen für die Gewinn- und Verlustrechnung in Gestalt des § 275 Abs. 2 Nr. 2 HGB[386], §§ 276, 277 Abs. 1 HGB und aufgrund § 174 Abs. 3 AktG, aus dem eine Minderung des Gewinnvortrages folgt[387].
- Zudem wird beim Abgang von Gegenständen des Anlagevermögens lediglich das Ergebnis saldiert in Gestalt eines Veräußerungsgewinns/-verlustes[388] ausgewiesen.
- Bei Pensionsrückstellungen wird lediglich der Saldo von Aufwendungen aus Zuführungen und Erträgen aus der Auflösung[389] ausgewiesen.
- Es wird unter Steuern durch Saldierung nur der Saldo von Steuererstattungen und -nachzahlungen[390] ausgewiesen.
- In der Bilanz sind Verrechnungen von Forderungen und Verbindlichkeiten in folgenden Fällen daneben zulässig:
  i. Bei Aufrechnungsmöglichkeit nach § 387 BGB;[391]
  ii. in bestimmten Fällen bei Gesamtschuldverhältnissen iSd. § 421 BGB.[392]

Die in der Buchhaltung eingerichteten Konten bleiben jeweils bestehen.

In dem Zusammenhang stellt sich bei Kontokorrentkonten die Frage nach der Saldierung nicht[393]: die Salden sind vorgegeben.

Eine vGA führt, abgesehen von der Bilanzierung der dadurch entstandenen Forderungen, zu keiner gliederungsmäßigen Konsequenz. Deren Qualifizierung als vGA ist nämlich das Ergebnis einer Angemessenheitsprüfung der in der Gewinn- und Verlustrechnung unverändert ausgewiesenen Aufwendungen und gegebenenfalls[394] der ihnen gegenüber stehenden Erträge. Und der aus der Aktivierung der Forderung entstehende Ertrag ist nicht mit den Aufwendungen, die die vGA darstellen, zu verrechnen. Die Gewinnwirksamkeit der geltend

---

385 Siehe zu der Gliederungsfolge Abschn. II. C. 1.1.2. und 1.1.3., sowie II. C. 1.2.
386 Siehe Schmidt/Ries in Beck Bil-Komm., 11. Aufl., 2018, § 246, Tz. 115 unter a).
387 Siehe Schmidt/Ries in Beck Bil-Komm., 11. Aufl., 2018, § 246, Tz. 115 unter e).
388 Siehe Schmidt/Ries in Beck Bil-Komm., 11. Aufl., 2018, § 246, Tz. 115 unter g).
389 Siehe Schmidt/Ries in Beck Bil-Komm., 11. Aufl., 2018, § 246, Tz. 115 unter f).
390 Siehe Schmidt/Ries in Beck Bil-Komm., 11. Aufl., 2018, § 246, Tz. 115 unter d), Schmidt/Peun in Beck Bil-Komm., 11. Aufl., 2018, § 275 Tz. 246.
391 Siehe Schmidt/Ries in Beck Bil-Komm., 11. Aufl., 2018, § 246, Tz. 106, weitere Details in Tz. 107 und 108.
392 Siehe Schmidt/Ries in Beck Bil-Komm., 11. Aufl., 2018, § 246, Tz. 109.
393 Siehe Schmidt/Ries in Beck Bil-Komm., 11. Aufl., 2018, § 246, Tz. 111.
394 Bei in der Gewinn- und Verlustrechnung zu erfassenden Sachleistungen.

gemachten Forderung stützt sich auch darauf, dass eine Erfassung als Kapitalrücklage nicht in Betracht kommt.[395]

Für die bilanzmäßige Darstellung eines Schadensersatzanspruchs im Zusammenhang mit einer vGA stellt sich die Gliederungsfrage hinsichtlich der Kapitalrücklage nicht, da die Leistung des Gesellschafters und des Geschäftsführers nicht auf gesellschaftsrechtlicher Basis erfolgt. Es erfolgt demnach auch in dem Zusammenhang eine gewinnwirksame Erfassung des Geschäftsvorfalls.

3.1.2. Der Steuern

Unter den Positionen des § 275 Abs. 2 Nr. 18. und 19. HGB sind grundsätzlich Steuern auszuweisen, die das Unternehmen als Steuerschuldner schuldet.[396] Das sind bei den „Steuern vom Einkommen und Ertrag" (§ 275 Abs. 2 Nr. 18. HGB) Gewerbe- und Körperschaftsteuer, sowie der Solidaritätszuschlag, auch wenn sie für diese Steuerarten als „latente Steuern" ermittelt werden.[397]

In dem Posten des § 275 Nr. 19. HGB sind, soweit sie derzeit erhoben werden,[398]

- Verbrauchsteuern: Bier-, Branntwein-, Kaffee-, Mineralöl-, Sekt- und Tabaksteuer,
- Verkehrsteuern: Ausfuhrzölle, Rennwett-, Lotterie- und Versicherungssteuer,
- Vermögensteuern: Erbschaft- und Grundsteuer,
- sonstige Steuern: Getränke-, Hunde-, Jagd-, Kraftfahrzeug- und Vergnügungssteuer,

zu erfassen. Ergänzend ist auf die vom Unternehmen als Steuerschuldner gezahlte Umsatzsteuer, wie z. B. beim Sachbezug, hinzuweisen.[399]

Nach § 275 Abs. 7 HGB kann in den Fällen der Unwesentlichkeit und bei Verbesserung der Klarheit von dem Ausweis unter dem Posten sonstige Steuern abgesehen werden.[400] Diese Erleichterung wird in der Praxis hinsichtlich der Versicherungssteuer angewendet, die nach § 7 Abs. 1 VersStG das Unternehmen als der Versicherungsnehmer als Steuerschuldner schuldet. Daher wird häufig die Versicherungssteuer insoweit als Teil der Versicherungsprämie behandelt.

Ein Ausweis pauschalierter Lohnsteuer, die das Unternehmen als Steuerschuldner schuldet, erfolgt angesichts des sich aus dem davon Vermerk in § 275 Abs. 2

---

395 Siehe Wichmann Abwicklung einer verdeckten Gewinnausschüttung und deren Folgen nach Handels- und Steuerrecht bei einer Gesellschaft mit beschränkter Haftung, DStZ 2019, S. 157 ff., hier S. 160.
396 Siehe: Adler/Düring/Schmaltz, Rechnungslegung und Prüfung der Unternehmen, 6. Aufl., 1997, § 275, Tz. 184; Schmidt/Peun, in Beck Bil-Komm., 11. Aufl., 2018, § 275, Tz. 235.
397 Siehe Schmidt/Peun, in Beck Bil-Komm., 11. Aufl., 2018, § 275, Tz. 235.
398 Mit dem Folgenden wird insoweit Adler/Düring/Schmaltz, Rechnungslegung und Prüfung der Unternehmen, 6. Aufl., 1997, § 275, Tz. 197 gefolgt.
399 Siehe Schmidt/Peun, in Beck Bil-Komm., 11. Aufl., 2018, § 275, Tz. 255.
400 Siehe Budde in Küting/Pfitzer/Weber (Hrsg.), Handbuch der Rechnungslegung Einzelabschluss, § 275, Tz. 99a, Stand Mai 2017.

Nr. 6. HGB ergebenden Vorrangs des Postens Personalaufwendungen[401] unter Personalaufwendungen.[402]

3.1.3. Bei Sachbezug

Der entstehende Aufwand soll im Personalaufwand nach § 275 Abs. 2 Nr. 6. HGB erfasst werden.[403] Das ist zutreffend.

Grundsätzlich führen, wie festgestellt[404], Aufwendungen, die nicht zu einem Zugang in der Bilanz führen, zu einem Zugang in der GuV. Dort werden sie entsprechend ihrer **Art** zugeordnet. Eine – lediglich – behauptete Unmöglichkeit[405] einer einwandfreien Trennung[406] der betroffenen Aufwendungen, also grundsätzlich die Antwort auf eine Wertermittlungsfrage, soll somit maßgebend sein für die Antwort auf eine Gliederungsfrage. Dafür kann das Argument jedoch nicht herangezogen werden, da die Gliederungsfrage aufgrund ihrer Art, nicht aufgrund von Werten, oder deren Ermittlungsmöglichkeiten, zu beantworten ist.

Der Aufwand ist, z.B. im Fall der unentgeltlichen Zurverfügungstellung eines Kraftfahrzeuges auf den verschiedenen Konten für Kraftfahrzeugaufwendungen und gegebenenfalls[407] unter Abschreibungen erfasst. Die bei solchem Sachbezug auf die Nutzung durch den Mitarbeiter anfallenden Aufwendungen, einschließlich der Abschreibungen, könnten, anteilig nach Kilometerleistung bemessen, auf einem im Rahmen der Kraftfahrzeugkostenkonten eingerichteten Ertragskonto gegengebucht werden. Das führt insoweit zu einem saldierten Ausweis.

Es verbietet sich ein entsprechendes Abschreibungskonto einzurichten, weil daraus eine Abweichung zum Anlagespiegel des § 268 Abs. 2 HGB entstehen würde, und der dementsprechend zutreffende Ausweis eines Postens der Gewinn- und Verlustrechnung[408] Vorrang gegenüber dem unzutreffenden Ausweis eines Unterkontos (Sachbezug) des Postens „sonstige betriebliche Aufwendungen"[409] hat.

3.2. Nach Steuergesetzen

Grundsätzlich gelten aufgrund des Maßgeblichkeitsprinzips die Gliederungsbestimmungen des Handelsrechts. Lediglich für Sachverhalte, die das Steuerrecht schafft, sieht es – teilweise – auch Gliederungsanweisungen vor. Dabei stützt es sich allerdings auf die handelsrechtliche Begriffsbildung. Dementsprechend

---

401 Siehe Wichmann, Körperschaftsteuererstattungen und pauschalierte Lohnsteuer in der Gewinn- und Verlustrechnung, BB 1987, S. 648f., hier S. 649 unter 4.
402 Im Ergebnis ebenso z.B. Schmidt/Peun in Beck Bil-Komm., 11. Aufl., 2018, § 275, Tz. 235.
403 Siehe Schmidt/Peun in Beck Bil-Kom., 11. Aufl., 2018, § 275, Tz. 238 ff.
404 Siehe Abschn. II. C. 2.1.2., 1.1.1).
405 Siehe dazu die unmittelbar nachfolgenden Feststellungen.
406 Siehe Schmidt/Peun in Beck Bil-Komm., 11. Aufl., 2018, § 275, Tz. 128.
407 Wenn das Fahrzeug nicht geleast wurde.
408 § 275 Abs. 2 Nr. 6. a) HGB.
409 § 275 Abs. 2 Nr. 8 HGB.

- sind für Pensionszusagen nach § 6a EStG Rückstellungen zu bilden,
- können nach § 6b Abs. 3 EStG Rücklagen gebildet werden und
- war nach § 6d EStG anlässlich der Euroumrechnung eine Rücklage vorgesehen.

Die sogenannten Investitionsabzugsbeträge nach § 7g EStG werden außerbilanziell abgewickelt.[410]

4. Wertansatz

4.1. Kennzeichnung und Abgrenzung der Bewertungsmaßnahmen

In Handels- und Steuerrecht werden Zugangs- und Folgebewertung unterschieden. Das ergibt sich aus § 253 HGB für die handelsrechtliche Buchführung und Bilanz und, dem Maßgeblichkeitsprinzip folgend, für das Steuerrecht. Letzteres ist im Ergebnis steuerlich anerkannt.[411] Dabei sind Anschaffungs- und Herstellungskosten die Wertmaßstäbe der Zugangsbewertung.[412]

Mit der Zugangsbewertung wird grundsätzlich auf den entsprechenden Wert zum jeweiligen Zeitpunkt des Zugangs[413], das sind für die Bilanz die Zeitpunkte

- der Anschaffung oder
- der Herstellung

abgestellt. Und dabei sind die den Zwecken, einerseits der Anschaffung[414] und andererseits der Herstellung[415], dienenden Aufwendungen anzusetzen. Und es sind die Kosten anzusetzen, die bis zur Beendigung des jeweiligen Vorgangs angefallen sind. Das sind, obgleich eine Anschaffung bereits mit dem Erwerb erfolgt ist[416], gegebenenfalls auch die Kosten der Herstellung der Betriebsbereitschaft[417] und bei der Herstellung die Kosten bis zur Fertigstellung/Schaffung der Betriebsbereitschaft[418].

Es handelt sich bei den „Kosten" jeweils um zweckbezogene Aufwendungen. Bei der Anschaffung handelt es sich grundsätzlich um solche, „die dem Erwerb

---

410 Siehe Schmidt/Kulosa, EStG, 38. Aufl., 2019, § 7g, Tz. 4.
411 Siehe z. B. Schmidt/Kulosa, EStG, 38. Aufl., 2019, § 6 Tz. 9.
412 Siehe § 253 HGB und z. B. Schmidt/Kulosa, EStG, 38, Aufl., 2019, § 6 Tz. 9.
413 MünchKommHGB/Ballwieser, 3. Aufl., 2013, § 253, Tz. 9.
414 Siehe: für das Handelsrecht Schubert/Gadeck in Beck BilKomm., 10. Aufl., § 255, Tz. 21; für das Steuerrecht Schmidt/Kulosa, EStG, 38. Aufl., 2019, § 6, Tz. 33.
415 Siehe: für das Handelsrecht Adler/Düring/Schmaltz, Rechnungslegung und Prüfung der Unternehmen, 6. Aufl., 1995, § 253, Tz. 117; für das Steuerrecht ist laut Stobbe/Rade in Herrmann/Heuer/Raupach, EStG, § 6, Tz. 225, Stand Mai 2017, gestützt auf den Großen Senat des BFH, der handelsrechtliche Begriff maßgeblich.
416 Siehe: für das Handelsrecht Schubert/Gadeck in Beck BilKomm., 10. Aufl., § 255, Tz. 70; für das Steuerrecht Schmidt/Kulosa, EStG, 38. Aufl., 2019, Aufl., § 6, Tz. 31.
417 Siehe: für das Handelsrecht Schubert/Gadeck in Beck BilKomm., 10. Aufl., § 255, Tz. 20; für das Steuerrecht Schmidt/Kulosa, EStG, 38. Aufl., 2019, § 6, Tz. 31.
418 Siehe: für das Handelsrecht Schubert/Pastor in Beck BilKomm., 10. Aufl., 2016, § 255, Tz. 367; für das Steuerrecht Schmidt/Kulosa, EStG, 38. Aufl., 2019, § 6, Tz. 35.

des VG direkt zugeordnet werden können".[419] Das sind Aufwendungen, bei denen eine Zurechnung ohne Schlüsselung erfolgen kann.[420] Im besonderen Fall bestehen Ausnahmen, nach denen eine Pauschalierung zugelassen wird, wenn sie „zu keiner wesentlichen Abweichung vom Ergebnis der individuellen Zurechnung führt."[421]

Nach dem sogenannten Anschaffungskosten-/Anschaffungswertprinzip[422] dienen diese Kosten als Obergrenze der Bewertung.[423]

Die Anschaffungs-/Herstellungskosten sind jedoch jährlich zum Bilanzstichtag im Rahmen der Folgebewertung zu überprüfen. Soweit es sich um abnutzbares Anlagevermögen handelt, sind sie um Abschreibungen[424] zu vermindern; für alle nach dem Zugang liegenden Stichtage ist darüber hinaus

– handelsrechtlich der niedrigere Wert zu ermitteln, auf den bei Anlagevermögen nach § 255 Abs. 3 HGB nur bei dauernder Wertminderung und bei Umlaufvermögen nach § 255 Abs. 4 HGB auf jeden Fall abzuschreiben ist und

– steuerrechtlich insoweit der sogenannte Teilwert[425] maßgebend ist, der gemäß § 6 Abs. 1 Nr. 1.Sätze 1 und 2 EStG bei abnutzbarem Anlagevermögen und nach § 6 Abs. 1 Nr. 2. Satz EStG, jeweils bei voraussichtlich dauernder Wertminderung, angesetzt werden kann: allerdings folgt aus dem steuerlichen Bilanzierungsverbot selbstgeschaffener immaterieller Wirtschaftsgüter, dass Abschreibungen darauf, abweichend vom Handelsrecht, nicht einbezogen werden dürfen.[426]

4.2. Die Zugangsbewertung

4.2.1. Vorbemerkung: die gesetzlichen Bewertungsmaßstäbe

Im Handelsrecht, wie dem Steuerrecht, werden mit den Anschaffungs- und den Herstellungskosten Wertmaßstäbe für die Zugangsbewertung genannt. Weitere Maßstäbe werden zu Recht nicht aufgeführt: neben Anschaffung und Herstellung sind nach dem Gesetz vom ausgeschlossenen Dritten weitere Vorgänge und damit weitere Zugangsarten, und damit entsprechende Werte, nicht denkbar.[427] Dann sind Wertmaßstäbe wie z.B. „Nennbetrag" oder „Nominalbetrag"[428] entbehrlich und irreführend.

---

419 Schubert/Gadek in Beck BilKomm., 10. Aufl., 2016, § 255, Tz. 27.
420 Siehe Schubert/Gadek in Beck BilKomm., 10. Aufl., 2016, § 255, Tz. 27.
421 Siehe Schubert/Gadek in Beck BilKomm., 10. Aufl., 2016, § 255, Tz. 27.
422 Siehe Handwörterbuch des Steuerrechts, 1972, Stichwort „Anlagevermögen", S. 48 f., hier S. 48 unter C.
423 Siehe: für das Handelsrecht Schubert/Gadeck in Beck BilKomm., 10. Aufl., § 255, Tz. 1: für das Steuerrecht Schindler in Kirchhof, EStG 2018, 17. Aufl., 2018, S. 521 unter Tz. 25.
424 §§ 255 Abs. 3 HGB, 7 EStG.
425 Zum Begriff siehe § 6 Abs. 1 Nr. 1. Satz 3 EStG.
426 Siehe Schubert/Pastor in Beck Bil-Komm., 10. Aufl., 2016, § 255, Tz. 345.
427 Siehe Abschn. II. D. 2.1.1., 1.1.2) a.
428 Siehe dazu z. B. Schubert/Gadeck in Beck Bil-Komm., 11. Aufl., 2018, § 255, Tz. 320 ff.

D. Grundlagengerechte Entscheidungen

Allerdings werden gemäß § 255 Abs. 1 HGB lediglich Vermögensgegenstände und Schulden bewertet. Da jedoch bei dem Zugang auch der übrigen Bilanzposten nur Anschaffung oder Herstellung zugrunde liegen können, werden auch diesen Posten Anschaffungs- oder Herstellungskosten zuzuordnen sein.

4.2.2. Bei Zugang zu Bilanzkonten

1) Die Bewertung mit Anschaffungskosten

1.1) Die Anschaffungskosten

1.1.1) Grundsätzliches
Nach § 255 Abs. 1 HGB sind „Anschaffungskosten die Aufwendungen, die geleistet werden, um einen Vermögensgegenstand zu erwerben und ihn in einen betriebsbereiten Zustand zu versetzen." Dabei soll Erwerb[429] vorliegen, wenn ein bereits bestehender VG,... aus der fremden in die eigene wirtschaftliche Verfügungsmacht überführt wird."[430] Das bedeutet: die für die Überführung erforderlichen Kosten sind Anschaffungskosten. Also gilt, das ist „einhellige Auffassung"[431], auch die des BFH[432]: „AK sind Aufwendungen, die final, dh nach ihrer Zweckbestimmung, dem Erwerb des VG dienen".[433]

1.1.2) Aufteilung von Anschaffungskosten[434]
Es gilt der Grundsatz der Einzelbewertung[435]: das heißt, dass in den Fällen, in denen bei dem Erwerb nicht für jeden einzelnen Vermögensgegenstand ein Kaufpreis vereinbart ist, deren Ermittlung erforderlich wird. Das gilt auch dann, wenn für einzelne Vermögensgegenstände unangemessene Kaufpreise vereinbart wurden.[436]

In einer Mehrheit von Fällen wird ein einheitlicher Kaufpreis für mehrere Vermögensgegenstände vereinbart.[437] Unabhängig davon, ob im Kaufvertrag eine Aufteilung auf die einzelnen Vermögensgegenstände vorgesehen ist, ist eine Aufteilung des Kaufpreises wegen der Notwendigkeit der Einzelbewertung

---

429 Erwerb liegt allerdings auch bei Herstellung vor: originärer Erwerb. Zum Teil wird der Begriff Erwerb als Synonym zu Anschaffung verwendet.
430 Schubert/Gadeck in Beck Bil-Komm., 11. Aufl., 2018, § 255, Tz. 20. Siehe zur Anschaffung auch hier Abschn. II. D. 2.1.1., 1.1.2) a.
431 Schubert/Gadeck in Beck Bil-Komm., 11. Aufl., 2018, § 255, Tz. 21.
432 Siehe Schubert/Gadeck in Beck Bil-Komm., 11. Aufl., 2018, § 255, Tz. 21.
433 Schubert/Gadeck in Beck Bil-Komm., 11. Aufl., 2018, § 255, Tz. 21.
434 Die Darstellung folgt Wichmann, Kaufpreisaufteilung bei dem Kauf von Eigentumswohnungen, Stbg 2017, S. 405 ff.
435 Siehe Adler/Düring/Schmaltz, Rechnungslegung und Prüfung der Unternehmen, 6. Aufl., 1995, § 255 HGB, Tz. 104 f.
436 Siehe Schubert/Gadeck in Beck Bil-Komm., 11. Aufl., 2018, § 255, Tz. 80.
437 Siehe Adler/Düring/Schmaltz, Rechnungslegung und Prüfung der Unternehmen, 6. Aufl., 195, § 255 HGB, Tz. 104 ff.

erforderlich.[438] Sind sie gleichartig, ist der Kaufpreis mittels Division zu ermitteln. Im Übrigen ist die Ermittlung nach wirtschaftlich vernünftiger Methode[439], z. B. im Verhältnis der Marktpreise, vorzunehmen.

Insbesondere entsteht nach der Anschaffung von bebauten Grundstücken und grundstückgleichen Rechten, wie Eigentumswohnungen oder Teileigentumen, angesichts der Abschreibbarkeit der anteiligen Gebäudekosten, die Frage nach der Ermittlung der anteiligen Anschaffungskosten für den Grundstücksanteil einerseits und des Gebäudeanteils andererseits.[440] Dabei soll „die Aufteilung nach der sog. Restwertmethode (idR) (unzulässig)"[441] sein. Dieser Frage soll im Folgenden nachgegangen werden, da sie vornehmlich diskutiert wird.

Die weiteren Überlegungen stützen sich auf die ImmoWertV, die nach deren § 1 Abs. 1 u. a. der Ermittlung der „Verkehrswerte (Marktwerte) von Grundstücken (… und) ihrer Bestandteile" dient. Das ist die gesetzliche Grundlage für die Aufteilung. Sie unterscheidet

- das Vergleichswertverfahren (§§ 15 und 16 ImmoWertV),
- das Ertragswertverfahren (§§ 17 ff. ImmoWertV) und
- das Sachwertverfahren (§§ 21 bis 23 ImmoWertV).

Dabei ist allerdings zu bedenken, dass „wesentliche Bestandteile i. S. d. § 93 BGB … begrifflich keinen eigenen Marktwert (Verkehrswert) haben (können)."[442] Die ImmoWertV muss demnach ausdrücklich oder konkludent Regeln enthalten, nach denen deren Werte ermittelt werden. Diese mit den drei klassischen[443] Wertermittlungsverfahren ermittelten Werte sind jedoch lediglich vorläufige Werte.[444] Das ergibt sich aus § 8 Abs. 2 ImmowertV.[445] Es sind die Werte, die nach § 8 Abs. 2 ImmowertV anzupassen sind.[446]

§ 8 Abs. 1 2 ImmoWertV eröffnet die Möglichkeit der Anwendung mehrerer Verfahren der Verordnung.[447] Darüber hinaus „ist davon auszugehen, dass die

---

438 Siehe Adler/Düring/Schmaltz, Rechnungslegung und Prüfung der Unternehmen, 6. Aufl., 1995, § 255 HGB, Tz. 104 f.
439 Schlussfolgerung aus Schubert/Gadeck in Beck Bil-Komm., 11. Aufl., 2018, § 255, Tz. 80.
440 Siehe hierzu die umfassende Darstellung bei Wichmann, Kaufpreisaufteilung bei dem Kauf von Eigentumswohnungen, Stbg 2017, S. 405 ff.
441 Adler/Düring/Schmaltz, Rechnungslegung und Prüfung der Unternehmen, 6. Aufl., 1995, § 255 HGB, Tz. 105.
442 Kleiber in Ernst/Zinkahn/Bielenberg/Krautzberger, BauGB, § 1 ImmoWertV, Tz. 16 Stand Juni 2010.
443 Vgl. Kleiber in Ernst/Zinkahn/Bielenberg/Krautzberger, BauGB, § 8 ImmoWertV, Tz. 9, Stand Juni 2010.
444 Vgl. Kleiber in Ernst/Zinkahn/Bielenberg/Krautzberger, BauGB, § 8 ImmoWertV, Tz. 80, Stand Mai 2015.
445 Vgl. Kleiber in Ernst/Zinkahn/Bielenberg/Krautzberger, BauGB, § 8 ImmoWertV, Tz. 80, Stand Mai 2015.
446 Vgl. Kleiber in Ernst/Zinkahn/Bielenberg/Krautzberger, BauGB, § 8 ImmoWertV, Tz. 80, Stand Mai 2015.
447 Siehe dazu Kleiber in Ernst/Zinkahn/Bielenberg/Krautzberger, BauGB, § 8 ImmoWertV, Tz. 9 ff., Stand Juni 2010.

D. Grundlagengerechte Entscheidungen

WertV nicht angewendet werden muss, dass es nur wichtig ist, dass das Wertbild nicht verzerrt wird ..., und dass der Verkehrswert aufgrund rationaler dem Grundstücksmarkt entsprechender plausibel nachvollziehbarer Methoden dargelegt wird."[448] Insoweit können auch Verfahren, die nicht in der ImmoWertV geregelt sind, mit angewendet werden.[449] Alternativverfahren kommen dazu in Betracht, wenn sie sachgerechte Ergebnisse „iSd. Verkehrswertdefinition" gewährleisten.[450] Weiterhin zeigt §15 Abs.2 ImmoWertV die Möglichkeit der Kombination von Verfahren, und zwar konkret des Vergleichs- mit dem Ertragswertverfahrens, auf. Allgemein ist „für die Zulässigkeit einer Kombination verschiedener Wertermittlungsmethoden allein entscheidend, dass die Verfahren sachgerecht verquickt werden."[451] Bei allem müssen die in §8 Abs.1 Satz 2 ImmoWertV „zur Verfügung stehenden Daten" die Daten erster Wahl[452] sein. Das sind „die für die Wertermittlung **zur Verfügung stehenden Ausgangsdaten**"[453], wie etwa Kaufpreise[454].

Bei der Kombination mehrerer Verfahren[455] ist eine Mittelwertbildung denkbar.[456]

> *„Das Vergleichswertverfahren ist das Verfahren der Wahl der Verkehrswertermittlung von Grundstücken und deren Teilen. Dabei wird der Vergleichswert im Wirtschaftsleben unter Ertragsgesichtspunkten zustande kommen. Das ist für Geschäftsgrundstücke, sowie Wohnungs- und Teileigentum, anerkannt. Für Bodenwerte gilt das Gleiche, da ein Grundstücksveräußerer und -erwerber, abgesehen vom Erwerb von Bodenschätzen, nicht an der Substanz interessiert ist. Und selbst dann werden für die Kaufpreisbemessung Ertragsgesichtspunkte maßgebend sein."*[457]

Im Ertragswert- und Vergleichswertverfahren werden ausdrücklich die Ermittlung des Bodenwertes einerseits, und des Wertes des bebauten Grundstücks insgesamt, andererseits, dargestellt. Dabei ist bei Anwendung des Ertragswert-

---

448 Zu dieser Anforderung, vgl. Dieterich in Ernst/Zinkahn/Bielenberg/Krautzberger, BauGB, §194 BauGB, Tz. 142, Stand September 2010; so auch Kleiber in Ernst/Zinkahn/Bielenberg/Krautzberger, BauGB, §8 ImmoWertV, Tz. 9, Stand Februar 2010.
449 Vgl. Kleiber in Ernst/Zinkahn/Bielenberg/Krautzberger, BauGB, Vorbem. 58 ImmoWertV, Februar 2016.
450 Kleiber in Ernst/Zinkahn/Bielenberg/Krautzberger, BauGB, Vorbem. 58 ImmoWertV, Februar 2016.
451 Kleiber in Ernst/Zinkahn/Bielenberg/Krautzberger, BauGB, §8 ImmoWertV, Tz. 12, Stand Juni 2010.
452 Vgl. §8 Abs. 1 Satz 2 ImmoWertV: „... insbesondere ...".
453 Kleiber in Ernst/Zinkahn/Bielenberg/Krautzberger, BauGB, §8 ImmoWertV, Tz. 24, Stand Juni 2010.
454 Ebenda.
455 Vgl. Kleiber in Ernst/Zinkahn/Bielenberg/Krautzberger, BauGB, §8 ImmoWertV, Tz. 10, Stand Juni 2010.
456 Vgl. BFH vom 29.05.2008 IX R 36/06, BFH/NV 2008, S. 1668f., hier S. 1669, re.Sp., 1. Abs.: Mittelwert von Ertrags- und Sachwert.
457 Zu dieser Schlussfolgerung führt die umfassende Darstellung bei Wichmann, Kaufpreisaufteilung bei dem Kauf von Eigentumswohnungen, Stbg 2017, S. 405 ff., hier, letzter Abs. vor IV., S. 414.

II. Rechnungslegung, erstellt nach gesetzlichen Grundlagen

verfahrens der Gebäudewert durch Subtraktion des Bodenwertes vom Gesamtwert zu ermitteln.[458] Insoweit ergibt sich aus der ImmoWertV die erforderliche Regel, nach der der Wert des Gebäudes als Bestandteil des Wertes des bebauten Grundstücks ermittelt wird. Es ist nicht ersichtlich, dass für das Vergleichswertverfahren etwas Anderes gilt. Und es wird dazu auch in bestimmten Fällen der „**Bodenwert als Residuum**"[459] festgestellt. Somit findet das Restwertverfahren Anwendung.

Es hat sich, wenn ein angemessener Kaufpreis vorliegt, also ergeben, dass die Restwertmethode auf der Basis der Vergleichswertmethode[460] in der ImmoWertV als Ermittlungsmethode des Gebäudewertes von Wohnungs- und Teileigentumen grundsätzlich angelegt ist:

- Nach § 8 Abs. 1 Satz 2 ImmoWertV ist das Bewertungsverfahren auf der Grundlage „insbesondere der zur Verfügung stehenden Daten … zu wählen."
- Mit dem Bodenwert und dem Kaufpreis stehen eindeutige Werte zur Verfügung. Dabei ist die Marktüblichkeit und Angemessenheit des Kaufpreises und somit die Ermittlung des Markt- des Verkehrswertes in der Regel einfach überprüfbar.
- Der Gebäudewert ergibt sich als Residuum aus Kaufpreis abzüglich Bodenwert, denn als Ermittlungsmethode kommt lediglich Subtraktion in Betracht.

Die Anwendung dieser Methode wird jedoch, in der Literatur überwiegend abgelehnt.[461]

Dieterich[462] bezeichnet die Methode als „Investitionsrechnung" und betrachtet sie nicht als „Wertermittlung im herkömmlichen Sinn". Und er kommt zu dem Ergebnis, die Methode „führt nicht zum Verkehrswert", stellt jedoch andererseits fest, „dass alle Vergleichspreise für solche Grundstücke … auf dem Residualverfahren beruhen."[463]

---

458 Vgl. Dieterich in Ernst/Zinkahn/Bielenberg/Krautzberger, BauGB, § 194 BauGB, Tz. 26, Stand September 2010; Kleiber in Ernst/Zinkahn/Bielenberg/Krautzberger, BauGB, § 17 ImmoWertV, Tz. 69, Stand Februar 2016.
459 Dieterich in Ernst/Zinkahn/Bielenberg/Krautzberger, BauGB, § 194 BauGB, Tz. 141, S. 111, 1. Abs., Stand September 2010.
460 Zur Vergleichswertmethode als bei der Verkehrswertermittlung von Wohnungs- und Teileigentum vorzugsweise anzuwendende Methode, siehe Wichmann, Kaufpreisaufteilung bei dem Kauf von Eigentumswohnungen, Stbg 2017, S. 405 ff., hier, letzter Abs. vor IV., S. 414.
461 Vgl. z.B.: Kohlhaas, Der Grund- und Bodenanteil beim Kauf einer Wohnung zu einem einheitlichen Kaufpreis, Stbg 2016, S. 460 ff., hier S. 460 unter I.; Blum/Weiss, Verkehrswertermittlung von Grundstücken in der Steuerpraxis, 2000, S. 204; a.A. Wichmann, Die Aufteilungsproblematik hinsichtlich der Anschaffungskosten für ein bebautes Grundstück, DStR 1983, S. 379 ff., hier S. 382 f. unter 3.1.
462 Vgl. Dieterich in Ernst/Zinkahn/Bielenberg/Krautzberger, BauGB, § 194 BauGB, Tz. 141, S. 111, Stand September 2010.
463 Dieterich in Ernst/Zinkahn/Bielenberg/Krautzberger, BauGB, § 194 BauGB, Tz. 141, S. 111, Stand September 2010.

D. Grundlagengerechte Entscheidungen

In einer Investitionsrechnung werden die durch die Investition verursachten Einnahmen und Ausgaben einander gegenübergestellt. Auf diese Größen hat eine Aufteilung der Anschaffungskosten für ein bebautes Grundstück jedoch zunächst keinen Einfluss. Lediglich die gewinnmindernde Wirkung der Abschreibungen auf den durch die Aufteilung ermittelten Verkehrswert des Gebäudeanteils kann mittelbar Auswirkungen auf das Ergebnis der Rechnung haben. Dieser Umstand hat jedoch keinen Einfluss auf den Verkehrswert des Gebäudeanteils.

Auch da die Ermittlung der Bestandteile eines Grundstücks nach § 1 Abs. 1 ImmoWertV niemals Selbstzweck ist, sondern – als „Hilfsmittel"[464] – einem Zweck dient, ist nicht zu erkennen, warum der Zweck „Investitionsrechnung" zu der dargestellten Folge führen soll.

Gegen die Restwertmethode wird im handels-, wie im steuerrechtlichen Schrifttum[465] das Argument vorgetragen, sie entspreche nicht dem Grundsatz der Einzelbewertung. Dieses Prinzip, das gemäß § 252 Abs. 1 Nr. 3 HGB zu beachten ist, bedeutet nach § 252 Abs. 1 Nr. 3 HGB, dass „Vermögensgegenstände und Schulden … zum Abschlussstichtag einzeln zu bewerten" sind. Es gilt also der Grundsatz der Einzelbewertung,[466] von dem in §§ 254 und 256 HGB Ausnahmen zugelassen sind. Dabei enthält § 254 HGB keine Bewertungsbestimmung und § 256 HGB regelt die Bewertung einer zusammengefassten Mehrzahl von Vermögensgegenständen. Auch an diesen gesetzlichen Ausnahmen ist folglich der Inhalt des Prinzips zu bestimmen: Es geht um die Feststellung des „kleinsten Sachverhalts"[467] oder der „kleinsten Einheit"[468], die für die Bewertung zu bestimmen ist.

Der Grundsatz der Einzelbewertung fordert keine bestimmte Methode, nach der der Wert, mit dem bewertet wird, zu ermitteln ist.[469] Und ein handels- und steuerrechtlich anerkannter Wert für einzelne Teile ergibt sich teilweise durch

---

464 Dieterich in Ernst/Zinkahn/Bielenberg/Krautzberger, BauGB, § 194 BauGB, Tz. 141, S. 111, Stand September 2010.
465 Vgl. Schubert/Gadeck in Beck Bil-Komm., 11 Aufl., 2018, § 255 Tz. 84 und die dort aufgeführten Quellen.
466 § 246 Abs. 2 HGB enthält eine Gliederungsbestimmung, die mittelbar auf die Bewertung wirkt.
467 Christiansen, Zum Grundsatz der Einzelbewertung – insbesondere zur Bildung so genannter Bewertungseinheiten, DStR 2003, S. 264 ff., hier S. 265 unter 2.2.
468 Wichmann, Die Lehre von der sogenannten kleinsten Einheit, StB 1995, S. 132 ff.
469 Vgl. Füllbier/Kuschel/Selchert in Küting/Pfitz/Weber (Hrsg.) Handbuch der Rechnungslegung Einzelabschluss, § 252 Tz. 61, Stand Dezember 2010.

einfache[470] oder durch komplizierte Rechenvorgänge bei Aktiva[471] und Passiva[472]. Daher ist die Ablehnung der Restwertmethode mit diesem Argument nicht zu begründen.

Folglich ist in zweifelsfreien Fällen, d.h. in den Fällen, in denen ein marktüblicher Kaufpreis gegeben ist, nach der Restwertmethode aufzuteilen. Und in durch Marktunüblichkeit des Kaufpreises zweifelhaften Fällen ist der nicht marktgerechte Kaufpreis im Verhältnis der bei zugrunde gelegten marktgerechten Werten ermittelten Anteile aufzuteilen.

Es ist folglich die Restwertmethode bei Grundstückskäufen, insbesondere von Wohnungs- und Teileigentumen, zu üblichen Marktwerten[473] (Verkehrswerten), als übliche Normalfälle, in der Regel zu Grunde zu legen.[474] Sie sind auf jeden Fall zuverlässiger als die mit Hilfe der Sachwertmethode ermittelten Werte.

Bei der vorgeschlagenen Methode wird bei Marktüblichkeit der bekannte Verkehrswert des Grund und Bodens von dem bekannten angemessenen Verkehrswert des bebauten Grundstücks zur Ermittlung des Gebäudewertes subtrahiert. Dabei kann zumindest der angemessene Verkehrswert des Grundstücks als Ertragswert betrachtet werden.

1.2) Die betroffen Aktiva

Nach hier vertretener Auffassung können handels- und steuerrechtlich für die Bewertung zu Anschaffungskosten angesichts deren finalen Charakters[475] lediglich angeschaffte Vermögensgegenstände/Wirtschaftsgüter in Betracht kommen. Dazu ist auf die hinsichtlich der Qualifikation der Zugangsart z.B. von Forderungen abweichende Auffassung hinzuweisen, nach der alle Forderungen angeschafft sein sollen.[476] Es gibt auch die Auffassung, dass „Forderungen aus Lieferungen und Leistungen ... in entsprechender Anwendung des Anschaffungskostenbegriffs"[477] zu bewerten sind. Mithin wird dort, durch die Notwendigkeit der entsprechenden Anwendung, erkannt, dass Anschaffung nicht vorliegt.

---

470 Ermittlung der Anschaffungskosten eines einzelnen Vermögensgegenstandes aus der Rechnung über mehrere gleiche Vermögensgegenstände nach Abzug von Skonto und Rabatten. Zum Beispiel wenn nur ein Gegenstand Anlagevermögen, der Rest Umlaufvermögen darstellt.
471 Im Rahmen der Kuppelproduktion ist z.B. sogar die Restwertmethode anerkannt, vgl. z.B. Schubert/Hutzler in Beck Bil-Komm., 11 Aufl., 2018, § 255 Tz. 470, Stichwort „Kuppelproduktkalkulation"; zur steuerrechtlichen Anerkennung vgl. Stobbe/Rade in Herrmann/Heuer/Raupach, EStG, § 6 Tz. 261, Stichwort „Kuppelproduktion".
472 Siehe z.B. Rückstellungsbewertung.
473 Bei Marktunüblichkeit des Kaufpreises sind die entsprechenden Werte anzupassen.
474 So bereits Wichmann, Die Aufteilungsproblematik hinsichtlich der Anschaffungskosten für ein bebautes Grundstück, DStR 1983, S. 379ff., hier S. 382f. unter 3.1.
475 Siehe Abschn. II. D. 2.1.1., 1.1.3) b).
476 Siehe Abschn. II. D. 2.1.1., 1.1.2) b.c).
477 Adler/Düring/Schmaltz, Rechnungslegung und Prüfung der Unternehmen, 6. Aufl., 1995, § 253 HGB, Tz. 54.

Nach der hier vertretenen Auffassung sind auch „Flüssige Mittel"[478] iSd. § 266 Abs. 2 B. IV. HGB zu Anschaffungskosten zu bewerten. Sollte Anschaffung vorliegen, sind auch Sachanlagen iSd. § 266 Abs. 2 A. II. HGB[479], die gegebenen- und anderenfalls, mit der Folge der Bewertung zu Herstellungskosten, hergestellt sind, mit Anschaffungskosten zu bewerten.

Da Rechnungsabgrenzungsposten und latente Steuern vor der Zurechnung zum Vermögen des Bilanzierenden niemandem zugerechnet waren und nicht existierten, werden sie als hergestellt betrachtet und sind folglich mit Herstellungskosten zu bewerten.

2) Die Bewertung mit Herstellungskosten

2.1) Grundsätzliches[480]
Die Herstellungskosten werden in § 255 Abs. 2 HGB definiert und hinsichtlich ihres Umfangs unter Kennzeichnung einerseits der einzubeziehenden Aufwandsarten und unter Berücksichtigung von § 255 Abs. 3 HGB andererseits, der Aufwandsarten für die ein Einbeziehungswahlrecht besteht, bestimmt.

Die einzubeziehenden Kosten werden nach dem Verursachungs-/Veranlassungsprinzip[481] bestimmt. Für die Herstellung z. B. eines im Folgenden zu betrachtenden Kiesvorkommens[482] sind Besonderheiten zu beachten, da die Frage nach der Verursachung unbeantwortbar ist.

2.2) Die Bezugsrechte
Mit der Entstehung der Bezugsrechte mindern sich die Anschaffungs- Herstellungskosten der betroffenen Beteiligung. Diese Wertminderung, die den Herstellungskosten des Bezugsrechtes entspricht, wird handelsrechtlich[483] und steuerrechtlich[484] nach der sog. Gesamtwertmethode ermittelt.[485]

---

478 Siehe zu der Begriffsbildung Schubert/Gadeck in Beck Bil-Komm., 11. Aufl., 2018, § 255, Abschn VII. vor Tz. 320.
479 Siehe zu deren Herstellung Abschn. II. D. 2.1.1., 1.1.2) b.).
480 Auf die Besonderheiten bei der Bewertung von bisher unentdeckten Kiesvorkommen (siehe Abschn. II.D.4.2.2., 2.3)) und Bezugsrechten (siehe Abschn. II.D.4.2.2., 2.2)) wird hingewiesen.
481 Siehe: für das Handelsrecht MünchKommHGB/Ballwieser, 3. Aufl., 2013, § 255, Tz. 52 („durch ... entstehen"), für das Steuerrecht Schmidt/Kulosa, EStG, 38. Aufl., 2019, § 6 Tz. 191.
482 Siehe Abschn. II. D. 4.2.2., 2.3).
483 Siehe Adler/Düring/Schmaltz, Rechnungslegung und Prüfung der Unternehmen, 6. Aufl., 1995, § 253 HGB, Tz. 50.
484 Siehe BFH vom 21.01.1999 IV R 27/97, BStBl 1999, II, S. 638 ff., hier S. 638, Leitsatz 2.
485 Nach dem WP-Handbuch 2012, Band I, 14. Aufl., 2012, unter E 543, S. 450, lautet diese: Wertminderung = Kurswert des Bezugsrechtes dividiert durch Kurswert der Altaktien multipliziert mit Buchwert der Altaktien.

II. Rechnungslegung, erstellt nach gesetzlichen Grundlagen

2.3) Die Kiesvorkommen[486]

Nach § 905 BGB besteht ein Grundstück aus der Erd-Oberfläche und den Räumen darunter und darüber. Das bedeutet, dass der Erwerber eines Grundstücks gegebenenfalls vorhandene, noch unentdeckte Bodenschätze miterwirbt. Somit entfällt ein Teil der Anschaffungskosten nach Entdeckung auch auf einen bisher unentdeckten Bodenschatz.

Der entdeckte Bodenschatz ist mit Herstellungskosten[487] zu bewerten. In diese sind, neben den anderen Kosten der vielfältigen Tätigkeiten bis zur Entdeckung, wozu auch „die Feststellung der Ausdehnung"[488] gehört, die anteilig[489] auf den Bodenschatz[490] entfallenden Anschaffungskosten des Grundstücks als „Verbrauch von Gütern" iSd. § 255 Abs. 2 Satz 1 HGB einzubeziehen.

Erst mit der Feststellung der Ausdehnung wird der Bodenschatz, als zum „im Raum **abgrenzbar**", zu einer Sache iSd. BGB[491] und zum Vermögensgegenstand/Wirtschaftsgut.

Der Umfang der Herstellungskosten ergibt sich im Einzelnen z. B. wie folgt auch aus dem BBergG:

- Die Berechtigung zum Abbau erfordert nach § 6 BBergG eine Erlaubnis und eine Bewilligung;
- diese kann nach § 10 BBergG auf Antrag erteilt werden;
- die Voraussetzungen für eine Erteilung ergeben sich dazu aus §§ 11 und 12 BBergG;
- die dort beschriebenen Maßnahmen führen zu einer sachgerechten Entdeckung des Bodenschatzes;
- sie sind mit Kosten verbunden; das sind Herstellungskosten.

Der Fall dieser Herstellungskosten ist vergleichbar mit z. B. den Herstellungskosten von Benzin, das als ein Ergebnis der Verarbeitung von Erdöl produziert wird. Dieses Benzin war, dem Bodenschatz vergleichbar, im Erdöl unentdeckt vorhanden; es war nämlich vor der Bearbeitung kein Vermögensgegenstand.

---

486 Das in diesem Abschnitt Folgende ist entnommen bei Wichmann, Die bilanzielle Behandlung eines zunächst unentdeckten Kiesvorkommens in Handels- und Steuerbilanz, Stbg 2018, S. 460 ff., hier unter 4.
487 Waldhoff in Kirchhof/Söhn/Mellinghoff. Einkommensteuergesetz Kommentar, § 7 Tz. H 18, Stand Oktober 2009 hält „Herstellungskosten im Zusammenhang mit der Entdeckung (für) möglich.".
488 Vgl. § 4 Abs. 1 BBergG.
489 Der auf den Bodenschatz entfallende Teil der Anschaffungskosten des Grundstücks.
490 Grundsätzlich zur Notwendigkeit der Aufteilung bei Bodenschätzen Schubert/Andrejewski in Beck Bil-Komm., 11 Aufl., § 253 Tz. 406: zur Zugangsbewertung „gesondert zu bilanzieren"... Vgl. auch: Adler/Düring/Schmaltz, Rechnungslegung und Prüfung der Unternehmen, 6. Aufl., § 255 HGB, Tz. 104; Waldhoff in Kirchhof/Söhn/Mellinghoff. Einkommensteuergesetz Kommentar, § 7 Tz. H 8, Stand Oktober 2009.
491 Vgl. Palandt, BGB, 77. Aufl., § 90, Tz. 1.

Nichts Anderes gilt bei der Gewinnung von Erzen, und aus ihnen gewonnenen verschiedenen Metallen, einschließlich Edelmetallen.[492]

Der in die Herstellungskosten des Benzins, der Erze und der Metalle einfließende Teil der Anschaffungskosten des Grundstücks/Erdöls/Erzes kann handelsrechtlich nach den Grundsätzen der Kuppelproduktion ermittelt werden.[493] Diese Methode ist auch steuerlich anerkannt.[494]

Es geht hier jedoch nicht um die Spezifika der Kuppelproduktion, sondern darum, dass z. B. das Tragfähigkeitsprinzip[495] als Methode der Aufteilung für Fälle anerkannt ist, bei denen die üblichen Methoden, angesichts des Fehlens der Feststellbarkeit einer Verursachung[496] und von Einzel- und/oder Gemeinkosten[497] versagen.

Die konsequenter Weise zu berücksichtigenden Herstellungskosten können, wie es für Erze und z. B. für aus Erdöl gewonnenem Benzin anerkannt ist, nach dem Tragfähigkeitsprinzip[498] ermittelt werden.[499] Dazu werden im Fall des Kiesvorkommens die Anschaffungskosten des Grundstücks nach dieser Methode aufgeteilt.

Dabei ist es angemessen, Gemeinkosten zu berücksichtigen.[500]

3) Die Frage nach der Bewertung der übrigen Bilanzposten

3.1) Grundsätzliches
Die Bewertungsmaßstäbe Anschaffungs- und Herstellungskosten sind bei den Bewertungseinheiten nach §§ 246 Abs. 2 und 254 HGB[501] nur insoweit relevant, als sie für die einzubeziehenden Größen, die auf den Konten der Buchhaltung erfasst werden, maßgebend sind.

---

492 Siehe zu weiteren Fällen Bachem, Bilanzielle Herstellungskosten des Kuppelproduktvermögens, BB 1997, S. 1037 ff., hier S. 1037 unter II. 1.
493 Vgl.: Schubert/Hutzler in Beck Bil-Komm., 11. Aufl., § 255 Tz. 470, Stichwort „Kuppelproduktkalkulationen"; Wurl, Handelsrechtliche Bewertung unfertiger und fertiger Erzeugnisse bei Kuppelproduktion, Wpg 1975, S. 101 ff.
494 Vgl. Stobbe/Rade in Herrmann/Heuer/Raupach, EStG, § 6 Tz. 261, S. E 168, Stand September 2015.
495 Vgl. Handwörterbuch des Steuerrechts, 1972, Stichwort „Kalkulation", hier S. 629, unter 4.
496 Vgl. Handwörterbuch des Steuerrechts, 1972, Stichwort „Kalkulation", hier S. 629, unter 4.
497 Vgl. Handwörterbuch des Steuerrechts, 1972, Stichwort „Kosten", hier S. 689, li.Sp. unter (3).
498 Adler/Düring/Schmaltz, Rechnungslegung und Prüfung von Unternehmen, 6. Aufl., § 255 Tz. 157, nennen es „Erlösfähigkeit".
499 Siehe ebenda, hier Tz. 244 f.; Wichmann, Die bilanzielle Behandlung eines zunächst unentdeckten Kiesvorkommens in Handels-und Steuerbilanz, Stbg 2018, S. 460 ff., hier S. 462 f., unter IV. 1. a).
500 Siehe Adler/Düring/Schmaltz, Rechnungslegung und Prüfung von Unternehmen, 6. Aufl., § 255 Tz. 157.
501 Siehe Abschn. II. C. 2.2.1., 1).

3.2) Bewertungsfragen bei verdeckter Gewinnausschüttung

3.2.1) Die unmittelbaren Ansprüche

a. Der gesellschaftsrechtliche Anspruch

Bei der Bewertung des gesellschaftsrechtlichen Anspruchs auf sog. Rückgewähr[502], bei der handels- und steuerrechtlichen vGA nach erfolgter vGA, ist der Umstand zu beachten, dass sich der Wert der Forderung um die anfallende Kapitalertragsteuer und den Solidaritätszuschlag erhöht,[503] wenn nicht ausnahmsweise, bei inländischen Anteilseignern, auf die Erhebung der Steuern wegen des für sie wirkenden Veranlagungsverfahren verzichtet wird.[504] Diese Erhöhung des Anspruchs erfolgt jedoch grundsätzlich nur insoweit als betragsmäßige Übereinstimmung der vGAs besteht, auch wenn handels- und steuerrechtliche vGA betragsmäßig voneinander abweichen.[505]

Der Mehrbetrag an Steuern der auf den Teil der steuerrechtlichen vGA entfällt, um den sie die handelsrechtliche vGA wertmäßig übersteigt, kann daher nicht bei dem Gesellschafter aufgrund ungerechtfertigter Bereicherung geltend gemacht werden. Diese Situation ist auch gegeben, wenn handelsrechtlich, im Gegensatz zum Steuerrecht, keine vGA vorliegt. Das erfolgt z. B. im Fall des eine angemessene Gegenleistung gewährenden beherrschenden Gesellschafters, bei der nur steuerlich eine vGA entstehen soll. In diesem Fall bezieht sich der Anspruch der Gesellschaft entsprechend – lediglich – auf die Steuerbeträge, die sich ergeben, soweit durch die vGA die handelsrechtliche Angemessenheitsgrenze überschritten wird.

Die genannten Steuerbeträge sind insoweit im Regelfall Teil der oben dargestellten Ansprüche der Gesellschaft. Allerdings ist bei der genehmigten vGA noch zu berücksichtigen, ob sich die Genehmigung auf den um die Steuern erhöhten Betrag bezieht. Denkbar ist dazu, dass der genehmigte Betrag ein „Bruttobetrag", wie z. B. bei allen sonstigen Vergütungen sein sollte.

b. Die Schadensersatzansprüche

Es wird die Auffassung vertreten, der Gesellschaft stehe, „neben (dem)... sog. Rückgewähranspruch, ein Schadensersatzanspruch" in Höhe der durch die vGA verursachten etwaigen steuerlichen Nachteilen zu.[506] Diese Auffassung wird hier grundsätzlich hinsichtlich der Ertragsteuerbelastung bei der derzeitigen steuerlichen Abwicklung, insoweit als handels- und steuerrechtliche vGA übereinstimmen, nicht geteilt: Die Steuerbelastung unterscheidet sich nach der vGA nicht von der Belastung, die ohne vGA entstanden wäre. Die Höhe des Einkom-

---

502 Siehe Gosch in Gosch, Körperschaftsteuergesetz, 3. Aufl., 2015, § 8, Tz. 517.
503 Vgl. Schallmoser in Herrmann/Heuer/Raupach, KStG, § 8 Rn. 220, Stand März 2017.
504 So noch Lang in Ernst & Young, KStG, § 8 Rn. 798 ff., Stand April 2002 (Kommentierung aufgehoben.).
505 Siehe hierzu Abschn. II. C. 2.2.5.
506 Vgl. Verse in Scholz/Emmerich, GmbHG, 12. Aufl., 2018, § 29 Rn. 129: „steuerliche Nachteile", m. w. N.

mens, und damit der Steuerbelastung, ist insoweit unabhängig von der vGA als sich bei deren Nichtgewährung durch den entsprechend höheren Gewinn der gleiche Betrag für Steuern ergeben würde. Darauf verweist bereits § 8 Abs. 3 Satz 2 KStG.

Insoweit als sich die zitierte gegenteilige Auffassung auf die günstigere steuerliche Belastung[507] des Gesellschafters stützt[508], ist auf Folgendes hinzuweisen:
– Diese Situation besteht, wenn sich nicht bereits aus dem Folgenden etwas anderes ergibt, lediglich bei dem zurzeit geltenden Besteuerungsverfahren.
– Nach § 35a KStG kann das Wohnsitzfinanzamt des Gesellschafters die Einkunftsart, mit den entsprechenden Folgen für die steuerliche Belastung des Gesellschafters, ändern.
– Es ist keine Anspruchsgrundlage ermittelbar, da der Gesellschaft kein Schaden entstanden ist.[509]

Schadensersatzansprüche können jedoch gegen den treuwidrig handelnden Gesellschafter[510] und gegen den pflichtwidrig handelnden Geschäftsführer[511] entstehen.[512]

Die Schadensersatzansprüche gegen den Gesellschafter und den Geschäftsführer schließen den Anspruch auf Erstattung der in den genannten Fällen entstehenden Belastung der Gesellschaft mit Kapitalertragsteuer und Solidaritätszuschlag ein.

Bei der Rückabwicklung gesellschaftsrechtlicher Ansprüche können Schadensersatzansprüche wegen entstandener Körperschaft- und Gewerbesteuer nicht entstehen.

3.2.2) Die Frage nach Sekundärwirkungen

a. Durch Einkommenswirkungen bedingte Folgen
Die dargestellten Ansprüche der Gesellschaft gegen Gesellschafter und/oder Geschäftsführer, sowie die Ausbuchung einer entfallenen Verpflichtung aus einer Pensionszusage werden im handelsrechtlichen Jahresabschluss ergebniswirksam gebucht. Steuerrechtlich soll derzeit eine Neutralisierung der Ergebnisauswirkung durch außerbilanzielle Korrekturen erfolgen. Diese Neutralisierung erfolgt bei gesellschaftsrechtlichen Ansprüchen hinsichtlich der vGA und schließt gegebenenfalls die mit ihr verbundene Kapitalertragsteuer und den Solidaritätszuschlag ein. Daraus folgt für die Neutralisierung der entfallenen Pensionszusage, dass die vGA ohne Kapitalertragsteuer und Solidaritätszu-

---

507 Ulmer/Welf Müller, GmbHG, 2. Aufl., § 29 Tz. 161.
508 Ulmer/Welf Müller, GmbHG, 2. Aufl., § 29, hier Tz. 169.
509 Vgl. MüKoGmbHG/Ekkenga, 2. Aufl., § 29, Tz. 274.
510 Vgl. Verse in Scholz/Emmerich, GmbHG, 12. Aufl., § 29 Rn. 126 und 129.
511 § 43 Abs. 2 und 3 GmbHG. Vgl. auch Verse in Scholz/Emmerich, GmbHG, 12. Aufl., § 29 Rn. 129.
512 Siehe Abschn. II. C, 2.2.5., 2).

schlag betroffen ist: da diese Steuern erst bei Pensionszahlungen anfallen und wenn Pensionszahlungen insoweit nicht stattgefunden haben, sind diese Steuern noch nicht angefallen.

Die von der Gesellschaft empfangenen Schadensersatzleistungen und die im Übrigen vom Gesellschafter erstatteten Steuern bedürfen einer detaillierteren Betrachtung. Ausgangspunkt der Überlegungen ist die Feststellung, dass jeder Schadensersatzanspruch gewinnerhöhend wirkt. Und diese Wirkung wird steuerlich bei der Einkommensermittlung nicht neutralisiert:

- Es entfällt bei Schadensersatzansprüchen nämlich die Neutralisierung, da sie nicht gesellschaftsrechtlich bedingt sind.
- Für die Erstattung eines durch Körperschaft- und Gewerbesteuer entstandenen Schadens gilt selbst angesichts der steuerlichen Nichtabziehbarkeit dieser Steuern keine Besonderheit. Allgemein gilt nämlich der Grundsatz, dass Erstattungen auf nichtabziehbare Aufwendungen steuerpflichtig sind.[513]
Dem Bilanz- und Bilanzsteuerrecht ist nichts Anderes zu entnehmen.[514]

Insgesamt hat sich ergeben, dass Schadensersatzansprüche gewinnerhöhend und damit einkommenserhöhend wirken.

b. Die Frage nach der Schadensersatzhöhe

Die dargestellte Einkommenswirkung der Schadensersatzansprüche nach vGAs hat in Gestalt von darauf zu erhebenden Körperschaft- und Gewerbesteuer eine Schadenswirkung.[515] Dieser Folgeschaden ist ebenfalls zu erstatten.[516] Das gilt in einer zweiten Stufe auch für die Steuerbelastung aufgrund dieser Erhöhung.[517] Und der entsprechende Vorgang wiederholt sich auf mehreren folgenden Stufen.[518] Der sich letztlich ergebende Betrag ist mathematisch mit Hilfe der Summenformel einer geometrischen Reihe zu ermitteln.

3.) Die betroffenen übrigen Passiva

Passiva können angeschafft sein, mit der Folge, dass zu Anschaffungskosten zu bewerten ist; dabei kann es sich z. B. um, „Rückstellungen für Pensionen und ähnliche Verpflichtungen" (§ 266 Abs. 3 B. 1 HGB), um „Anleihen" (§ 266 Abs. 3 C. 1 HGB) oder um weitere Verbindlichkeiten iSd. § 266 Abs. 3 C.HGB handeln. Auch bei Passiva ist jedoch zu prüfen, ob Anschaffung oder Herstellung vorliegen. Herstellung liegt z.B. bei vom Unternehmen gewährten Pensionszusagen und bei Steuerrückstellungen, bei erhaltenen Anzahlungen auf Bestellungen sowie passiven Rechnungsabgrenzungsposten vor.

---

513 Desens in Herrmann/Heuer/Raupach, EStG, § 3c Rn. 7, Stand Juni 2019.
514 Ebenso BFH vom 04.12.1991 I R 26/91, BStBl 1992, II, S. 686 ff.
515 Vgl. BFH vom 04.12.1991 I R 26/91, BStBl 1992, II, S. 686 ff., hier S. 688, unter 1.4.
516 Vgl. grundsätzlich Palandt/Grüneberg, BGB, 76. Aufl., § 249 Rn. 54; vgl. auch: Staudinger/Schiemann, 2017, Vorbem zu §§ 249 ff.; MükoBGB/Oetker, 8. Aufl., 2019, § 249 Rn. 505; Verse in Scholz/Emmerich, GmbHG, 12. Aufl., § 29 Rn. 129.
517 Allgemein: Staudinger/Schiemann, 2017, Vorbem. zu §§ 249 ff., Rn. 43.
518 Staudinger/Schiemann, 2017, Vorbem. zu §§ 249 ff., Rn. 43.

D. Grundlagengerechte Entscheidungen

4) Steuergesetzliche Besonderheiten
Das EStG stimmt hinsichtlich der Begriffsbestimmung der Herstellung mit dem Handelsrecht überein[519] weicht jedoch vom Handelsrecht zur Bewertung insoweit ab, als in § 6 Abs. 1a EStG bestimmte Aufwendungen als Herstellungskosten fingiert werden.

Die Einbeziehungswahlrechte im Rahmen der Herstellungskosten des Handelsrechts gelten auch steuerlich, einschließlich der einbeziehbaren Zinsen.[520]

Im Fall der Pensionsrückstellung greift der Bewertungsvorbehalt des § 5 Abs. 6 EStG. § 6a Abs. 3 EStG ist daher zu beachten. Danach gilt nach § 6a Abs. 3 Satz 2 Nr. 1 EStG der nach dem Teilwertverfahren ermittelte Wert[521] anstelle des handelsrechtlich auf der Grundlage des Gegenwartsverfahren[522] ermittelten Wertes. Allerdings ist handelsrechtlich auch die Anwendung des Teilwertverfahrens zulässig.[523] Zudem ist nach § 6a Abs. 3 Satz 3 EStG ein Rechnungszinsfuß in Höhe von 6 % anzuwenden.

§ 6b Abs. 1 EStG sieht in den dort bestimmten Fällen eine Minderung der Anschaffungs- und Herstellungskosten der ebenfalls dort bestimmten Wirtschaftsgüter vor. Für die so bestimmten Wirtschaftsgüter ergibt sich auch aus § 6b Abs. 3 EStG eine entsprechende Minderungsmöglichkeit.

4.2.3. Bei Zugang zur Gewinn- und Verlustrechnung
Gemäß § 252 Abs. 1 HGB beziehen sich Bewertungsvorgänge lediglich auf Vermögensgegenstände und Schulden und damit auf die Bilanz.

Zugänge zur Gewinn- und Verlustrechnung erfolgen zunächst bei Aufwendungen/Betriebsausgaben und Erträgen/Betriebseinnahmen, die nicht der Bilanz zugeordnet werden können. Wenn die der Bilanz zugeordneten Beträge dort als Anschaffungs- oder Herstellungskosten behandelt werden, ist kein Grund erkennbar, diese beiden Begriffe nicht grundsätzlich auch im Zusammenhang mit der GuV zu verwenden. Zudem sind Herstellungskosten unzweifelhaft bei den Posten des § 275 Abs. Nr. 2. und 3. HGB maßgebend.

Zugänge zur Gewinn- und Verlustrechnung vollziehen sich jedoch nicht nur bei Geldvorgängen, sondern bei

– der Herstellung von Vermögensgegenständen[524],
– der Herstellung von Verbindlichkeiten und Pensionsrückstellungen und auch
– der Folgebewertung durch Abschreibungen oder Auflösung von Rechnungsabgrenzungsposten.

---

519 Siehe Schmidt/Kulosa, EStG, 38. Aufl., 2019, § 6, Tz. 151.
520 Siehe Stobbe/Rade in Herrmann/Heuer/Raupach, EStG, § 6, Tz, 228, Stand Mai 2017; unklar Schmidt/Kulosa, EStG, 38. Aufl., 2019, § 6, Tz. 191, („sonstige Zinsen").
521 Siehe Schmidt/Weber-Grellet, EStG, 38. Aufl., 2019, § 6a, Tz, 51 ff.
522 Siehe MünchKommHGB-Ballwieser, 2001, § 253, Tz. 86.
523 Siehe MünchKommHGB-Ballwieser, 2001, § 253, Tz. 86.
524 Siehe z. B. § 275 Abs. Nr. 2. und 3. HGB.

Ein Zugang vollzieht sich auch bei dem im Folgenden zu behandelnden Sachbezug für den hier weiterhin beispielhaft auf die Kraftfahrzeuggestellung an Mitarbeiter/innen abgestellt wird.

4.2.4. Speziell: bei Sachbezug

Angesichts einer behaupteten Unmöglichkeit einer einwandfreien Trennung[525] der von der Erfassung des Sachbezugs betroffenen Aufwendungen[526] wird die in der Praxis angewendete Methode der Buchung mit steuerlichen Sachbezugswerten bei Verwendung von Konten der sonstigen Aufwendungen einerseits und der sonstigen Erträge andererseits vorgeschlagen.[527] Dem ist aus mehreren Gründen nicht zu folgen[528]:

- es werden mit den tatsächlichen Aufwendungen nicht vereinbare umbewertete, nicht: pagatorische Aufwendungen als Personalaufwand erfasst,
- damit werden Werte zugrunde gelegt, die nach § 8 Abs. 2 EStG lohnsteuerlichen, nicht ertragsteuerlichen Zwecken dienen,
- es werden zusätzlich ein Ertrag/eine Betriebseinnahme und ein Aufwand/eine Betriebsausgabe erfasst, die nicht angefallen sind,
- die Aufwands- und Ertragssumme wird dadurch künstlich aufgebläht und
- die vom Unternehmen als Steuerschuldner geschuldete, unter sonstigen Steuern nach § 275 Abs. 2 Nr. 19. HGB[529] auszuweisende, Umsatzsteuer wird in der Praxis unnötiger Weise und dem Vorrang des Postens „sonstige Steuern" widersprechend als Teil des Personalaufwandes erfasst.

Zutreffend ist auch für handelsrechtliche und ertragsteuerliche Zwecke die für Sachbezüge geltende umsatzsteuerliche Verfahrensweise: es werden die anteilig auf die Nutzung durch den Arbeitnehmer entfallenden Kosten, einschließlich der Abschreibungen, ermittelt.[530] Für diese Ermittlung eignet sich eine leicht durchführbare Aufteilung im Verhältnis der Kilometerleistungen. Eine alternative Wertermittlung wie beim Tausch[531] ist deswegen nicht möglich, weil dem Sachbezug nur ein nicht bestimmbarer Teil der Arbeitsleistung des Mitarbeiters gegenübersteht.

Für die monatlichen Buchungen ist der jeweilige Betrag gegebenenfalls zunächst zu schätzen und die Summe der monatlichen Beträge ist am Jahresende um die Differenz zu dem ermittelten Betrag zu korrigieren.

---

525 Siehe Schmidt/Peun in Beck Bil-Komm., 11. Aufl., 2018, § 275, Tz. 128.
526 Siehe Abschn. II. D. 3.1.3.
527 Siehe Schmidt/Peun in Beck Bil-Komm., 11. Aufl., 2018, § 275, Tz. 128.
528 Siehe Wichmann, Die Behandlung von Sachbezügen im Jahresabschluß nach dem HGB, BB 1989, S. 1792 f.
529 Siehe Abschn. II. D. 3.1.
530 Siehe: Schuhmann in Rau/Dürrwächter, UStG, § 10, Tz. 65, unter „Sozialleistung", „Überlassung von Firmenwagen", S. 112, Stand Mai 2016, m. w. N.; Bunjes/Korn, UStG, 11. Aufl., 2012, § 10 Tz. 82.
531 Siehe Abschn. II. D. 4.5.

D. Grundlagengerechte Entscheidungen

4.3. Die Folgebewertung

4.3.1. Nach Handelsrecht

1) Kennzeichnung
Die Folgebewertung ist in § 253 Abs. 3 Satz 3, Abs. 4 und Abs. 5 HGB geregelt. In diesen Vorschriften werden jedoch lediglich Bewertungsobjekte der Aktivseite der Bilanz angesprochen. Dementsprechend wird die Bewertungsfrage in der Literatur unter dem Gesichtspunkt der Folgebewertung auch nur für Anlage- und Umlaufvermögen[532] behandelt.[533]

Eine Folgebewertung in dem Sinne einer Bewertung, die „nach dem Zugang an jedem Jahresabschlussstichtag (stattfindet)"[534], erfolgt jedoch unzweifelhaft auch bei Passiva: so sind z. B. nach § 253 Abs. 2 Satz 4 HGB gegebenenfalls gegenüber dem Zugangszeitpunkt veränderte Zinssätze zu berücksichtigen.

Die bei der Folgebewertung anzuwendenden Wertmaßstäbe werden in § 253 Abs. 2 bis 6 HGB aufgeführt. Ein besonderer nach § 253 Abs. 4 HGB beizulegender Wert ergibt sich im Rahmen einer „verlustfreien Bewertung".[535] Dazu sind der wahrscheinliche Absatzzeitpunkt und die bis dahin anfallenden Kosten, wie z. B. Lagerkosten und Zinsen vollständig zu ermitteln.

2) Der Einfluss der Inventur
Nach § 240 HGB hat der Kaufmann zu Beginn und dann grundsätzlich[536] jährlich ein Inventar zu erstellen. Steuerrechtlich ergibt sich diese Pflicht, zumindest hinsichtlich des Warenbestandes, aus den Grundsätzen ordnungsmäßiger Buchführung.[537]

Bei der dazu erfolgenden Bestandsaufnahme können sich, insbesondere bei den Vorräten, Differenzen, insbesondere als Minderbestände, ergeben. Das führt zu entsprechenden Korrekturbuchungen.

3) Folgen von Kapitalerhöhung und -herabsetzung
Mit einer Kapitalerhöhung mindern sich die Anschaffungs- Herstellungskosten der betroffenen Beteiligung. Diese Wertminderung, die den Herstellungskosten

---

532 Zum Rechnungsabgrenzungsposten siehe II. C. 2.1.2., 1.1.2) .
533 Siehe z. B. Küting/Weber/Pfitzer (Hrsg.), Handbuch der Rechnungslegung Einzelabschluss, § 253; Gliederung Abschn. C. und D., Stand November 2012.
534 MünchKommHGB/Ballwieser, 3. Aufl., 2013, § 253, Tz. 11.
535 Siehe dazu: Adler/Düring/Schmaltz, Rechnungslegung und Prüfung der Unternehmen, 6. Aufl., § 253, Tz. 462; Schubert/Berberich in Beck Bil-Komm., 11, Aufl., 2018, § 253, Tz. 547.
536 Auf Inventurvereinfachungsverfahren (siehe § 241 HGB) wird nicht eingegangen.
537 Siehe Drüen in Tipke/Kruse, AO, § 145, Tz. 22, Stand Oktober 2010.

des Bezugsrechtes entspricht, wird handelsrechtlich[538] und steuerrechtlich[539] nach der sog. Gesamtwertmethode ermittelt.[540]
Bei einer Kapitalherabsetzung erfolgt eine Minderung der ehemaligen Anschaffungs- Herstellungskosten.

4.3.2. Nach Steuergesetzen

Nach § 6 Abs. 1 EStG sind abnutzbare Gegenstände des Anlagevermögens um Absetzungen für Abnutzung zu vermindern. Diese Abschreibungen richten sich nach §§ 7, 7a, 7g, 7h und 7i EStG. Im Übrigen ist der niedrigere Teilwert[541] maßgeblich.

4.4. Die Abgangs-/Ausscheidensbewertung

4.4.1. Nach Handelsrecht

1) Ausscheiden zum Buchwert

1.1) In der Bilanz
Scheidet ein Vermögensgegenstand aus dem Vermögen aus, z. B. durch Verkauf, mindert sich das Vermögen der Gesellschaft grundsätzlich zum Zeitpunkt des Verkaufs.

Die durch den Verkauf entstandene Forderung, wie auch alle anderen Forderungen, scheiden bei Bezahlung durch den Schuldner, oder im Falle dessen Zahlungsunfähigkeit mit der Folge der Ausbuchung, aus.

Im Fall der Herstellung scheiden die in die Herstellung einbezogenen Vermögensgegenstände bis zur Fertigstellung des hergestellten Vermögensgegenstandes zum Buchwert aus dem Vermögen aus; dementsprechend vermindert sich der Bestand auf den Konten, auf denen sie erfasst waren.[542] Gleichzeitig erfolgt ein Zugang auf dem Konto, auf dem die Herstellungskosten des hergestellten Vermögengegenstandes erfasst werden.

Eigene Anteile scheiden durch Verkauf oder Übergabe an Mitarbeiter/innen aus.

Schulden scheiden durch Tilgung oder durch Erlass aus.

---

538 Siehe Adler/Dürig/Schmaltz, Rechnungslegung und Prüfung der Unternehmen, 6. Aufl., 1995, § 253 HGB, Tz. 50.
539 Siehe BFH vom 21.01.1999 IV R 27/97, BStBl 1999, II, S. 638 ff., hier S. 638, Leitsatz 2.
540 Nach dem WP-Handbuch 2012, Band I, 14. Aufl., 2012, unter E 543, S. 450, lautet diese: Wertminderung = Kurswert des Bezugsrechtes dividiert durch Kurswert der Altaktien multipliziert mit Buchwert der Altaktien.
541 Siehe z. B. Schmidt/Kulosa, EStG, 38. Aufl., 2019, § 6 Tz. 231 ff.
542 Das wird hier unterstellt; anderenfalls würde der Betrag dem entsprechenden Aufwandskonto belastet.

Rückstellungen werden verbraucht und scheiden nach vollständigem Verbrauch aus. Pensionsrückstellungen scheiden mit dem Ableben oder dem sonst bestimmten Ablauf aus.

Rechnungsabgrenzungsposten scheiden mit deren vollständiger Auflösung aus.

1.2) In der Gewinn- und Verlustrechnung
Werden Forderungen oder Verbindlichkeiten beglichen und scheiden dadurch aus dem Vermögen aus, erfolgt keine Buchung in der GuV. In den anderen Fällen wird die GuV im Wege einer Gegenbuchung wie folgt berührt:

- Im Fall des Verkaufs wird der Buchwert des Verkauften erfasst, und zwar beim Warenverkauf auf Position § 275 Aba. 2 Nr. 5. a) HGB und beim Anlagenverkauf z. B. auf Konto 4855 „Anlagenabgänge Sachanlagen" bei Buchgewinn oder auf Konto 6895 „Anlagenabgänge Sachanlagen" bei Buchverlust. Letztere werden mit den entsprechenden Erlösen in der GuV saldiert und entsprechend dem Ergebnis unter „sonstige betriebliche Erträge" (§ 275 Ans. 2 Nr. 4 HGB) oder „sonstige betriebliche Aufwendungen" (§ 275 Abs. 2 Nr. 8 HGB) ausgewiesen.
- Die Ausbuchung einer Forderung erfolgt, sollte der Betrag unüblich hoch sein, über Konto Abschreibungen auf Vermögensgegenstände des Umlaufvermögens (§ 275 Abs. 2 Nr. 7. b) HGB), ansonsten unter Nr. 2, Nr. 5a oder Nr. 8 ausgewiesen.[543]
- Im Fall der Herstellung von Vermögensgegenständen erfolgt ein Ausweis unter der Position „Erhöhung oder Verminderung des Bestands an fertigen und unfertigen Erzeugnissen" (§ 275 Abs. 2 Nr. 2. HGB) oder der Position „andere aktivierte Leitungen" (§ 275 Abs. 2 Nr. 3. HGB) bis zur Fertigstellung.
- Im Fall der Übergabe von eigenen Anteilen an Mitarbeiter/innen wird der Buchwert unter der Position „soziale Abgaben und Aufwendungen für Altersversorgung und für Unterstützung" (§ 275 Abs. 2 Nr. 6. b) HGB) ausgewiesen.
- Bei einem (Teil-)Erlass einer Verbindlichkeit erfolgt die erforderliche Buchung über das Konto sonstige betriebliche Erträge (§ 275 Abs. 2 Nr. 4 HGB).
- Sollten Verbindlichkeiten, insbesondere Rückstellungen zu hoch bemessen worden sein, scheidet der überschießende Betrag bei Feststellung des Sachverhalts gewinnwirksam aus.
- Der letzte Auflösungsbetrag eines Rechnungsabgrenzungspostens wird auf dem entsprechenden Ertrags- oder Aufwandskonto erfasst; damit scheidet der Posten aus.

---

543 Schmidt/Peun in Beck Bil-Komm., 11. Aufl, 2018, § 275, Tz. 144.

2) Bewertung bei Entnahmen

2.1) In der Bilanz
Wird vom Einzelunternehmer oder von einem Gesellschafter einer Personengesellschaft ein Vermögensgegenstand entnommen, wird das Vermögen ebenfalls zum Buchwert vermindert.

2.2) In der Gewinn- und Verlustrechnung
Neben der Entnahme von Vermögenständen sind auch Lieferungen zum Vorzugspreis und Nutzungsentnahmen, auch unentgeltliche, möglich.[544]

Entnahmen sind mit dem „verkehrsüblichen Entgelt zu bemessen"[545] was bei verbilligten, auch als unentgeltlichen, Leistungen, ob in Gestalt einer verbilligten Lieferung oder einer verbilligten Leistung, der Gesellschaft zu einer, (zusätzlichen) in der GuV zu erfassenden, Entnahme in Höhe der Differenz zwischen z. B. dem Vorzugspreis und dem Verkehrswert führt.[546]

Die Folge dessen ist bei der Entnahme von Vermögensgegenständen
- der Ansatz eines Buchwertes als Aufwand und
- die Erfassung des Verkehrswertes als Ertrag.

Bei unentgeltlicher Nutzungsentnahme ist der gesamte Verkehrswert, bei verbilligter die Differenz zwischen dem erhaltenen Entgelt und dem Verkehrswert, als Ertrag zu erfassen.

4.4.2. Nach Steuergesetzen
Steuerrechtlich entspricht die Abwicklung der dargestellten handelsrechtlichen Vorgehensweise. Allerdings sieht § 6 Abs. 1 Nr. 4 EStG vor, dass Entnahmen in der GuV mit dem Teilwert zu bewerten sind.

4.5. Besonderheiten beim Tausch?
Den bisherigen Überlegungen liegen Fälle zugrunde, in denen eine der sich gegenüber stehenden Leistungen in Geld besteht, wie beim Kauf oder Verkauf. Es gibt jedoch auch Fälle, in denen Lieferungen oder Leistungen der einen am Vorgang beteiligten Seite Lieferungen oder Leistungen der anderen Seite gegenüberstehen. Dann ergibt sich die Frage nach der Bewertung des Erworbenen oder des Veräußerten.

---

544 Siehe MünchKommHGB//Priester, 4. Aufl., 2016, § 122, Tz. 5, m. w. N.
545 MünchKommHGB//Priester, 4. Aufl., 2016, § 122, Tz. 5; so auch Ebenroth/Boujong/Joost/Strohn/Ehricke, Handelsgesetzbuch, 3. Aufl., 2014, § 122, Tz. 4.
546 Siehe Heymann/Emmerich, Handelsgesetzbuch, 2. Aufl., 1996, § 122, Tz. 3.

Vergegenwärtigt man sich, dass Kauf und Verkauf jeweils Tausch gegen Geld darstellt[547], ergibt sich die Antwort auf die gestellte Frage: es ist immer der Wert des Erlangten.[548]

---

547 Siehe Höffe, Gerechtigkeit und Tausch?, in Lenk/Maring (Hrsg.), Wirtschaft und Ethik, Reclam 1992, S. 119 ff., hier S. 123: „Gewöhnlich denken wir beim Tausch an einen ökonomischen Prozeß, an den Austausch von Waren, Dienstleistungen und Geld." Siehe zu der Entwicklung vom Tausch zum Geld-Tausch Harari, Money, 2018, S. 1 ff.
548 So auch im Ergebnis Schubert in Beck Bil-Komm., 11. Aufl., 2018, § 253, Tz. 54.

III. Einfluss der Steuerrechtsprechung auf Buchführung und Bilanz?
A. Von der Rechtsprechung geforderte Rechenwerke
1. Einführung

Aufgrund des Maßgeblichkeitsprinzips ergibt sich für die Steuerbilanz, dass die ordnungsmäßige Handelsbilanz, so wie sie bisher dargestellt wurde, für sie maßgeblich ist. Das ist ein Rechenwerk, bestehend aus Bilanz und GuV, wie es § 242 Abs. 3 HGB bestimmt. Daneben gibt es, wenn man hier vom Anhang iSd. § 284 HGB, der bei der Betrachtung unmaßgeblich ist, absieht, keine weiteren Bestandteile der Handelsbilanz.

Dennoch fordert die Rechtsprechung[1] die Erstellung von Sonder- und Ergänzungsbilanzen, die, wie sich im Folgenden zeigen wird, handelsrechtlich nicht bekannt sind. Das erfordert zunächst eine Betrachtung der beiden Rechenwerke, insbesondere der Frage nach den Rechtsgrundlagen, auf die sie gestützt werden.

2. Die Sonderbilanz[2]

2.1. Kennzeichnung der Sonderbilanz und deren Zweck

In § 2 Abs. 1 EStG werden die Einkunftsquellen[3] dem „Steuerpflichtigen" zugeordnet. Personengesellschaften sind jedoch keine „Steuerpflichtigen", das sind deren Gesellschafter[4]. Ist wiederum eine Personengesellschaft Gesellschafter; dann sind es - ad infinitum - jeweils deren Gesellschafter. Die Zuordnung des quellenbezogen[5] ermittelten Gewinns der Personengesellschaft zu den Gesellschaftern erfolgt steuerlich aufgrund § 15 Abs. 1 Satz 1 Nr. 2 EStG in Gestalt derer „Gewinnanteile", als deren steuersubjektbezogene Größen. Nach § 15 Abs. 1 Satz 1 Nr. 2 EStG werden den jeweiligen anteiligen Gewinnen die von dem betroffenen Gesellschafter bezogenen „Vergütungen"[6] zur Ermittlung ihrer Einkünfte (nicht: Gewinne) aus Gewerbetrieb hinzugerechnet.[7]

---

1 Von der Erwähnung der Ergänzungsbilanz in gesetzlichen Bestimmungen wird hier aus noch darzustellenden Gründen abgesehen.
2 Siehe hierzu die ausführliche Darstellung bei Wichmann, Die Sonderbilanz – eine kritische Bestandsaufnahme, DStZ 2016, S. 414 ff.
3 Siehe dazu Musil in Herrmann/Heuer/Raupach, EStG, § 2 Tz. 76, Stand Januar 2019.
4 Schmidt/Heinicke, EStG, 38. Aufl., 2019, § 1 Tz. 13.
5 Zu den Begriffen quellen- und steuersubjektbezogen siehe Wichmann, Die Frage nach der Beachtung des § 2 Abs. 1 und 2 EStG, Stbg 20114, S. 291 ff., hier S. 291 unter I., m. w. N.
6 Zum Begriff Vergütung siehe Wichmann, Die Sonderbilanz – eine kritische Bestandsaufnahme, DStZ 2016, S. 414 ff., hier S. 417 unter dd).
7 Auf §§ 13 Abs. 7 und 18 Abs. 4 EStG wird hingewiesen.

III. Einfluss der Steuerrechtsprechung auf Buchführung und Bilanz?

Der Ermittlung der Einkünfte sollen nach § 15 Abs. 1 Nr. 2 EStG darüber hinaus Sonderbilanzen dienen.[8]

Zweck der Sonderbilanz, die aufgrund der Bilanzbündeltheorie[9] zu erstellen entwickelt wurde[10], soll die Ermittlung des Gewinns eines Sonderbetriebsvermögens sein.[11] Dieser Theorie „liegt die Fiktion zu Grunde, dass es sich bei der Mitunternehmerschaft um die **Vereinigung von selbständigen Gewerbetreibenden** handele und die Beteiligung an der Mitunternehmerschaft dementsprechend als **selbständiger Gewerbebetrieb jedes einzelnen Mitunternehmers** zu werten sei".[12] Allerdings ist § 15 EStG nach § 2 Abs. 2 Nr. 1 (Klammerinhalt) EStG keine Gewinnermittlungs- sondern bereits ausweislich der Paragrafenüberschrift eine Einkünfteermittlungsvorschrift. Darauf weist auch § 2 Abs. 1 Satz 2 EStG hin: Es gelten nicht die Gewinnermittlungsvorschriften, die in § 2 Abs. 2 Nr. 1 EStG als die „§§ 4 – 7k und 13a" genannt werden. Es ist auch sonst im EStG keine Vorschrift enthalten, die zu den Bilanzierungsentscheidungen Ansatz, Gliederung und Bewertung in der Sonderbilanz Aussagen macht. Das wäre jedoch erforderlich, da das Handelsrecht keine Sonderbilanz kennt.[13]

2.2. Gesetzliche Grundlagen der Sonderbilanz?

2.2.1. Die Bilanz betreffend

Der BFH hat entschieden, dass „Rechtsgrundlage für die Einbeziehung des Sonderbetriebsvermögens in den Betriebsvermögensvergleich ... § 4 Abs. 1 EStG (ist)."[14] Da § 4 Abs. 1 EStG, wie festgestellt[15], unter Betriebsvermögen das Eigenkapital, ein Betriebsreinvermögen, versteht, und keinerlei Bestimmungen zu einem Betriebsvermögensvergleich, durch Ansatz von Wirtschaftsgütern des Betriebes als Betriebsvermögen, zum Inhalt hat, für den der BFH die Bestimmung jedoch unkommentiert heranzieht, fehlt eine Begründung für die zitierte Auffassung.[16] Gleichzeitig erkennt der entscheidende Senat die einschlägige entgegenstehende Rechtsprechung des Großen Senats nicht an.[17]

Da handelsrechtlich keine Sonderbilanz existiert, weil das Handelsrecht Sonderbetriebsvermögen nicht kennt, verstößt Steuerrecht mit der Forderung nach

---

8 Siehe Schmidt/Wacker, EStG, 38. Aufl., 2019, § 15, Tz. 401.
9 Siehe zur Fortwirkung der Bilanzbündeltheorie nach deren Aufgabe Wichmann, Fortwirkung der Bilanzbündeltheorie?, DStR 2019, S. 2214 ff.
10 Siehe Carle`, in Korn Einkommensteuergesetz, § 15, Tz. 227, Stand März 2008.
11 Anzinger in Herrmann/Heuer/Raupach, EStG, § 5 Tz. 72, Stand Februar 2014.
12 Wichmann, Warum bleibt das Überschreiten von Grenzen der richterlichen Rechtsfortbildung ohne Konsequenzen?, Stbg 2020, S. 20 ff., hier S. 26 3. Abs. und Fn. 58 als w. N.
13 Siehe z. B. Anzinger in Herrmann/Heuer/Raupach, EStG, § 15, Tz. 72, Stand April 2018.
14 BFH vom 02.12.1982 IV R 72/79, BStBl 1983, II, S. 215 ff., hier S. 217 unter 2., 3. Abs., m. w. N.
15 Siehe Abschn. II. A. 3.
16 Siehe auch Wichmann, Die Frage nach der steuerrechtlichen Bedeutung des § 4 Abs. 1 EStG, StB 2014, Heft 5, S. 149 ff., hier S. 150 unter 3.
17 Zur Auffassung des Großen Senats von der Geltung der Handelsbilanz siehe Beschluß vom 10.11.1980 GrS 1/79, BStBl 1981, II., S. 164 ff., hier S. 167 f.

einer solchen Bilanz gegen das Maßgeblichkeitsprinzip. Dessen Geltung hat der Große Senat des BFH insoweit jedoch sogar bereits im Jahr 1980 anerkannt.[18] Auch dadurch, dass die in der Sonderbilanz der Personengesellschaft ausgewiesenen Sachverhalte steuerlich nicht mehr Gegenstand des Jahresabschlusses eines bilanzierenden Gesellschafters sind, wird das Maßgeblichkeitsprinzip zusätzlich bei diesem Gesellschafter nicht beachtet. Zudem wird damit wie folgt gegen das Vollständigkeitsprinzip des § 246 Abs. 1 HGB und des § 146 Abs. 1 AO verstoßen: zunächst ist die Steuerbilanz der Personengesellschaft, bestehend aus der Bilanz und der Sonderbilanz durch Ausweis nicht in ihrem wirtschaftlichen Eigentum stehenden Wirtschaftsgütern „übervollständig"[19], und der Jahresabschluss eines bilanzierenden Gesellschafters, wegen des Fehlens des in der Sonderbilanz ausgewiesenen Sachverhalts in seiner Bilanz, unvollständig.[20]

Der BFH hat auch erkannt, dass mit der Sonderbilanz gegen das Maßgeblichkeitsprinzip verstoßen wird.[21] Die Begründung, die das Gericht hierfür als Rechtfertigung liefert, besteht jedoch lediglich aus selbstbezüglichen[22] Bezügen auf Quellen, die zudem als Begründung ungeeignet sind.[23]

2.2.2. Die Buchhaltung betreffend

Wie dargestellt verweist § 5 EStG und auch § 141 AO, der für die Gewinnermittlung nach § 4 Abs. 1 EStG gilt, auf die handelsrechtlichen Rechnungslegungsvorschriften. Damit gelten §§ 238 ff. HGB, mit der für § 4 Abs. 1 EStG bestehenden Ausnahme des § 242 Abs. 2 bis 4 HGB für die art- kontomäßige Zuordnung in der Buchführung.[24]

Als Gegenstände der Buchführung und Bilanzierung der Personengesellschaft als Kaufmann kommen nach allen einschlägigen Vorschriften nur „sein" Vermögen und „seine" Schulden[25] in Betracht. Für diese „persönliche" Zurechnung[26] ist dazu nach § 246 Abs. 1 Satz 2 HGB sogenanntes wirtschaftliches

---

18 Im Beschluß vom 10.11.1980 GrS 1/79, BStBl 1981, II., S. 164 ff., hier S. 167 f. wurde ausgeführt: „Der Gewinn oder Verlust der Gesellschaft ist durch einen Vermögensvergleich der Gesellschaft und nicht durch Vermögensvergleiche der einzelnen Gesellschafter zu ermitteln. Grundlage dafür ... ist ... die aus der Handelsbilanz der Gesellschaft abgeleitete Steuerbilanz der Gesellschaft (§ 5) und nicht etwa gedachte oder wirkliche Einzelbilanzen der Gesellschafter".
19 Siehe Wichmann, Die Sonderbilanz – eine kritische Bestandsaufnahme, DStZ 2016, S. 414 ff., hier S. 421 unter b), m.w.N.
20 Siehe Wichmann Die Sonderbilanz – eine kritische Bestandsaufnahme, DStZ 2016, S. 414 ff., hier S. 417 unter dd).
21 Siehe BFH vom 18.07.1979 I R 199/75, BStBl 1979, II, S. 750 ff., hier S. 754 unter c).
22 Meßmer, Die Bilanzbündeltheorie – Eine meisterhafte Schöpfung der Rechtsprechung?, in Steuerberater-Jahrbuch 1972/73, S. 127 ff., hier S. 197 stellt im Zusammenhang mit einem BFH-Urteil (BStBl 1958, III, S. 68 ff.) entsprechend fest: „Unter Berufung auf die Rechtsprechung des RFH – nicht etwa auf das Gesetz – wird erklärt ..."
23 Siehe Wichmann Die Sonderbilanz – eine kritische Bestandsaufnahme, DStZ 2016, S. 414 ff., hier S. 423 unter b).
24 Siehe Abschn. II. A. 3.
25 Siehe § 242 Abs. 1 HGB.
26 Vgl. Schmidt/Usinger in Beck Bil-Komm., 11. Aufl., 2018, § 243, Tz. 31.

III. Einfluss der Steuerrechtsprechung auf Buchführung und Bilanz?

Eigentum maßgebend[27]. Die im Sonderbetriebsvermögen angeblich zu erfassenden Sachverhalte erfüllen diese Anforderungen aus Sicht der Personengesellschaft nicht.[28] Dennoch behauptet der BFH in dem hier betrachteten Urteil ohne jegliche Begründung,[29] es bestehe Buchführungspflicht der Gesellschaft nach § 141 AO.[30]

Zudem fragt sich, wieso die Personengesellschaft Buchführungspflichten hinsichtlich eines nach § 6 Abs. 5 Satz 2 EStG steuerlichen Sonderbetriebsvermögens des Gesellschafters hat.

Es kommt hinzu, dass die Personengesellschaft eine Buchführungspflicht nur hinsichtlich ihr bekannter Daten haben kann. Da dem Gesellschafter nach dem Grundgesetz das Recht auf informationelle Selbstbestimmung zusteht[31], verfügt die Gesellschaft nicht zwingend über die für die Erstellung einer Sonderbilanz erforderlichen Daten. Die Gesellschaft kann somit insoweit, als ein Gesellschafter von seinem Recht Gebrauch macht, keine vollständige Buchführung erstellen.[32]

Dieses Recht des Gesellschafters „umfasst (nämlich) die Befugnis des Einzelnen, grundsätzlich selbst zu entscheiden, wann und wem gegenüber er zu welchem Zweck ... **personenbezogene Daten** ... offenbart".[33] Dabei „(definiert sich) der **Schutzbereich** des Rechts auf informationelle Selbstbestimmung ... über die personenbezogenen Daten (in § 3 Abs. 1 BDSG in konkretisierender Weise bestimmt als >Einzelangaben über persönliche oder sachliche Verhältnisse einer bestimmten oder bestimmbaren natürlichen Person..<)."[34] Zu den Daten gehören, die im betrachteten Fall gegeben sind, auch Daten zu „finanzielle(n) Aktivitäten"[35]; zudem gibt es nach der Auffassung des Bundesverfassungsgerichts insoweit „„**kein belangloses Datum**" mehr."[36]

Der Gesellschafter hat allerdings das Recht, auf sein Recht zur informationellen Selbstbestimmung im konkreten Einzelfall gegenüber einem Empfänger der entsprechenden Mitteilung zu verzichten. Dazu lässt sich, gestützt auf die Rechtsprechung des Bundesverfassungsgerichts zum allgemeinen Persönlich-

---

27 Vgl. Schmidt/Usinger in Beck Bil-Komm., 11. Aufl., 2018, § 243, Tz. 31.
28 Siehe BFH vom 23.10.1990 VII R 142/85, BStBl 1991, II, S. 401 ff., hier S. 404.
29 Siehe zur Argumentation des BFH Wichmann, Fragen zu der Buchführungspflicht für Sonderbetriebsvermögen und deren Begründung, DStZ 2017, S. 254 ff., hier S. 258, unter gg).
30 BFH vom 23.10.1990 VII R 142/85, BStBl 1991, II, S. 401 ff.
31 Siehe dazu für alle: Drüen in Tipke/Kruse, Abgabenordnung, § 30 Tz. 6, Stand Januar 2012.
32 Siehe Wichmann Die Sonderbilanz – eine kritische Bestandsaufnahme, DStZ 2016, S. 414 ff., hier S. 417 unter dd).
33 Horst Dreier in Dreier (Hrsg.), GG Grundgesetz Kommentar, 3. Aufl., Art. 2 I Tz. 79.
34 Horst Dreier in Dreier (Hrsg.), GG Grundgesetz Kommentar, 3. Aufl., Art. 2 I Tz. 81; vgl. auch Di Fabio in Maunz-Dürig, Grundgesetz Kommentar, Art. 2 Abs. 1, Tz. 175, Stand Juli 2001; auf die besonderen Folgen, die angesichts der Bestimmbarkeit, z. B. bei zwei Gesellschaftern, entstehen, wird an dieser Stelle nur hingewiesen.
35 Dammann in Simitis (Hrsg.), Bundesdatenschutzgesetz, 8. Aufl., § 3 Tz. 10.
36 Horst Dreier in Dreier (Hrsg.), GG Grundgesetz Kommentar, 3. Aufl., Art. 2 I Tz. 81.

keitsrecht feststellen: „Ein **genereller Verzicht** auf das Persönlichkeitsrecht scheidet aus, eine Einwilligung ist stets auf den konkreten Einzelfall zu beziehen."[37] Dabei „bezieht sich die Einwilligung … auf einen bestimmten Zweck, an den der Empfänger gebunden ist."[38]

Eine konkludente Einwilligung scheidet ebenfalls aus.[39] Durch Unterzeichnung des Gesellschaftsvertrages ist damit keine Einwilligung und, daraus folgend, keine Verpflichtung des Gesellschafters zur Information der Geschäftsführung der Gesellschaft gegeben. „Der Betroffene muss vielmehr unmissverständlich zum Ausdruck bringen,… (den Zweck der Informationsverwendung: Verfasser) erkannt und gebilligt zu haben."[40]

Der BFH hat sich über das von ihm nicht einmal erwähnte Recht jedes Gesellschafters auf informelle Selbstbestimmung mit dem lapidaren Hinweis hinweggesetzt, dass der Gesellschafter „sich freiwillig mit den anderen Mitbeteiligten zur gemeinsamen Einkünfteerzielung verbunden hat"[41], und daraus eine Pflicht zur Bekanntgabe[42] von Daten abgeleitet. Dabei können z. B. Veräußerer und Erwerber eines Gesellschaftsanteils ein berechtigtes Interesse daran haben, dass u.A. die Daten des Anteilsübertragungsvertrages nicht bekannt werden.

2.3. Ergebnis – Folgerungen

Insgesamt hat sich ergeben, dass keine Rechtsgrundlage für die Erstellung einer Sonderbilanz besteht, sondern dass mit der Forderung nach deren Erstellung gegen alle einschlägigen Rechtsvorschriften verstoßen wird.[43] Soweit es die Buchführungspflicht angeht, erfolgt der Verstoß ohne Begründung, obgleich dem BFH die „Beweislast"[44] für die Richtigkeit seiner Aussage oblag.

Zu den Vorschriften, die in diesem Zusammenhang nicht beachtet werden, zählt auch § 15 Abs. 1 Nr. 2 EStG, nach dem dem Gewinnanteil lediglich „Ver-

---

37 Di Fabio in Maunz-Dürig, Grundgesetz Kommentar, Art. 2 Abs. 1 Tz. 229, Stand Juli 2001.
38 Di Fabio in Maunz-Dürig, Grundgesetz Kommentar, Art. 2 Abs. 1 Tz. 229, Stand Juli 2001.
39 Siehe Di Fabio in Maunz-Dürig, Grundgesetz Kommentar, Art. 2 Abs. 1 Tz. 229, Stand Juli 2001.
40 Siehe Di Fabio in Maunz-Dürig, Grundgesetz Kommentar, Art. 2 Abs. 1 Tz. 229, Stand Juli 2001.
41 BFH vom 11.09.1991 XI R 35/90, BStBl 1992, II, S. 4f., hier S. 4 letzter Absatz.
42 Diese Pflicht hat Brigitte Keuk (Keuk, Die Besteuerung des Gewinns der Personengesellschaft und der Sondervergütungen der Gesellschaft, StuW 1974, S. 1 ff., hier S. 39 unter II.) als „Ungeheuerlichkeit" bezeichnet.
43 Siehe auch Wichmann Die Sonderbilanz – eine kritische Bestandsaufnahme, DStZ 2016, S. 414 ff.
44 Coing, Grundzüge der Rechtsphilosophie, 4. Aufl., 1985, S. 324, 2. Abs.

III. Einfluss der Steuerrechtsprechung auf Buchführung und Bilanz?

gütungen"[45] hinzuzurechnen sind. Durch Rechtsfortbildung ist es dann nach hier vertretener Auffassung lediglich erforderlich, die mit diesen Vergütungen verbundenen Ausgaben bei der Ermittlung der nach § 15 Abs. 1 Nr. 2 EStG zu ermittelnden Einkünfte zu berücksichtigen.[46] Auf diese Weise wird verhindert, dass z. B. bei Vermietung eines Grundstücks eines Gesellschafters an die Gesellschaft dessen Einkünfte aus Vermietung und Verpachtung insoweit nur noch aus den Werbungskosten, also den Aufwendungen, die zur Erzielung von Mieteinnahmen aufgewendet werden, bestehen.

3. Die Ergänzungsbilanz

3.1. Kennzeichnung

„Beim entgeltlichen Erwerb eines Gesellschaftsanteiles werden in einer Ergänzungsbilanz die Mehr- und Minderaufwendungen des Erwerbers gegenüber dem buchmäßigen Kapitalanteil (Kapitalkonto) des Veräußerers in einer positiven (Mehraufwand) oder negativen (Minderaufwand) Ergänzungsbilanz erfasst."[47]

Eine Ergänzungsbilanz soll um eine GuV ergänzt werden.[48]

3.2. Gesetzliche Grundlagen?

Die Ergänzungsbilanz schließt, wie es heißt, an die Gewinnermittlung nach §§ 4 Abs. 1[49] und 5 EStG an und ergänzt diese.[50] Dabei soll gelten: „Die Pflicht zur Aufstellung von Ergänzungsbilanzen obliegt der Personengesellschaft, nicht dem einzelnen Gesellschafter. Der Gewinnanteil des Gesellschafters/Mitunternehmers iSd. § 15 Abs. 1 Satz 1 Nr. 2 Halbs. 1 EStG ergibt sich insoweit aus der Summe seines Gewinnanteils bei der Personengesellschaft und dem Ergebnis seiner Ergänzungsbilanz."[51]

---

45 Vergütungen sind nach dem Verständnis des EStG Bruttogrößen: siehe § 4h Abs. 3 EStG, zum § 34 EStG Horn in Herrmann/Heuer/Raupach, EStG, § 34 Tz. 61, Stand August 2019 und Gosch in Kirchhof, EStG, 17. Aufl., 2018, § 49, Tz. 67; siehe auch die Rechtsquellen im BGB, auf die im Stichwortverzeichnis im Palandt, 76. Aufl., 2017, S. 3234, „Vergütung", hingewiesen wird. Siehe auch Wichmann Warum bleibt das Überschreiten von Grenzen der richterlichen Rechtsfortbildung ohne Konsequenzen?, Stbg 2020, S. 20ff., hier S. 29 letzter Abs. vor 2., m. w. N.

46 Siehe Wichmann Warum bleibt das Überschreiten von Grenzen der richterlichen Rechtsfortbildung ohne Konsequenzen?, Stbg 2020, S. 20ff., hier S. 23 unter bb) und Fn. 52 und S. 28 Fn. 107.

47 Reiß in Kirchhof, EStG, 17. Aufl., 2018, § 15, Tz. 245.

48 Siehe Kahle, FR 2013, 873 ff., hier S. 873 unter 1.und S. 874, erster Abs. unter 2.

49 Es ist allerdings darauf zu verweisen, dass § 4 Abs. 1 EStG keine Bilanzierungsvorschriften enthält. Diese ergeben sich für § 4 Abs. 1 EStG aus § 141 AO, soweit die dort genannten Voraussetzungen erfüllt sind; siehe Wichmann, Die Frage nach der Bedeutung der handelsrechtlichen Rechnungslegung für das Steuerrecht, Stbg 2014, 486 ff., hier S. 487.

50 Im Ergebnis ebenso Kahle, Ergänzungsbilanzen bei Personengesellschaften, FR 2013, 873 ff., hier 873, dritter Abs. unter 1.

51 Siehe für alle Schmidt/Wacker EStG, 38. Aufl., 2019, § 15, Tz. 460.

Der Grund für die Erstellung der Ergänzungsbilanz liegt grundsätzlich in der Nichtanerkennung der Beteiligung an einer Personengesellschaft als Wirtschaftsgut. Dass diese Auffassung nicht auf § 39 AO, der einschlägig sein soll, gestützt werden kann, wird unten dargelegt.[52] Es ist zudem ungeklärt, was in einer Ergänzungsbilanz abgebildet wird[53]; Wirtschaftsgüter sind es jedenfalls nicht.[54] Für das in einer Ergänzungsbilanz Abgebildete haben Handels- und Steuerrecht keine Bilanzierungs-, und Ansatzvorschriften zum Inhalt[55]. Vorschriften bestehen insoweit lediglich für Vermögensgegenstände/Wirtschaftsgüter, die nicht vorliegen. Dennoch sollen diese Bilanzen steuerlich allgemein erstellt werden.[56]

In den Fällen, in denen mit dem Kaufpreis für einen Gesellschaftsanteil stille Reserven aufgelöst werden, die den in der Bilanz der Gesellschaft ausgewiesenen Wirtschaftsgütern nicht mehr[57] zugeordnet werden können, werden in der Ergänzungsbilanz „eigene" Anteile an immateriellen Wirtschaftsgütern bis hin zu einem Firmenwert ausgewiesen. Da die Ergänzungsbilanz mit der Bilanz der Gesellschaft die Steuerbilanz der Gesellschaft darstellen soll[58], wird durch den dargestellten Ausweis, gemessen an den einschlägigen Bilanzierungskonventionen, gegen das Maßgeblichkeits- und das Vollständigkeitsprinzip verstoßen.

Allerdings wird in § 6 Abs. 5 Satz 4 EStG auf eine Ergänzungsbilanz abgestellt. Damit will der Gesetzgeber für diesen Fall, für den er offensichtlich auf die in der Praxis entwickelten, mit Grundsätzen der Bilanzierung, wie dargestellt, nicht begründbaren Regeln, dieser Praxis folgen. In § 24 Abs. 2 UmwStG wird noch deutlicher, dass der Gesetzgeber, davon ausgeht, dass Ergänzungsbilanzen erstellt werden. Das kann, in Ermangelung jeglicher gesetzlicher, vom Gesetzgeber zu schaffender, Regeln, jedoch nicht dazu führen, dass sie allgemein erstellt werden.[59] Und die Bilanzierungsfragen sind damit nicht beantwortet – auch für die hier genannten Fälle nicht.

Die Personengesellschaft, die zur Erstellung der Ergänzungsbilanz verpflichtet sein soll, verfügt nicht einmal zwingend über die zur Erstellung erforderlichen Daten, da dem betroffenen Gesellschafter das Recht auf informationelle Selbst-

---

52 Siehe Abschn. III. B. 3.1.3. und 5.1.2.
53 Siehe Schmidt/Wacker, EStG, 38. Aufl., 2019, § 15 Tz. 460.
54 Siehe Rödder, Erfolgsneutrale Übertragung eines Wirtschaftsguts aus dem Gesamthandsvermögen in ein Sonderbetriebsvermögen gegen Minderung von Gesellschaftsrechten, DB 1992, S. 953 ff., hier S. 955, 2. Abs. unter III. 1.
55 Siehe Wichmann, Erstellung und Fortentwicklung der Ergänzungsbilanz – zugleich Anmerkungen zum Urteil des BFH vom 20.11.2014, DStZ 2018, S. 584 ff, hier S. 586 unter cc).
56 Siehe Schmidt/Wacker, EStG, 38. Aufl., 2019, § 15 Tz. 460.
57 Wenn alle stillen Reserven aufgelöst sind.
58 Siehe Rödder, Erfolgsneutrale Übertragung eines Wirtschaftsguts aus dem Gesamthandsvermögen in ein Sonderbetriebsvermögen gegen Minderung von Gesellschaftsrechten, DB 1992, S. 953 ff., hier 1. Abs., S. 956.
59 Siehe zur Kritik Wichmann, Erstellung und Fortentwicklung der Ergänzungsbilanz – zugleich Anmerkungen zum Urteil des BFH vom 20.11.2014, DStZ 2018, S. 584 ff.

III. Einfluss der Steuerrechtsprechung auf Buchführung und Bilanz?

bestimmung zusteht.[60] Übt der Gesellschafter es aus, stehen der Gesellschaft die erforderlichen Daten nicht zur Verfügung; sie kann die Ergänzungsbilanz folglich nicht erstellen.

B. Abweichungen bei Detailfragen

1. Die Beantwortung von Rechtsfragen betreffend

Der Große Senat des BFH hat sich von der für Fehler in Jahresabschlüssen bisher geltenden subjektiven Betrachtung hinsichtlich Rechtsfragen abgewandt.[61] Das Gericht will zukünftig insoweit nur noch objektiv zutreffende Bilanzansätze anerkennen.[62]

Das Urteil ist vielfach angreifbar[63] und verstößt bereits gegen Artikel 1 GG: Artikel 1 Abs. 1 GG besagt nämlich: „Die Würde des Menschen ist unantastbar." Das heißt: „Grundrechtsberechtigte sind ... natürliche Personen."[64] Die menschenwürdige Betrachtung und Behandlung dieser grundrechtsberechtigten natürlichen Personen erfordert deren „Achtung als Mensch"[65]. Das wird hier für die Grundvoraussetzung für menschenwürdiges Verhalten angesehen[66]. Damit ist die „Vorstellung vom Menschen[67] und den unabdingbaren Notwendigkeiten seiner Existenz"[68], somit auch seine Unvollkommenheit, zugrunde zu legen.[69] Und „eine Rechtsordnung, die vergisst, was der Mensch seiner natürlichen Konstitution nach, als leibliches Wesen mit bestimmten Trieben, Bedürfnissen und Instinkten, ist, wird unmenschlich."[70]

---

60 Siehe dazu Abschn. III. A. 2.2.2.
61 Vgl. BFH vom 31.1.2013 GrS 1/10, BStBl 2013, II, S. 317 ff.
62 Vgl. die ausführliche Auseinandersetzung mit der hier betrachteten Entscheidung des Großen Senats Wichmann, Die Frage nach der Relevanz des objektiven Fehlers, Stbg 2018, S. 390 ff.
63 Hier werden nur einige Bedenken genannt.
64 Hofmann in Schmidt/Bleibtreu/Hofmann/Hennecke, GG, 13. Aufl., Art. 1 Rn. 10; vgl. auch Jarass in Jarass/Pieroth, GG, 15. Aufl., Art. 3 Rn. 4 f.
65 Herdegen in Maunz/Dürig, Grundgesetz Kommentar, Art. 1, Abs. 1, Rn. 117, Stand Mai 2009.
66 Siehe Voßkuhle, Das Grundgesetz I. Einführung, in GG Grundgesetz, 66. Aufl., Beck'sche Textausgeben, S. XI ff., hier S. XVII unter d): „Verständnis von personaler Autonomie und Subjektqualität".
67 Vgl. zu dieser Selbstverständlichkeit: Lamprecht, Ein unbewältigter Konflikt; BB 1992, S. 2153 ff., hier S. 2157, letzter Abs.
68 Dürig in Maunz/Dürig, Grundgesetz Kommentar, Art 3 Abs 1, Rn. 3 Stand Mai 1994. Siehe auch P. Kirchhof in Maunz/Dürig, Grundgesetz Kommentar, Art 3 Abs 1, Rn. 76 f., Stand September 2015.
69 Siehe Keil, Wenn ich mich nicht irre, Reclam 2019, S. 10: „Die Auffassung, dass Menschen in allen ihren Erkenntnisbemühungen fehlbar sind, erscheint uns heute selbstverständlich."
70 Coing, Grundzüge der Rechtsphilosophie, 4. Aufl., 1985, S. 121.

B. Abweichungen bei Detailfragen

„Die Auffassung, dass Menschen in allen ihren Erkenntnismöglichkeiten fehlbar[71] sind, erscheint uns heute[72] nämlich selbstverständlich."[73] Denn „Fehlbarkeit ist eine Eigenschaft von Menschen, keine von Aussagen oder Theorien."[74] Da Menschen, und sie beantworten Rechtsfragen, nicht in der Lage sind, objektiv richtig zu urteilen[75], und das gilt auch für Richter, auch wenn sie im Senat entscheiden[76], ist die Anforderung des Großen Senats nicht erfüllbar.[77]

Nach § 242 Abs. 1 HGB hat der Kaufmann eine Bilanz zu erstellen. Damit bezieht sich das HGB, insoweit als es hier relevant ist, wie dementsprechend und zusätzlich § 5 EStG durch den Begriff Gewerbetreibender, letztlich auf Menschen. Somit und soweit werden Bilanzierungsentscheidungen von Menschen getroffen. Menschen können jedoch nur sorgfältig, nach bestem Wissen und Gewissen, fachgerecht, und damit subjektiv[78] entscheiden.[79]

Es ist auch auf diese Erkenntnisse hinzuweisen: „Psychologen wissen seit langem, dass das menschliche Gehirn infiziert ist mit motiviertem logischen Denken (es lenkt ein Argument zu einer bevorzugten Schlussfolgerung hin, statt ihm zu folgen, wohin es führt), voreingenommenem Bewerten (es entdeckt Fehler in Belegen, die eine bevorzugte Position entkräften, und akzeptiert Belege, die sie unterstützen) sowie einer *myside bias* (es wertet gegensätzliche Positionen ab)".[80] Und es wird auf Denkfehler hingewiesen[81], denen sich Bücher[82] und „Debiasing-Programme"[83] widmen. Zu bedenken ist auch, dass „Entscheidungen ... oft nicht rational (sind)."[84] Dieser Umstand hat dazu geführt,

---

71 Siehe dazu auch Küng/Kuschel (Hrsg.), Erklärung zum Weltethos, 1993, S. 25.
72 Popper, Alle Menschen sind Philosophen, 2002, zitiert Xenophanes, der etwa 500 v. Chr. gelebt hat, in eigener Übersetzung insoweit wie folgt: „Sichere Wahrheit erkannte kein Mensch und wird keiner erkennen."
73 Keil, Wenn ich mich nicht irre, Reclam 2019, S. 10.
74 Keil, Wenn ich mich nicht irre, Reclam 2019, S. 76.
75 Zur Objektivität ist mit Philosophisches Wörterbuch, herausgegeben von Georgi Schischkoff, 22. Aufl., Stichwort „Objektivität" mit Gewissheit folgendes zu sagen: „Eine solche Fähigkeit besitzt der Mensch nicht; vielmehr wirkt bei jeder Erkenntnis und bei jeder Aussage das ganze körperlich-seelisch-geistige Sosein des Einzelnen einschl. der Kräfte seines Unterbewußtseins und des Erlebnistranszendenten mit." Im Ergebnis ebenso Hoffmeister, Wörterbuch der philosophischen Begriffe, 2. Aufl., Stichwort „Objektivität".
76 Siehe: Fischer, Strafgesetzbuch und Nebengesetze, 66. Aufl., § 339, Tz. 8; Hillgruber in Maunz-Dürig, Grundgesetz Kommentar, Art. 97 Tz. 4, Mai 2008.
77 Hofstätter, Gruppendynamik, 1976, S. 18 ff. und S. 161 unter 2. zeigt auf, dass eine Gruppe, im Vergleich zu den Einzelpersonen, bessere Leistungen hervorbringt. Ihr gelingt jedoch nicht, etwas prinzipiell Anderes zu schaffen.
78 Das lehnt der Große Senat jedoch ausdrücklich ab: BFH vom 31. 1. 2013 GrS 1/10, BStBl 2013, II, S. 317, hier Rz. 63: „subjektive Beurteilung".
79 A. A. möglicherweise Kempermann in Kirchhof/Söhn/Mellinghoff; EStG, § 5 EStG Rz. B 65, Stand Juli 1994: „Objektivität" „Freiheit von subjektiver Willkür".
80 Pinker, Aufklärung jetzt, 2018, S. 451, 3. Abs.
81 Pinker, Aufklärung jetzt, 2018, hier S. 444, 1. Abs.
82 Siehe z. B.: Dobelli, Die Kunst des klaren Denkens, 2011; Cannavo, Think to win, 1998.
83 Pinker, Aufklärung jetzt, 2018, S. 475.
84 Eigene Übersetzung von Hawking/Mlodinow, The Grand Theory, 2011, 2011, S. 47: „decisions are oft not rational".

III. Einfluss der Steuerrechtsprechung auf Buchführung und Bilanz?

dass in den Wirtschaftswissenschaften nicht mehr der sogenannte „homo oeconomicus" als Handelnder zugrunde gelegt wird.[85] Und von der dem zugrunde liegenden Annahme ging bereits Adam Smith im 18. Jahrhundert aus.[86] Zu dem Ergebnis gelangt auch neuere Forschung.[87] Es heißt dazu z.B.: „wir sind keine perfekten Denkmaschinen".[88] Auch deswegen ist die folgende Norm, die von „universellem Nutzen" ist, zu bedenken: „Eingestehen menschlicher Fehlbarkeit".[89] Denn „die Auffassung dass Menschen in allen ihren Erkenntnisbemühungen fehlbar sind, erscheint uns heute selbstverständlich."[90]

Kahnemann[91] hat noch auf eine menschengemachte Grenze hingewiesen; die „theorieinduzierte Blindheit".[92] Wobei es in dem Zusammenhang nicht darauf ankommt, dass eine Theorie im strengen Sinn vorliegt, es genügt eine Lehrmeinung oder Ähnliches, das Voreingenommenheit stützt.

Somit werden mit dem Verlangen des Großen Senats nach objektiver Richtigkeit insoweit natürliche Grenzen von Menschen[93], auch von Richtern, auch Richtern des Großen Senats nicht beachtet; dann ist dieses Verlangen grundgesetzwidrig

2. Den Gewinn betreffend

2.1. *Wirklicher Gewinn?*

Es wird behauptet, die Steuerbilanz diene der „Ermittlung des „wirklichen" Gewinns"[94]. Dabei existiert als Jahresgewinn kein „wirklicher", und auch kein „voller"[95] oder „richtiger"[96] Gewinn, „denn den „richtigen" Gewinn gibt es nicht"[97]; es gibt, wie oben bereits grundsätzlich festgestellt[98], lediglich einen den jeweiligen Gewinnermittlungskonventionen entsprechenden Gewinn.[99] Und aufgrund des Maßgeblichkeitsprinzips, an dem der Gesetzgeber, wie darge-

---

85 Siehe Collier, Sozialer Kapitalismus!, 2018, S. 46 ff.
86 Collier, Sozialer Kapitalismus!, 2018, hier S. 47.
87 Kahnemann, Schnelles Denken, langsames Denken, 4. Aufl., 2011. z. B. S. 474 und 508 ff.
88 Sapolsky, Gewalt und Mitgefühl Die Biologie des menschlichen Verhaltens, 2017, S. 622.
89 Siehe Pinker, Aufklärung jetzt, 2018, S. 45.
90 Keil, Wenn ich mich nicht irre, Reclam 2019, S. 10.
91 Siehe Kahnemann Schnelles Denken, Langsames Denken, 4. Aufl., 2011.
92 Siehe dazu ebenda, hier S. 340, 343 f., 350 ff., 357, 385, und das besondere Beispiel auf S: 439.
93 Siehe auch Pöppel, Grenzen des Bewußtseins, 1985, S. 140.
94 Schmidt/Weber/Grellet, EStG, 38. Aufl., 2019, § 5 Rn. 27.
95 So in dem hier behandelten Zusammenhang Beschluss vom 3.02.1969 GrS. 2/68, BStBl 1969, II, S. 291 ff., hier S. 293, re. Sp., 3. Abs.
96 So Barske, Gedanken zum Verhältnis der Handelsbilanz zur Steuerbilanz, DB 1964, S. 1569 f., hier S. 1569, li. Sp., 3. Abs.
97 Drüen, Der Große Senat des BFH und die objektiv richtige Bilanz, GmbHR 2013, S. 505 ff., hier S. 513, m.w.N.
98 Siehe Abschn. II. C. 2.1.2., 1.1.2).
99 Siehe Leffson, Die Grundsätze ordnungsmäßiger Buchführung, 7. Aufl., 1987, S. 197, erster Satz.

stellt, weiterhin – aus guten Gründen[100] – festhält, gelten grundsätzlich handelsrechtliche Konventionen. Insoweit als steuergesetzliche Besonderheiten bei Ansatz, Gliederung und Bewertung wirksam werden, wirken steuerrechtliche Konventionen. Zudem verfolgt der Steuerrechtsgesetzgeber dieses Ziel, den „wirklichen" oder „vollen" sowie „richtigen" Gewinn zu erfassen selbst offensichtlich nicht: darauf weisen z. B.[101] Vorschriften hin, nach denen

– ein Ansatzwahlrecht (§ 4g EStG), mit Folgen auch für die Gewinnermittlung nach § 5 Abs. 1 EStG (§ 5 Abs. 7 EStG), besteht,
– Zinsen nur begrenzt zum Abzug zugelassen (§ 4h EStG),
– originäre immaterielle Werte (§ 5 Abs. 2 EStG) und bestimmte Rückstellungen (z. B. § 5 Abs. 4, 4a EStG) mit einem Bilanzierungsverbot belegt, sowie
– die Nutzungsdauer von Wirtschaftsgütern standardisiert (§ 7 und § 6 Abs. 2a EStG) und
– Sonderabschreibungen (z. B. §§ 7d, f, g, h, i, k EStG) sowie
– Sofortabschreibungen (§ 6 Abs. 2 EStG) gewährt und
– in § 6b EStG die Übertragungen von stillen Reserven, insbesondere als Wahlrecht, gestattet

werden.

Wie kann Steuerrecht den derart gekennzeichneten – vollen – Gewinn ermitteln wollen und in den genannten Fällen gleichzeitig den möglicherweise „volleren" Gewinn des Handelsrechts ablehnen? Und es trifft auch nicht zu, dass nach dem BilMoG der wirkliche Gewinn zu ermitteln ist, wie es Weber-Grellet behauptet[102]: weder dem Gesetz noch den Gesetzesmaterialien ist das zu entnehmen.

In keiner der bestehenden Quellen wird der so bezeichnete Gewinn definiert. Die dargestellten, zum Gewinn verwendeten Adjektive sind folglich in diesem Zusammenhang sinnlos; sie dienen nur dem Zweck, die steuerlich jeweils angestrebte Gewinnerhöhung zu begründen. Die Vorgehensweise erinnert sehr an Tipke, der in einem anderen Zusammenhang anmerkte: Die Begriffe „wirken ... wie freischwebende Erklärungsfragmente ..., bei denen das anspruchsvolle Wort ... die Sinnerhellung ersetzen muss."[103] Das hat Schopenhauer als Kritik an bestimmten Philosophen wie folgt beschrieben: sie verwenden „Worte, ... bei denen sie selbst nichts denken, jedoch hoffen, daß ein Andrer etwas dabei denken werde."[104]

---

100 Siehe dazu die pointierte, nur auf den Gesetzgeber bezogene Auffassung, zitiert bei Bense, Balanceeffekt der Maßgeblichkeit – Two Birds, One Stone?, DStR 2019, S. 1831 ff., hier S. 1834 unter 3.2., zum „Schutzzweck" des Prinzips.
101 Siehe Anzinger in Herrmann/Heuer/Raupach, EStG, § 5 Anm. 258, Stand April 2018.
102 So Schmidt/Weber/Grellet, EStG, 38. Aufl., 2019, § 5 Rn. 27.
103 Tipke, Die Steuerrechtsordnung, Band 3, 1993, S. 1277, 2. Abs.
104 Zitiert nach Geert Keil, Wenn ich mich nicht irre, Reclam 2019, S. 74.

III. Einfluss der Steuerrechtsprechung auf Buchführung und Bilanz?

2.2. Die rein steuerliche verdeckte Gewinnausschüttung

2.2.1. Die verdeckte Gewinnausschüttung in der Diskussion

Handelsrechtlich und steuerrechtlich liegt, insoweit übereinstimmend, eine „verdeckte Gewinnausschüttung ... vor, wenn die Gesellschaft einzelnen oder allen Gesellschaftern außerhalb förmlicher Gewinnverteilung Leistungen aus dem Gesellschaftsvermögen ohne äquivalente Gegenleistung gewährt."[105] Ist eine Äquivalenz nicht gegeben, liegt ein Missbrauch der Gestaltungsformen des Rechts vor. Steuerlich ist dieser Sachverhalt in § 42 AO geregelt. Und es ist anerkannt, dass die vGA rechtsgenetisch einen Missbrauchstatbestand darstellt.[106]

Allerdings hat der BFH seine Betrachtungsweise der vGA, indem er den Missbrauch nicht mehr erwähnt, verändert, und betrachtet sie nunmehr als „eine Einkünfte-(Gewinn-)korrekturregelung"[107]. Diese Änderung der Betrachtungsweise kann jedoch nichts an dem Wesen der vGA als Missbrauchsfall ändern, wie auch eine gärtnerisch-ästhetische Betrachtung des Maiglöckchens nichts an dessen Giftigkeit ändert.

Der BFH kennzeichnet die vGA zudem in Übereinstimmung mit der insoweit herrschenden Auffassung[108], wenn er ausführt: „Vermögensvorteile werden den Gesellschaftern in einer Form zugeführt, in der sie nicht als Ausschüttung erscheinen, sondern unter einer anderen Bezeichnung verborgen sind."[109] Damit wird, wie der BFH an anderer Stelle ausführt, „die für die Annahme einer vGA erforderliche Eignung, sich für den Gesellschafter als Zuwendung eines korrespondierenden vermögensmäßigen Vorteils darzustellen"[110] angesprochen. Es müssen folglich nach Meinung des BFH die „Voraussetzungen der vGA einschließlich des Zuflusses beim Gesellschafter"[111], wie bei der handelsrechtlichen vGA, erfüllt sein.

---

105 Fastrich, in Baumbach/Hueck, GmbHG, 20. Aufl., § 29, Tz. 68 kennzeichnet diese Definition als „sinngemäß nahezu einhellige Begriffsbestimmung" der vGA.
106 Siehe Fischer, Fremdvergleich und Üblichkeit, DStZ 1997, S. 357 ff., hier S. 357, re. Sp., 2. Abs.; m. w. N.; so auch Drüen in Tipke/Kruse, AO, § 42 Tz. 77, Stand Januar 2010. A. A. Gosch, Körperschaftsteuergesetz, 2. Aufl., § 8 Tz. 192, der das Verhältnis der vGA zu § 42 AO als „weitgehend ungeklärtes Niemandsland" bezeichnet. Siehe die grundsätzliche Betrachtung bei Wichmann, Verdeckte Gewinnausschüttungen – zu Recht steuerlich nicht anerkannte Gestaltungen?, DStZ 2017, S. 487 ff.
107 Gosch, Körperschaftsteuergesetz, 3. Aufl., 2015, § 8 Tz. 166.
108 Vgl. Wichmann, Verdeckte Gewinnausschüttungen – zu Recht nicht anerkannte Gestaltungen?, DStZ 2017, S. 487 ff., hier S. 490 ff unter (2).
109 BFH vom 23.05.1983 I R 294/81, BStBl 1984, II, S. 673 ff., hier S. 675, re. Sp., 1. Abs., m. w. N.
110 BFH vom 07.08.2002 I R 2/02, BStBl 2004, II, S. 131 g., hier S. 132, 2. Abs.; sinngemäß so bereits: BFH vom 29.04.1987 I R 176/83, BStBl 1987, II, S. 733 ff., hier S. 734 unter 3. a).
111 BFH vom 12.06.2018 VIII R 38/14, DB 2018, S. 2521, Tz. 16.

Insofern können alle Gestaltungen, bei denen kein Zufluss beim Gesellschafter erfolgt, keine vGA sein.[112] So erfolgt z. B. in der Anwartschaftsphase einer Pensionszusage kein Zufluss. Dementsprechend wird bei der Zugangsbewertung der Pensionsrückstellung sogar dem einer Überdotierung[113] entsprechende, überschießende Betrag mit dem entsprechenden Bilanzwert in der Handels- und der Steuerbilanz von vornherein nicht ausgewiesen.[114]

Maßstab für die Äquivalenz oder für die Nachteiligkeit für die Gesellschaft soll der gewissenhaft handelnde Geschäftsführer sein.[115] Auch insoweit kann hinsichtlich des Begriffs der vGA[116] eine Übereinstimmung zwischen z. B. GmbH-Recht und Körperschaftsteuerrecht festgestellt werden.[117]

2.2.2. Darstellung der rein steuerlichen verdeckten Gewinnausschüttung

Allerdings wird die vGA im Körperschaftsteuerrecht insofern verselbständigt, als – teilweise – nach der Äquivalenz nicht mehr gefragt wird. Das geschieht z. B. wenn im Zusammenhang mit der Vergütungsregelung eines Gesellschafter-Geschäftsführers, insbesondere bei der Pensionszusage, eine vGA angenommen wird bei

(1) nicht eingehaltener Probezeit[118],
(2) nicht eingehaltener Wartezeit[119],
(3) unmittelbar gewährter Unverfallbarkeit[120],
(4) nicht erfüllter Erdienbarkeit[121],
(5) nicht eingehaltenem „Mindest-Höchstpensionsalter"[122],
(6) nicht eingehaltenem „Höchstzusagealter"[123],
(7) der sog. Überversorgung[124],

---

112 Siehe die Zusammenstellung bei Wichmann, Abwicklung einer verdeckten Gewinnausschüttung und deren Folgen nach Handels- und Steuerrecht bei einer Gesellschaft mit beschränkter Haftung, DStZ 2019, S. 157 ff., hier S. 159, li. Sp.
113 Das gilt nicht für die steuerlich sogenannte „Überversorgung".
114 Wichmann, Betriebsprüfung: Folgen der Einstufung steuerlicher Gesstaltungen als vGA, Stbh 2019, S. 2468 ff., hier S. 268 unter II. m. w. N. und S. 271, letzter Abs., m. w. N.
115 Vgl.: für das Handelsrecht BGH vom 1. 12. 1986 II ZR 306/85, BB 1987 S. 433 ff., hier Leitsatz 1.; für das Steuerrecht Gosch, KStG, 3. Aufl., 2015, § 8 Rz. 300.
116 Zur Beurteilung des steuerlichen Begriffs der vGA und der steuerlichen vGA vgl. Wichmann, Verdeckte Gewinnausschüttungen – zu Recht steuerlich nicht anerkannte Gestaltungen?, DStZ 2017, S. 487 ff.
117 Vgl. Lang in Dötsch/Jost/Pung/Witt, KSt, § 8 Abs. 3 Teil C, Rn. 104, Stand Januar 2017.
118 Vgl. Gosch, KStG, 3. Aufl., 2015, § 8 Rn. 1080.
119 Vgl. Gosch, KStG, 3. Aufl., 2015, § 8, hier Rn. 1081.
120 Vgl. Gosch, KStG, 3. Aufl., 2015, § 8, hier Rn. 1082.
121 Vgl. Gosch, KStG, 3. Aufl., 2015, § 8, hier Rn. 1090 f.
122 Vgl. Gosch, KStG, 3. Aufl., 2015, § 8, hier Rn. 1092 f.
123 Vgl. Gosch, KStG, 3. Aufl., 2015, § 8, hier Rn. 1094.
124 Vgl. Gosch, KStG, 3. Aufl., 2015, § 8, hier Rn. 1128 ff.

(8) dem sog. „doppelten Fremdvergleich"[125], bei dem sogar ein Nachteil für den Gesellschafter und ein Vorteil für die Gesellschaft[126] vorliegen kann,
(9) Umsatztantieme[127] und
(10) Besonderheiten bei beherrschenden Gesellschaftern.[128]

Es lassen sich insoweit abschließend hinsichtlich des Verhältnisses von GmbH-Recht[129] und Körperschaftsteuerrecht in Gestalt der Rechtsprechung hinsichtlich der vGA folglich grundsätzlich zwei Fälle[130] unterscheiden, nämlich

– einerseits Übereinstimmung und
– andererseits überschießendes Körperschaftsteuerrecht[131];

dabei kann, wie z. B. im Fall des sog. doppelten Fremdvergleichs überhaupt keine vGA im Sinne z. B. des GmbH-Rechts, wie auch in den anderen oben genannten Fällen, vorliegen; in letzteren Fällen liegen ansonsten gegebenenfalls vGA der Höhe nach, und nicht wie nach Körperschaftsteuerrecht dem Grunde nach, d.h. in voller Höhe, vor. Es wird vom BFH in den genannten Fällen die weiterhin bestehende relevante Missbrauchsfrage nicht gestellt und daher nicht beantwortet. Insofern ist die gesamte dargestellte Rechtsprechung unbegründet. Es müssen somit jegliche bei einer derartigen vGA denkbaren bilanziellen und außerbilanziellen Folgen entfallen.

3. Die Objekte betreffend

3.1. Die Bilanzobjekte

3.1.1. Vermögensgegenstand versus Wirtschaftsgut

Der Begriff „Wirtschaftsgut" wird im EStG nicht definiert, sondern er wurde vom Reichsfinanzhof entwickelt.[132] Es werden aktive und gelegentlich passive Wirtschaftsgüter unterschieden.[133] Allerdings „(wirkt) der Maßgeblichkeitsgrundsatz des § 5 Abs. 1 EStG auch auf den Begriff „Wirtschaftsgut" ein. Danach setzt jedes Wirtschaftsgut voraus, dass es auch nach den handelsrechtlichen Grundsätzen ordnungsmäßiger Buchführung auszuweisen ist. Deshalb stimmen die Begriffe „Vermögensgegenstand" und „Wirtschaftsgut" inhaltlich über-

---

125 Vgl. Gosch, KStG, 3. Aufl., 2015, § 8, hier Rn. 360; kritisch Pezzer, Kommentar, FR 2014, S. 518 f.
126 Das ist ein Gesichtspunkt, der gegen das Vorliegen einer vGA spricht: vgl. Lang in Ernst & Young, KStG, § 8, Rn. 1172, Stand Februar 06.
127 Vgl. BFH vom 29.06.1994 R 137/93, FR 1994, S. 833 ff.
128 Vgl. Verse in Scholz/Emmerich, GmbHG, 12. Aufl., § 29 Rn 133.
129 Das Gleiche gilt für das Aktienrecht.
130 Vgl. auch Pezzer Die verdeckte Gewinnausschüttung im Körperschaftsteuerrecht, 1986, S. 192, unter 3.
131 Handelsrechtlich überschießende vGA wird hier, auch weil sie bisher nirgends behandelt wurde, abgelehnt: Steuerrecht wird sich, das wird hier angenommen, der handelsrechtlichen Beurteilung anschließen müssen.
132 BFH vom 07.08.2000 GrS 2/99, BStBl 2000, II, S. 632 ff., hier S. 635 unter C. II. 2.
133 Siehe Kanzler in Herrmann/Heuer/Raupach, EStG, Vor §§ 4 – 7, Tz. 118, Stand August 2019, m. w. N.

ein."[134] Damit ist die Identität[135] von Vermögensgegenstand und Wirtschaftsgut insoweit bestätigt.

Indem der Große Senat dabei den Ausweis als Vermögensgegenstand in der Handelsbilanz, des aktiven[136] Wirtschaftsguts für den Ausweis des Wirtschaftsguts als in der Steuerbilanz aktivierbar voraussetzt, bestätigt er, dem Maßgeblichkeitsprinzip folgend, die Priorität[137] des Begriffs des Vermögengegenstandes für den des Wirtschaftsguts.

Obgleich allein[138] das aktive Wirtschaftsgut, bereits abweichend vom maßgeblichen Vermögensgegenstand, sehr umfassend umschrieben wird[139], deckt es die Sachverhalte, die in der Steuerbilanz an Stelle des Vermögensgegenstandes zu aktivieren sein sollen[140], nicht einmal vollständig ab:

- An Stelle der Beteiligung an einer Personengesellschaft, müssten steuerlich konsequenter Weise die Anteile an den Wirtschaftsgütern der Gesellschaft aktiviert werden. Da das in der Praxis ausnahmslos nicht geschieht, ist anstelle dessen ein „Merkposten"[141] oder die „Summe der Anteile an den WG der PersGes"[142] auszuweisen.
- Es werden auch Quasiwirtschaftsgüter[143] aktiviert: das sind bei Ehegatten bestimmte Sachverhalte, hinsichtlich derer der Bilanzierende ein Nutzungsrecht hat.[144]
- Es wird auch für die Wirtschaftsgüter des Gesellschaftsvermögens der Ansatz von „(Korrekturen) zu den Wertansätzen in der StB der PersGes"[145] in Ergänzungsbilanzen gefordert.

---

134 BFH vom 07.08.2000 GrS 2/99, BStBl 2000, II, S. 632 ff., hier S. 635 unter C. II. 2.
135 Siehe Wichmann, Knappe Anmerkungen zum Begriff „Wirtschaftsgut", Stbg 1988, S. 252 ff., hier S. 252 unter 2.1. m. w. N.; Wichmann, Die Frage nach der Bedeutung der handelsrechtlichen Rechnungslegung für das Steuerrecht, Stbg 2014, S. 486 ff., hier unter II. b), S. 488.
136 Die Qualifizierung und damit die Unterscheidung von aktiven und passiven Wirtschaftsgütern nimmt der Große Senat insoweit nicht vor.
137 Siehe z. B.: Wichmann, Knappe Anmerkungen zum Begriff „Wirtschaftsgut", Stbg 1988, S. 252 ff., hier S. 252 f., unter 2.2. m. w. N.; Wichmann, Die Frage nach der Bedeutung der handelsrechtlichen Rechnungslegung für das Steuerrecht, Stbg 2014, S. 486 ff., hier unter II. b), S. 488.
138 Zur Omnipotenz, das heißt auch, einander widersprechende Auslegungen von Kriterien des Begriffs „Wirtschaftsgut": Wichmann, Was ist es?, Stbg 1994, S. 471.
139 Siehe Schmidt/Weber-Grellet, EStG 38. Aufl., 2019, § 5 Tz. 94 ff.
140 Von den aktiven Rechnungsabgrenzungsposten wird abgesehen.
141 Noch: Schmidt/Wacker, EStG, 36. Aufl., § 15 Tz. 690; nunmehr (38. Aufl.) heißt es, sie sei „als WG auszuweisen, aber nicht selbstständig zu bewerten"; nach Loschelder (38. Aufl., 2018, § 4 Tz. 251.) wird sie jedoch mit Bezug auf Wacker „nicht als solche bilanziert."
142 Schmidt/Wacker, EStG, 38. Aufl., 2019, § 15, Tz. 690.
143 Siehe noch Schmidt/Heinicke, EStG, 36. Aufl., 2017, § 4 Tz. 133: **Quasi-WG**.
144 Siehe noch Schmidt/Heinicke, EStG, 36. Aufl., 2017, § 4 Tz. 133:.
145 Noch: Schmidt/Wacker, EStG, 36. Aufl., 2017, § 15 Tz. 460, gestützt auf den BFH; mittlerweile hält Wacker das für streitig: 38. Aufl., 2019, § 15 Tz. 460.

III. Einfluss der Steuerrechtsprechung auf Buchführung und Bilanz?

- Es sind auch Sachverhalte zu aktivieren, für die nicht einmal „die Übertragbarkeit zusammen mit dem Betrieb"[146], ein steuerliches Merkmal des Wirtschaftsguts, dessen Erfüllung der BFH fordert[147], erfüllt ist; das gilt für durch „Atomisierung"[148] entstandene Teile eines Gebäudes und – gegebenenfalls – sogar für das häusliche Arbeitszimmer eines Einzelunternehmers oder eines Gesellschafters einer Personengesellschaft.
- Es wird auch von einem Bilanzposten gesprochen, der als „Wie-Wirtschaftsgut"[149] bezeichnet wird.

Die vorstehend dargestellte ausufernde Vielfalt, deren Elemente teilweise nicht einmal die von der Rechtsprechung für Wirtschaftsgüter geforderten Merkmale erfüllen, und damit insgesamt einen völlig unklaren Begriff schaffend, tritt an die Stelle des eindeutigen und einfachen Begriffs[150] „Vermögensgegenstand". Daneben kennt Steuerrecht auch noch das passive oder „negative" Wirtschaftsgut.[151]

Andererseits „bieten klare Definitionen ... Sicherheit des Ergebnisses."[152]

Richter des BFH fühlen sich offenbar bei der Auslegung des Wirtschaftsgutsbegriffs durch das Maßgeblichkeitsprinzip eingeengt; so hat ein Richter geäußert: „Für die Zukunft sollte der Große Senat erwägen, sich nur noch zu den Voraussetzungen des Wirtschaftsgutsbegriffs zu äußern und die Frage der Deckungsgleichheit von Wirtschaftsgut und Vermögensgegenstand offen zu lassen."[153] Das ist eine Aufforderung zur Schaffung von Intransparenz, und zwar gegen das, das Steuerrecht durch § 5 EStG und § 141 AO beherrschende, Maßgeblichkeitsprinzip.

Wegen dieser Verselbständigung des Wirtschaftsgutsbegriffs hat der Gesetzgeber seinerzeit davon abgesehen, den Begriff Wirtschaftsgut im Handelsrecht an Stelle des Begriffs Vermögensgegenstand zu verwenden.[154] Richter hat es nicht beeindruckt, dass dieses Vorhaben nicht umgesetzt wurde. Eindruck auf Richter hat auch nicht gemacht, dass allein der Umstand, dass der Gesetzgeber darüber nachgedacht hat, als „Schnapsidee"[155] bezeichnet wurde.

---

146 Schmidt/Weber-Grellet, EStG, 38. Aufl., 2019, § 5, Tz. 95.
147 Schmidt/Weber-Grellet, EStG, 38. Aufl., 2019, § 5, Tz. 95.
148 Siehe bereits: Wichmann, Das Gebäude – als Wirtschaftsgut ein Phänomen?, DB 1983, S. 1329 ff.; Wichmann, Kritische Überlegungen zur sogenannten Atomisierung eines Gebäudes, BB 1990, S. 975 f.
149 Siehe BFH vom 09.03.2016 X R 46/14, juris.bundesfinanzhof, hier Tz. 29.
150 Siehe hierzu die Ausführungen zu Occam in Abschn. I. B.
151 Vgl. z. B. BFH vom 07.08.2000 GrS 2/99, BStBl 2000, II, S. 632 ff., hier S. 635 unter C. Ii. 1.
152 Coing, Grundzüge der Rechtsphilosophie, 4. Aufl., 1985, S. 32.
153 Wassermeyer, Auswirkungen der neueren Entscheidungen des Großen Senats zum Bilanzsteuerrecht, DB 2001, S. 1053 ff., hier S. 1053.
154 Vgl. Schneeloch, Bilanzrichtlinien-Gesetz und Besteuerung, Wpg 1985, S. 565 ff., hier S. 565 d. unter II. 1. Siehe zu dem Vorhaben auch Knobbe-Keuk, Bilanz- und Unternehmendsteuerrecht, 8. Aufl., 1991, S. 77.
155 Knobbe-Keuk, Bilanz- und Unternehmendsteuerrecht, 8. Aufl., 1991, S. 77.

B. Abweichungen bei Detailfragen

Es hat sich gezeigt, dass der Wirtschaftsgutbegriff im Steuerrecht abweichend vom maßgeblichen Begriff des Vermögensgegenstandes verwendet wird. Dabei spricht das allgemeine Rationalitätsprinzip[156] für den Begriff des Vermögensgegenstandes. Dieses Prinzip besagt, dass die einfachere[157] Begriffsbestimmung zu bevorzugen ist. Das hat bereits Ockham[158] mit seinem „Rasiermesser"[159] dargestellt.[160] Er führte aus: „Begriffe dürfen nicht über das notwendige Maß hinaus vermehrt werden."[161]

Und aus Sicht des hohen Guts „Rechtssicherheit" ist zu ergänzen: „Rechtssicherheit bedeutet: Vorausberechenbarkeit von Rechtsfolgen bei korrekter Anwendung rechtlicher Normen. Die Vorausberechenbarkeit ist nur gewährleistet bei Verwendung klar definierter Begriffe."[162]

3.1.2. Der Gewinnausschüttungsanspruch als Vermögensgegenstand/Wirtschaftsgut

Eine phasengleiche Aktivierung bestimmter Forderungen an Tochterunternehmen aus Gewinnausschüttungen[163] lehnt der BFH im folgenden Fall ab[164]: das Urteil handelt von einer „zum Bilanzstichtag noch nicht beschlossenen Gewinnverwendung der nachgeschalteten Gesellschaft"[165]. Dabei geht das Gericht davon aus, dass ein Wirtschaftsgut/Vermögensgegenstand „vor Fassung des Gewinnverwendungsbeschlusses im Grundsatz" nicht besteht.[166] Die Auffassung stützt das Gericht darauf, dass

- es sich um keine „objektiv werthaltige Position" handelt[167], weil
- noch Risiken „hinsichtlich der künftigen Erstarkung zu einer Zivilrechtsposition bestehen", die nach dem Vorsichtsprinzip zu berücksichtigen sind[168] und
- es habe sich der Gewinnanspruch noch nicht wirtschaftlich verselbständigt, realisiert.[169]

---

156 Siehe dazu ausführlicher Wichmann, Die Frage nach der Anwendbarkeit des § 9 Nr. 3 GewStG in Fällen des § 7 Satz 3 GewStG bei Tonnagebesteuerung, DStZ 2019, unter II. 6.
157 Dabei bleibt unbeachtet, dass für das Wirtschaftsgut keine Begriffsbestimmung existiert.
158 Auch Occam geschrieben.
159 Hans Lenk, Handlungstheorie, in Seiffert/Radnitzky, Hrsg., Handlexikon der Wissenschaftstheorie, 1992, S. 119 ff., hier S. 125 unter 3.
160 Siehe Abschn. I. B.
161 Übersetzung zitiert nach Rapoport, Philosophie heute und morgen, 3. Aufl., S. 127; Originaltext, ebenda: „Entia non sunt multiplicando preater necessitatem."
162 Reinelt, Irrationales Recht in ZAP, Sonderheft 2002 für Dr. Egon Schneider, S. 52 ff., hier unter II.
163 Siehe dazu Abschn. II. D. 2.1.1., 3.2).
164 BFH vom 07. 08. 2000 GrS 2/99, BStBl 2000, II, S. 632 ff.
165 BFH vom 07. 08. 2000 GrS 2/99, BStBl 2000, II, S. 632 ff., hier S. 632.
166 Siehe BFH vom 07. 08. 2000 GrS 2/99, BStBl 2000, II, S. 632 ff., hier S. 635 unter C. II. 3.
167 Siehe BFH vom 07. 08. 2000 GrS 2/99, BStBl 2000, II, S. 632 ff., hier S. 635 unter C. II. 3.
168 Siehe BFH vom 07. 08. 2000 GrS 2/99, BStBl 2000, II, S. 632 ff., hier S. 635 unter C. II. 3.
169 Siehe BFH vom 07. 08. 2000 GrS 2/99, BStBl 2000, II, S. 632 ff., hier S. 635 unter C. II. 3.

III. Einfluss der Steuerrechtsprechung auf Buchführung und Bilanz?

Dieser, von der auf den EuGH gestützten abweichenden Auffassung im Handelsrecht,[170] ist zuzustimmen.

3.1.3. Die Beteiligung an einer Personengesellschaft als Wirtschaftsgut

Der Posten Beteiligung soll[171] bei einer an einer Personengesellschaft bestehenden Beteiligung steuerlich keine eigenständige Bedeutung haben.[172] Das soll, trotz der zahlreichen Vertreter der anderen Auffassung[173], grundsätzlich „unstreitig" sein.[174] Damit ist ein ignoranter Verstoß gegen das Maßgeblichkeitsprinzip gegeben.[175]

Der BFH hat sich zu seiner Auffassung auch auf § 39 Abs. 2 Nr. 2 AO gestützt.[176] Allerdings setzt diese Bestimmung hinsichtlich der im Vermögen der Gesamthand befindlichen Wirtschafsgüter voraus, dass „eine getrennte Zurechnung für die Besteuerung erforderlich ist. „Für die „Besteuerung", als Verfahren der Steuererhebung, und damit in dem Sinne, wie der Begriff in der AO verwendet wird, ist die getrennte Zurechnung nicht erforderlich.[177]

Die Beteiligung an einer Personengesellschaft ist folglich, dem Handelsrecht folgend, ein dem Vermögensgegenstand entsprechendes Wirtschaftsgut.

3.1.4. Die Parzellierungsfälle

Bei der Parzellierung eines Grundstücks hat der BFH eine Teilidentität der Parzelle mit dem gesamten Grundstück behauptet.[178] Dabei stellte das Gericht darauf ab, dass die Parzellierung „ohne aufwendige technische Maßnahmen durchgeführt werden kann und sich die Marktgängigkeit des bisherigen Wirtschaftsguts in den Teilen fortsetzt."[179] Das ist, so der BFH weiter: „allgemein für Wirtschaftsgüter anzunehmen, die durch bloßen Rechtsakt ... geteilt werden".[180]

---

170 Siehe Abschn. II. D. 2.1.1., 3).
171 Siehe z. B. die diese Auffassungen bestätigenden Quellen bei Wrede, Beteiligungen an Personenhandelsgesellschaften in der Handelsbilanz und der Steuerbilanz, FR 1990, S. 293 ff., hier S. 293 f.
172 Siehe Schmidt/Weber-Grellet, EStG, 38. Aufl, 2019, § 5, Tz. 270, Stichwort „Beteiligung an PersGes".
173 Siehe Wrede, Beteiligungen an Personenhandelsgesellschaften in der Handelsbilanz und der Steuerbilanz, FR 1990, S. 293 ff., hier S. 294.
174 Siehe Schmidt/Wacker, EStG, 38. Aufl, 2019, § 15, Tz. 690: „unstr".
175 Siehe zum Handelsrecht Abschn. II. D 2.1.1., 1.1.2) b.b). So auch Wrede, Beteiligungen an Personenhandelsgesellschaften in der Handelsbilanz und der Steuerbilanz, FR 1990, S. 293 ff., hier S. 294.
176 Siehe BFH vom 26.01.1978 IV R 97/76, BStBl 1978, II, S. 368 ff., hier S. 369 unter 3.
177 Siehe Wichmann, Das Verständnis des Bundesfinanzhofs von der Bilanzierung bei Personengesellschaften und der Behandlung von Anteilen an Personengesellschaften – Kritische Anmerkungen zu Einzelfragen, DB 1984, S. 2257 ff., hier S. 2258, re. Sp. unter b).; ders. Die Beteiligung an einer Gesamthand als Wirtschaftsgut, BB 1991, S. 1545 f.
178 Siehe BFH vom 19.07.1983 VIII R 61/82, BStBl 1984, II, S. 26 f., hier S. 26, 2. Abs.
179 BFH vom 19.07.1983 VIII R 61/82, BStBl 1984, II, S. 26 f., hier S. 26, 2. Abs.
180 BFH vom 19.07.1983 VIII R 61/82, BStBl 1984, II, S. 26 f., hier S. 26, 2. Abs.

B. Abweichungen bei Detailfragen

Zunächst ist festzustellen, dass für das Entstehen der Parzelle mit dem Bezug, den der BFH wählt, ein industrielles Argument angeführt wird, obgleich Entstehen eines Wirtschaftsguts durch einen rein geistigen Vorgang erfolgen kann, wie z. B. bei Schaffung eines Gedichts oder eines Computerprogramms sowie allgemein eines immateriellen Wirtschaftsguts, wie dieses Buch; dabei dient deren Aufzeichnung lediglich der Dokumentation.

Sodann stellt das Gericht mit dem „bloßen Rechtsakt" auf etwas nicht Existentes ab[181]: im Wirtschaftsleben wird mit einem Rechtsakt immer ein Zweck verfolgt; der Rechtsakt ist Mittel zum angestrebten Zweck. Ein Rechtsakt wird nie um seiner selbst willen vollzogen[182], wie es der BFH behauptet.

Tatsächlich vollzieht sich wirtschaftlich Bedeutendes auf der Ebene des Rechtes am Grundstück. Mit dem Recht am Grundstück besteht das Nutzungsrecht an diesem Grundstück.[183] Durch Parzellierung entstehen – zumindest zwei – andere Nutzungsrechte und damit Wirtschaftsgüter, die zuvor – so – nicht als Wirtschaftsgüter bestanden haben. Eine mögliche Teilidentität des Grund und Bodens, der Grundstücksfläche, wenn man tatsächlich davon überhaupt sprechen kann, wäre irrelevant.

Es ist auch fraglich, ob sich die Marktgängigkeit in Teilen fortsetzt; so kann Ackerland nach der Parzellierung ganz oder teilweise Bauland sein oder es können sich die Bebauungsmöglichkeiten nach Parzellierung geändert haben. Auch kann das Grundstück in Belegenheit und Beschaffenheit vielfältig sein. Es kann in Teilen, z. B. abweichend vom übrigen Grundstück, und damit bei anderen Parzellen, als der betrachteten Parzelle, nicht bebaubar sein.

Die durch Parzellierung gewonnenen Parzellen sind jeweils gesonderte „neue" Wirtschaftsgüter, wie es das betreffende Grundbuch ausweist.

3.1.5. Eigentumswohnungen/Teileigentume als Wirtschaftsgüter

Eigentumswohnungen – sowie andere Teileigentume – sind selbständige Wirtschaftsgüter.[184] Das ergibt sich bereits aus § 7 Abs. 5a EStG.

Der Fall der Eigentumswohnung ist vom FG Hamburg mehrfach entschieden worden[185], wobei das Gericht für die betrachtete durch Aufteilung eines Dreifamilienhauses entstandene Eigentumswohnung weder Anschaffung noch Her-

---

181 Kritisch bereits Wichmann, Die Frage nach der zutreffenden Bestimmung des Gegenstandes eines Spekulationsobjektes, BB 1984, S. 2253 ff., hier S. 2256 f., unter 3.
182 Siehe Wichmann, Missbrauch der Sprache in der Rechtsprechung des BFH?, Stbg 2006, S. 396 ff. hier S. 398 f., unter 4.
183 Siehe z. B. Hoffmann, Erschütterte Grundlagen der steuerlichen Bilanzierung durch den Kiesgrubenbeschluss des Großen BFH-Senats, DStR 2007, S. 1783 ff., hier S. 1784, unter 3.2.
184 Schmidt/Kulosa, EStG, 38. Aufl., 2019, § 7 Tz. 36.
185 Die Entscheidungen wurden nicht veröffentlicht.

stellung anerkannt hat. Der IX. Senat[186] hat Herstellung in dem Fall abgelehnt, jedoch auch Anschaffung nicht bestätigt.[187]

3.1.6. Durch Atomisierung gewonnene Wirtschaftsgüter?

Es ist auf die sogenannte Atomisierung eines Gebäudes durch die Rechtsprechung des BFH hinzuweisen. Dabei wird ein Gebäude bei unterschiedlicher Nutzung von Gebäudeteilen[188], bis hin zu dadurch betroffenen einzelnen Räumen[189], entsprechend der Zahl der sogenannten besonderen Nutzungs- und Funktionszusammenhänge, in denen die betreffenden Teile des Gebäudes stehen sollen, in verschiedene Wirtschaftsgüter aufgeteilt.[190]

Diese Auffassung stützt[191] sich letztlich auf eine Entscheidung des RFH aus dem Jahr 1931[192]; in der Entscheidung wurde jedoch lediglich die Frage einer Geringfügigkeit, nicht die grundsätzliche Frage, ob es sich bei dem Gebäudeteil um ein Wirtschaftsgut handelt, betrachtet[193]. Und diese grundsätzliche Frage wurde in der Rechtsprechung auch später niemals behandelt. Die Meinung ein Gebäude sei zu atomisieren ist daher insoweit unbegründet.[194]

Unabhängig davon, dass die derart gebildeten Gebäudeteile in Ermangelung der Vermögensgegenstandseigenschaft z. B. nicht in einer Handelsbilanz ausgewiesen werden (können), womit mit der Steuerbilanz in der er enthalten ist, gegen das Maßgeblichkeitsprinzip verstoßen wird, ist auch die Begründung der Bildung von Gebäudeteilen nicht überzeugend: Es wird vorgetragen, dass „einzelne Gebäudeteile in einem von der sonstigen Nutzung ... **abw Nutzungs- und Funktionszusammenhang** stehen."[195] Dadurch wird jedoch der engste Nutzungs- und Funktionszusammenhang, die Funktions**einheit**, ohne Begründung aufgelöst.

Zudem ist z. B. ein Geschoss, das z. B. fremdvermietet wird, als solches nicht einmal selbst nutzbar, da zu ihm nicht alle Gebäudeteile, z. B. allein das Treppenhaus, die im Fall der Aufteilung nach dem Wohnungseigentumsgesetz zum Gemeinschaftseigentum zählen, gehören.

---

186 Die Entscheidung wurde nicht veröffentlicht.
187 Mit dem Hinweis „bei VuV ist alles anders" hat der damalige Berichterstatter gemeint, im Rahmen der Einkünfte aus Gewerbebetrieb wäre Herstellung anerkannt worden.
188 Z. B.: Nutzung durch Vermietungen, eigenbetriebliche Nutzungen, private Nutzung.
189 Das häusliche Arbeitszimmer.
190 Siehe Schmidt/Loschelder, EStG, 38. Aufl., 2019, § 4 Tz. 116.
191 Siehe: Wichmann, Das Gebäude – als Wirtschaftsgut ein Phänomen?, DB 1983, S. 1329 ff., hier S. 1329 f., unter a).; Wichmann, Die artmäßige Änderung von Einkünften im Einkommensteuerrecht – Voraussetzungen und Folgen, BB 1986, S. 1334 ff., hier S. 1336.
192 RFH vom 06.11.1935, VI A 778/35, RStBl 1936, S. 278 f.: die Entscheidung stützt sich auf ein Urteil aus dem Jahr 1931.
193 Siehe RFH vom 06.11.1935, VI A 778/35, RStBl 1936, S. 278 f., hier S. 278 f.; siehe z. B. auch BFH vom 12.07.1979 IV R 55/74, BStBl 1980, II, S. 5 ff., hier S. 7.
194 Siehe zu der selbstbezüglichen vergeblichen Begründungsversuche des RFH und des BFH Wichmann, Das Gebäude – als Wirtschaftsgut ein Phänomen?, DB 1983, S. 1329 ff., hier S. 1329 f., unter a).
195 Schmidt/Loschelder, EStG, 38. Aufl., 2019, § 4 Tz. 116.

Auch erfüllen Gebäudeteile bereits nicht die Anforderung, die nach dem Steuerrecht an ein Wirtschaftsgut gestellt wird: sie sind von dem Nutzer nicht mit seinem Betrieb übertragbar[196], und zwar weder im Fall der Zugehörigkeit zum Betriebsvermögen noch, bereits in Ermangelung eines bestehenden Betriebes, im Fall der Zugehörigkeit zu einer Einkunftsart der Überschusseinkünfte. Sie selbst sind nach unserer Rechtsordnung nicht einmal als solche übertragbar.

Erst in Folge einer Entscheidung des Finanzgerichts Köln aus dem Jahr 2018[197] könnte diese, nicht mit dem Grundbegriff Vermögensgegenstand, wie ihn auch der Gesetzgeber vertritt[198], und damit[199] dem Begriff Wirtschaftsgut[200] übereinstimmende, Auffassung nach mehr fast 90 Jahren aufgegeben werden.[201]

3.1.7. Die Bewertungseinheiten

Anschaffungskosten sind gemäß § 253 Abs. 1 HGB ein Wert der Zugangsbewertung und zugleich der Höchstwert eines Vermögensgegenstandes/Wirtschaftsguts in der Bilanz und der GuV.[202] Allerdings soll bei der Bilanzbewertung bei Bestehen einer Bewertungseinheit gegebenenfalls eine Besonderheit gelten. Das gilt auch für die Bewertung des Anspruchs aus einer Rückdeckungsversicherung bei kongruenter Rückdeckung.[203] Das Bestehen einer Bewertungseinheit lehnt der BFH, das Maßgeblichkeitsprinzip missachtend, in dem Fall jedoch ab.

3.1.8. Objekte der Sonderbilanz

Bevor sich für die Buchführung, und ihr folgend die Bilanz, die erste Frage nach dem Buchung/dem Ansatz stellt, ist die Frage danach, ob ein mögliches Objekt gegeben ist, zwingend bejahend zu beantworten. Dazu ist Voraussetzung, dass sich das Objekt nach § 246 Abs. 1 Satz 2 HGB im Eigentum des Bilanzierenden befindet.[204] Dabei wird unter „Eigentum" wirtschaftliches Eigentum verstanden.[205]

---

196 Zu diesem Kriterium siehe Schmidt/Weber-Grellet, EStG, 38. Aufl., 2019, § 5 Tz. 95.
197 Siehe Finanzgericht Köln vom 20.03.2018 K 1160/15, BeckRS 9845, Revision unter BFH IX R 11/18.
198 Siehe BilMoG-RegE, BT-Drucks. 16/10067, S. 50, 2. Abs.; siehe auch Wichmann, Der Anfang vom Ende der Atomisierung eines Gebäudes? – Zugleich Würdigung der Entscheidung des FG Köln v. 20.03.2018, DStR 2019, S. 92ff., hier S. 93 unter 2.3.
199 Siehe Wichmann, Unmaßgeblichkeit des Maßgeblichkeitsprinzips?, Stbg 2018, S. 69ff., hier S. 74f., unter c) aa).
200 Siehe Finanzgericht Köln vom 20.03.2018 K 1160/15, BeckRS 9845, Tz. 41.
201 Siehe Wichmann, Der Anfang vom Ende der Atomisierung eines Gebäudes? – Zugleich Würdigung der Entscheidung des FG Köln v. 20.03.2018, DStR 2019, S. 92ff.
202 Das gilt auch steuerlich, siehe Schindler in Kirchhof, EStG 2018, 17. Aufl., 2018, S. 521 unter Tz. 25.
203 Siehe Wichmann, Die Bewertung der Rückdeckungsversicherung in Handels- und Steuerbilanz, ZSteu 2005, S. 104ff., hier S. 106f. unter 2.2.2.
204 Das gilt nach dem Maßgeblichkeitsprinzip ebenfalls für die Steuerbilanz. Das wird auch bestätigt durch § 141 Abs. 3 AO.
205 Siehe: Schmidt/Ries in Beck Bil-Komm., 11. Aufl., 2018, § 246, Tz. 6; Schmidt/Wacker, EStG, 38. Aufl., 2019, § 15, Tz. 300.

III. Einfluss der Steuerrechtsprechung auf Buchführung und Bilanz?

Diese Voraussetzung ist bei den in der Sonderbilanz auszuweisenden Objekten nicht erfüllt; sie sind wirtschaftliches Eigentum des betroffenen Gesellschafters, nicht der Gesellschaft.

3.1.9. Objekte der Ergänzungsbilanz

Gegenstand einer Ergänzungsbilanz sind Anteile an in der Bilanz einer Personengesellschaft ausgewiesenen und nicht ausgewiesenen Wirtschaftsgütern.[206] Es sind, weder im Handels- noch im Steuerrecht, gesetzliche Bestimmungen auffindbar, die diese Sachverhalte als Objekte einer Bilanz bezeichnen oder es ermöglichen, sie als Objekte zu qualifizieren.

3.2. Objekte der Gewinn- und Verlustrechnung

Auch hinsichtlich der Objekte der Gewinn- und Verlustrechnung sind die Rechnungswerke Sonder- und Ergänzungsbilanz zu betrachten.

In der Sonder-GuV werden Betriebseinnahmen und -ausgaben erfasst, die, wie z. B. Abschreibungen auf Wirtschaftsgüter, die nicht im wirtschaftlichen Eigentum der Personengesellschaft stehen und deren Anschaffungs- und Herstellungskosten nicht durch die Personengesellschaft geleistet worden sind. Damit fehlen Regeln zu deren Erfassung.

In der GuV zu einer Ergänzungsbilanz werden Betriebseinnahmen und -ausgaben erfasst, für die, wie z. B. für Abschreibungen auf Anteile an Wirtschaftsgütern, keine gesetzlichen Bestimmungen bestehen, so ergibt es sich eindeutig aus § 7 Abs. 1 EStG, der sich auf Wirtschaftsgüter, nicht auf Teile davon, bezieht.[207]

Angesichts der Betrachtung der Beteiligung an einer Personengesellschaft als Anteile an deren Wirtschaftsgüter würde man erwarten müssen, dass z. B. Abschreibungen darauf in der Ergänzungs-GuV abgebildet werden. Das ist jedoch nicht der Fall: die Abwicklung wird außerbilanziell in dem gesonderten und einheitlichen Feststellungsverfahren vollzogen. Das ist inkonsequent.

3.3. Den Zeitpunkt der Erfassung betreffend

Bei der phasengleichen Aktivierung von Forderungen an Tochterunternehmen aus Gewinnausschüttungen[208] erfolgt eine Aktivierung erst wenn eine „objektiv werthaltige Position"[209], entstanden ist, indem sich der Gewinnanspruch wirtschaftlich verselbständigt, realisiert[210] hat. Dieser, von der auf den EuGH gestützten abweichenden Auffassung[211], ist zuzustimmen.

Ein Kiesvorkommen ist mit seiner Entdeckung als Vermögensgegenstand entstanden/hergestellt.[212] Steuerlich soll „(es) die Eigenschaft eines selbständigen

---

206 Siehe Abschn. III. A. 3.2.
207 Siehe hierzu Abschn. III. B. 7.7.
208 Siehe dazu Abschn. III. B. 3.1.2.
209 Siehe BFH vom 07.08.2000 GrS 2/99, BStBl 2000, II, S. 632 ff., hier S. 635 unter C. II. 3.
210 Siehe BFH vom 07.08.2000 GrS 2/99, BStBl 2000, II, S. 632 ff., hier S. 635 unter C. II. 3.
211 Siehe zum Handelsrecht Abschn. II. D. 2.1.1., 3).
212 Siehe Abschn. II. D. 2.1.1., 1.1.2) b.d).

Wirtschaftsguts ... mit seiner Aufschließung (z. B. durch Stellung eines Antrags auf Genehmigung) oder Verwertung (z. B. Veräußerung) (erlangen)."[213] Daraus würde sich die nicht nachvollziehbare Situation ergeben, dass im Fall der Veräußerung vor Antragstellung die Kaufverhandlungen über etwas nicht Existentes geführt sein sollen.

4. Die Zugangsweise betreffend

4.1. Nachträgliche Kosten

Nachträgliche Anschaffungskosten und nachträgliche Herstellungskosten, die sich aus Kosten der der Herstellung dienenden Mittel ergeben, können nicht zu einem Zugang führen, sie sind eine Bewertungsmaßnahme. Lediglich nachträgliche Aufwendungen in Gestalt des sog. Herstellungsaufwandes führen zu einem Zugang eines bisher nicht bestehenden und zu dem Abgang des bisherigen Vermögensgegenstandes/Wirtschaftsguts.

Die dazu zählenden Erweiterungen können hinsichtlich ihres Umfanges unterschiedliche Ausmaße annehmen. Nach Meinung des BFH soll auch eine geringfügige Erweiterung zu nachträglichen Herstellungskosten führen.[214] Es ist jedoch zweifelhaft, dass eine geringfügige Erweiterung nach der maßgebenden Verkehrsauffassung zu einem anderen Wirtschaftsgut führt.[215]

4.2. Bilanzposten betreffend

4.2.1. Die Beteiligungen

Bei Gründung einer Gesellschaft entstehen für die Gesellschafter von Personenhandelsgesellschaften und Kapitalgesellschaften Beteiligungsrechte. Diese sind hergestellt.[216]

Dennoch werden Beteiligungen an Kapitalgesellschaften, ohne die Art der Zugangsweise zu klären, üblicherweise mit Anschaffungskosten bewertet.[217] Allerdings existiert eine entgegenstehende Entscheidung in der in offensichtlicher steuerlicher Opportunität, davon abweichend, ausgeführt wurde, „die Klin. hat die Vorratsgesellschaften selbst gegründet und damit keine Anteile an diesen Gesellschaften (durch einen Übertragungsakt von einem Dritten) erworben."[218]

---

213 BFH vom 04.12.2006 GrS 1/05, BStBl 2007, S. 508 ff., hier S. 514, d).
214 Siehe hierzu: BFH vom 09.05.1995 IX R 2/94, BStBl 1996, II, S. 637 ff., hier S. 637, Leitsatz 1; Stuhrmann, Abgrenzung von Herstellungs- und Erhaltungsaufwendungen bei Instandhaltung und Modernisierung von Gebäuden, BB 1997, S. 658 ff., hier S. 658 re. Sp., und die dort angesprochene Rechtsprechung des BFH.
215 Siehe Abschn. II. D. 2.1.1., 1.1.3) d.
216 Siehe Abschn. II. D. 2.1.1., 1.1.2) b.b).
217 Siehe: BFH vom 03.10.1985 IV R 144/84, BStBl 1988, II, S. 142 f., bereits im Tenor; Schmidt/Weber-Grellet EStG, 38. Aufl., 2019, § 5 Tz. 270, Stichwort „Beteiligungen an Kap-Ges".
218 BFH vom 03.05.2006 I R 100/05, HFR 2006, S. 1125.

III. Einfluss der Steuerrechtsprechung auf Buchführung und Bilanz?

Und bei nachträglichen Aufwendungen wird, wie auch handelsrechtlich[219] ohne danach zu differenzieren, ob die Beteiligung, zu der die nachträglichen Aufwendungen anfallen, angeschafft oder hergestellt war, von nachträglichen Anschaffungskosten ausgegangen.[220]

Für Beteiligungen an Personengesellschaften entsteht diese Frage nach Anschaffung oder Herstellung **steuerlich**, entgegen der Wirkung des Maßgeblichkeitsprinzips, angeblich nicht, da sie nicht als Wirtschaftsgut betrachtet werden.[221] Zu den steuerlich an deren Stelle tretenden Posten selbst wird die Bewertungsfrage nicht beantwortet.

Diese Vorgehensweisen sind abzulehnen.[222]

4.2.2. Die Forderungen

Der BFH behauptet: „Forderungen sind ... grundsätzlich mit ihren Anschaffungskosten anzusetzen"[223], womit das Gericht Anschaffung unterstellt. Bei dieser Behauptung stützt sich das Gericht ausdrücklich auf § 253 Abs. 1 Satz 1 HGB und § 6 Abs. 1 Nr. 2 EStG.[224] Diesen Quellen ist das Behauptete allerdings nicht zu entnehmen; vielmehr werden dort die Anschaffungs- und Herstellungskosten nur allgemein als Wertmaßstäbe der Zugangsbewertung genannt. Die Art der Zugangsweise wird dort für Vermögensgegenstände/Wirtschaftsgüter nicht geregelt. Demnach werden die zitierten Bestimmungen systemwidrig verwendet: Bewertungsvorschriften werden zu Zugangsvorschriften umgewandelt.

Nicht von Dritten erworbene Forderungen sind hergestellt.[225]

4.2.3. Die Bezugsrechte

Durch die Kapitalerhöhung des Grundkapitals einer Aktiengesellschaft entsteht für die Aktionäre ein Bezugsrecht auf neue Aktien als „selbständiges Wirtschaftsgut, das neben das Wirtschaftsgut Aktie tritt."[226] Dazu hat der BFH entschieden, „das Bezugsrecht ist auch mit der erworbenen Aktie teilweise identisch."[227] Zur Begründung stellte das Gericht auf einen Rechtsakt[228] ab.[229] Allerdings erwähnte der BFH den entscheidenden Zweck des Rechtsaktes, die Erhöhung des Kapitals, nicht. Es machte somit das Mittel zum Zweck.

---

219 Siehe: Schubert/Gadeck in Beck Bil-Komm., 11. Aufl., 2018, § 255 Tz. 325, Stichwort „Bürgschaften"; Abschn. II. D. 2.1.1., 1.1.3) c).
220 Siehe Abschn. II. B. 7.5.
221 Siehe zur Kritik Abschnitt III. B. 5.1.2.
222 Siehe Abschn. II. D. 2.1.1., 1.1.2) b.b).
223 BFH vom 25.02.2004 I R 54/02, DB 2004, S. 1399 ff., hier S. 1399 unter 2. a).
224 BFH vom 25.02.2004 I R 54/02, DB 2004, S. 1399 ff., hier S. 1399 unter 2. a).
225 Siehe Abschn. II. D. 2.1.1., 1.1.2) b.c).
226 BFH vom 22.05.2003 X R 9/00, Haufe-Index 952769, hier unter II. 2. b).
227 BFH vom 22.05.2003 X R 9/00, Haufe-Index 952769, hier unter II. 2. b).
228 Siehe dazu Abschn. III. B. 3.1.4.
229 Siehe BFH vom 22.05.2003 X R 9/00, Haufe-Index 952769, hier unter II. 2. b).

B. Abweichungen bei Detailfragen

Stellt man zudem auf die mit einer Aktie verbundenen Rechte[230], wie z. B. Gewinnbezugsrecht, Bezugsrecht, Stimmrecht und Recht auf Liquidationserlös ab und stellt fest, dass das Bezugsrecht lediglich ein Teil-Recht der durch die Aktie verkörperten Rechte darstellt, ist die behauptete Teilidentität nicht festzustellen.[231] Die übrigen Rechte, insbesondere das Gewinnbezugsrecht, das Stimmrecht, und damit das Recht auf Feststellung des Jahresabschlusses sind für die Aktie von herausgehobener Bedeutung, und die Rechte in der Summe als Aktie sind unvergleichbar mit dem isolierten Bezugsrecht.

Der BFH hat das Bezugsrecht als durch Abspaltung entstandenen „Ersatzvermögensgegenstand" und „„Ersatz"-Wirtschaftsgut" betrachtet[232]. Ein originäres Entstehen lehnt das Gericht allerdings mit dem Argument ab, weil „der Bezugsanspruch aus einem mit der Aktie untrennbar verknüpften Bezugsstammrecht (entsteht),... ist seine Entstehung im Erwerb der Aktie angelegt."[233] Daraus folgt für den BFH Anschaffung des Bezugsrechtes.[234] Dabei bezeichnet das Gericht selbst das Bezugsrecht an gleicher Stelle als „originär entstandenes ... Wirtschaftsgut".[235] Und das Bezugsrecht hat der Aktiengesellschaft, als zwangsläufige Veräußerin, nie zugestanden.[236]

Betrachtet man die folgenden weiteren praktischen Fälle, in denen jedoch nicht von Teilidentität gesprochen wird, stellt sich die Frage, ob Teilidentität die Antwort auf eine graduelle oder eine prinzipielle Frage darstellt; es wandelt sich:

- Metall aus Erz aus Grundstück,
- Kiesvorkommen aus Grundstück,
- Benzin aus Erdöl aus Grundstück.

Entscheidend ist, wie oben festgestellt, die Antwort unter dem prinzipiellen Gesichtspunkt: ist mit dem zu Beurteilenden, ein anderes, neues, bisher nicht als einzelverwertbares Wirtschaftsgut vorhandenes, einzelverwertbares Wirtschaftsgut gegeben? Und diese Frage ist in allen Fällen, auch dem des abgespaltenen Bezugsrechts, eindeutig zu bejahen.

Die vorstehenden Überlegungen gelten ebenfalls für Bezugsrechte auf GmbH-Anteile.

Entgegen der Auffassung des BFH sind Bezugsrechte im Vergleich zu der Aktie/dem GmbH-Anteil, aus denen sie sich ableiteten, neue, andere, zuvor nicht existente Wirtschaftsgüter. Sie sind hergestellt.[237]

---

230 Siehe Abschn. II. D. 2.1.1., b.e) und II. D. 4.2.2., 2.2).
231 Siehe Wichmann, Missbrauch der Sprache in der Rechtsprechung des BFH?, Stbg 2006, S. 396 ff. hier S. 399 f., unter 5.
232 Siehe BFH vom 21.01.1999 IV R 27/97, BStBl 1999, II, S. 638 ff., hier S. 640, unter B. II. 1.
233 BFH vom 21.01.1999 IV R 27/97, BStBl 1999, II, S. 638 ff., hier S. 643 erster Abs.
234 Siehe BFH vom 21.01.1999 IV R 27/97, BStBl 1999, II, S. 638 ff., hier S. 643 erster Abs.
235 BFH vom 21.01.1999 IV R 27/97, BStBl 1999, II, S. 638 ff., hier S. 642 letzter Abs.
236 Siehe z. B. Abschn. II. D. 2.1.1., 1.1.2. b.e).
237 Siehe Abschn. II. D. 2.1.1., 1.1.2. b.e).

4.2.4. Durch Parzellierung entstandene Wirtschaftsgüter?

Bei der Parzellierung eines Grundstücks hat der BFH eine Teilidentität der Parzelle mit dem gesamten Grundstück behauptet.[238] Dabei stellte das Gericht darauf ab, dass die Parzellierung „ohne aufwendige technische Maßnahmen durchgeführt werden kann und sich die Marktgängigkeit des bisherigen Wirtschaftsguts in den Teilen fortsetzt."[239] Das ist, so der BFH weiter, „allgemein für Wirtschaftsgüter anzunehmen, die durch bloßen Rechtsakt ... geteilt werden".[240]

Es wurde bereits darauf hingewiesen, dass im Wirtschaftsleben kein bloßer Rechtsakt vollzogen wird.[241] Und: Der Zweck des Rechtsaktes war Herstellung einer Parzelle.[242]

4.2.5. Die Eigentumswohnungen/Teileigentume

Speziell zur Frage nach der Art der Zugangsweise von durch Aufteilung entstandenen Eigentumswohnungen/Teileigentumen findet sich, bei bautechnischem Verständnis von Herstellung, die Aussage, „eine Eigentumswohnung (sei) nicht durch Herstellung ..., sondern durch die rechtliche Umwandlung eines ... Gebäudes „geschaffen"."[243] Was jedoch „schaffen" im Begriffssystem des Handels- und Steuerrechts bedeutet, klärt das Gericht nicht, trotz der Nähe zum Begriff „Herstellung". Im Übrigen klingt beim BFH die Reduzierung der Aufteilung, wie bei der Parzellierung auf einen Rechtsakt an, der nach der Meinung des BFH unbeachtlich sein soll. Zudem ist diese Reduzierung angesichts der vielen zur Aufteilung erforderlichen Maßnahmen unzutreffend, wenn das denn überhaupt Bedeutung hat.

Die Objekte sind hergestellt.[244]

4.2.6. Die Kiesvorkommen

Ein Kiesvorkommen ist bis zu seiner Entdeckung Teil des Grundstücks, unter dem es sich befindet. Mit der Entdeckung ist es als Wirtschaftsgut hergestellt[245].

Der BFH bezeichnet entdeckte Bodenschätze als „originär erworbene Bodenschätze"[246]. Dem steht der derivative Erwerb gegenüber; bei ihm wird das Eigentum von einem Dritten abgeleitet. Dies ist eine Anschaffung, dementsprechend ist originärer Erwerb Herstellung.[247]

---

238 Siehe BFH vom 19.07.1983 VIII R 61/82, BStBl 1984, II, S.26f., hier S.26, 2. Abs.
239 BFH vom 19.07.1983 VIII R 61/82, BStBl 1984, II, S.26f., hier S.26, 2. Abs.
240 BFH vom 19.07.1983 VIII R 61/82, BStBl 1984, II, S.26f., hier S.26, 2. Abs.
241 Siehe Abschn. III. B. 3.1.4.
242 Siehe Abschn. II. D. 2.1.1., 1.1.2. b.f).
243 BFH vom 24.11.1992 IX R 62/88, BStBl 1993, II, S.188f., hier S.189 unter b).
244 Siehe Abschn. II. D. 2.1.1., 1.1.2. b.g).
245 Siehe Abschn. II. D. 2.1.1., 1.1.2.) b.d).
246 Z.B.BFH vom 28.10.1982 IV R 73/81, BStBl 1983, II, S.107, 109; vom 13.09.1988 VIII R 236/81, BStBl 1989, II, S.37, 38. So auch Waldhoff in Kirchhof/Söhn/Mellinghoff, EStG, §7 Rz.H 18 (Oktober 2009).
247 Vgl. zum Begriff „originär" BFH vom 04.12.2006, GrS 1/05, BStBl 2007, II, S.508, 514.

B. Abweichungen bei Detailfragen

Der BFH erörtert, trotz der Kennzeichnung des Erwerbsvorgangs als „originär"[248], nicht die Möglichkeit des Vorliegens von Herstellung und damit Herstellungskosten; für ihn gibt es, ohne Bezug auf deren etablierten Merkmale und bei deren Außerachtlassung, lediglich die Anschaffung und damit Anschaffungskosten.[249]

Das Kiesvorkommen ist wiederholt Gegenstand der steuerlichen Rechtsprechung gewesen.[250] Und obgleich der Große Senat[251] dazu eine Entscheidung getroffen hat, die, so wird es behauptet, „auf die Wertungen der einschlägigen einkommensteuerrechtlichen Normen abstellt"[252] und daher „von besonderer Bedeutung"[253] sein soll, muss festgestellt werden, dass die Entscheidung, wie auch die bisherige Rechtsprechung, nicht mit den Grundbegriffen des EStG im Einklang steht.[254] Das gilt insbesondere weil diese in Bezug genommenen, nicht evidenten, „Wertungen der einschlägigen einkommensteuerrechtlichen Normen" nicht genannt werden[255] und nicht evident sind. Die höchstrichterliche Beurteilung ist folglich unbegründet.

Das bisher unentdeckte Kiesvorkommen ist mit der Entdeckung hergestellt.

4.3 Die Gewinn- und Verlustrechnung betreffend

In der der Sonderbilanz zugehörigen GuV werden in Gestalt von Sonderbetriebsausgaben, wie etwa Abschreibungen, und Sonderbetriebseinnahmen Sachverhalte abgebildet, die mangels wirtschaftlicher Zurechnung zur Personengesellschaft nicht als mögliche Objekte in Betracht kommen können.

In der GuV zur Ergänzungsbilanz werden Sachverhalte abgebildet, die sich aus der Folgebewertung der Positionen der Ergänzungsbilanz ergeben. Da für diese Positionen keine Ansatzbestimmungen bestehen, entfällt jedoch eine Grundlage für einen Ansatz von Werten in der GuV.

---

248 BFH vom 04.12.2006 GrS 1/05, BStBl 2007, II, S. 508 ff., hier S. 514 unter 2.
249 Als Beispiel für die gesamte Rechtsprechung: BFH vom 04.02.2016 IV R 46/12, BStBl 2016, II, S. 607, z.B. Tz. 32.
250 Siehe z.B. vom 04.02.2016 IV R 46/12, BStBl 2016, II, S. 607 und die dort beispielhaft genannten Entscheidungen des BFH.
251 Siehe BFH vom 04.12.2006 GrS 1/05, BStBl 2007, II, S. 508 ff.
252 So urteilt Weber-Grellet, Die Einlage eines Kiesvorkommens, FR 2007, S. 515 ff., hier S. 515 vor I.
253 Ebenda, hier unter II. 1.
254 Siehe z.B.: Wichmann, Die bilanzielle Behandlung eines zunächst unentdeckten Kiesvorkommens in der Handels- und Steuerbilanz, Stbg 2018, S. 460 ff.; Wichmann, Gesetzesauslegung durch den Bundesfinanzhof und der Bodenschatz Kiesvorkommen Stbg 2008, S. 62 ff. unter IV; Wichmann, Das System der Ertragsteuern und die Rechtsprechung des Bundesfinanzhofs, 2020, S. 44 f.
255 Groh, Kein Abschied von der phasengleichen Bilanzierung, DB 2000, S. 2444 ff., hier S. 2444, re.Sp., 2. Abs., weist entsprechend auf vom Großen Senat behauptete „steuerliche Gründe", hin, die nicht benannt werden.

III. Einfluss der Steuerrechtsprechung auf Buchführung und Bilanz?

5. Die Ansatzfrage betreffend
5.1. In der Bilanz

5.1.1. Handelsrechtliche Wahlrechte
Der Große Senat des BFH entschied: „**Handelsrechtl Ansatzwahlrechte** ... sind grunds nicht maßgebl, sofern nicht estrechtl Vorschriften ein gleichartiges Wahlrecht einräumen."[256] Dazu stützt er sich z. B.[257] auf eine Entscheidung des Großen Senats aus dem Jahr 1969[258]. Allerdings ist diese Entscheidung aus dem Jahr 1969 als Stütze für die Auffassung nicht geeignet:[259] Darin hatte sich der Senat zur Begründung nämlich auf die Begründung des EStG 1934 bezogen, jedoch dessen Inhalt in sein Gegenteil verkehrt, um nur auf diesen Mangel[260] der auch sonst umstrittenen Entscheidung[261] hinzuweisen. Sie ist somit objektiv unzutreffend, zumindest in der Begründung. Ohne eine bestehende und/oder zitierte gesetzliche Grundlage wird mit dieser Auffassung des BFH gegen das steuergesetzliche Maßgeblichkeitsprinzip verstoßen.

Besonders bemerkenswert ist hierzu die folgende Bemerkung von Kempermann, einem ehemaligen Richter des BFH: „Der Auffassung, daß nicht **alle Rechnungslegungsvorschriften des Handelsrechts Grundsätze ordnungsmäßiger Buchführung** wiedergeben, ist der Vorzug zu geben. Auf diese Weise läßt sich zwanglos die Rechtsprechung begründen, derzufolge **handelsrechtliche Aktivierungs- und Passivierungswahlrechte steuerlich unbeachtlich sind.**"[262] Beachtlich und bemerkenswert ist nach Kempermann folglich nicht etwa eine wohlbegründete Gesetzesauslegung, sondern eine Eignung zur Begründung einer unzutreffenden Auffassung.[263]

5.1.2. Die Beteiligung an Personengesellschaften
Beteiligungen an Personengesellschaften sollen in der Steuerbilanz nicht als solche ausgewiesen werden. Vielmehr soll entweder ein Merkposten oder ein anders bezeichneter einheitlicher Posten angesetzt werden; konsequent wäre nur, Anteile an den Wirtschaftsgüter der Personengesellschaft, an der die Beteiligung besteht, zu berücksichtigen.[264]

---

256 Schmidt/Weber-Grellet, EStG, 38. Aufl., 2019, § 5 Tz. 31.
257 Vgl. BFH vom 31.01.2013 GrS 1/10, BStBl 2013, II, S. 317, hier Rz. 64.
258 Auf diese verweist Schmidt/Weber-Grellet, EStG, 38. Aufl., 2019, § 5 Tz. 31.
259 Vgl. hierzu Wichmann, Die Frage nach der Bedeutung der handelsrechtlichen Rechnungslegung für das Steuerrecht, Stbg 2014, S. 486 ff., hier unter II. b), S. 489 f.
260 Vgl. zu weiteren Mängeln: ebenda.
261 Vgl. Drüen, Der Große Senat des BFH und die objektiv richtige Bilanz, GmbHR 2013, S. 505 ff., hier S. 510 mit FN 92.
262 Kempermann in Kirchhof/Söhn/Mellinghoff; EStG, § 5 EStG Rz. B 38, m. w. N., Stand Juli 1994. Kritisch dazu Wichmann, Die sog. Handelsbilanz – aus Sicht des EStG, Stbg 2015, S. 307 ff., hier S. 310 unter cc).
263 Schmidt/Weber-Grellet, EStG, 38. Aufl., 2019, § 5, Tz. 28, siehe Hinweis, „zB KSM § 5 Rz. B 38", stützt sich auf vorstehend zitierten Kempermann.
264 Siehe Abschn. III. B. 4.2.1.

Diese Vorgehensweise ist als unbegründeter Verstoß gegen das Maßgeblichkeitsprinzip abzulehnen.[265] § 39 Abs. 2 Nr. 1 Satz 2 AO, auf den sich der Große Senat nämlich zur Begründung bezieht[266], ist nicht einschlägig, da die dort vorgesehene Zurechnung ausdrücklich davon abhängt, ob sie für die Besteuerung erforderlich ist. Bisher wurde nicht nachgewiesen, dass diese Zurechnung für das Verfahren der Besteuerung, und mit diesem Sinn wird der Begriff „Besteuerung" ausschließlich verwendet, erforderlich ist.[267]

Zudem ist die Auffassung insoweit unbegründet, als in der Entscheidung die Abweichung von der maßgeblichen handelsbilanziellen Behandlung nicht begründet wird.

5.1.3. Die verdeckte Gewinnausschüttung

1) Bei der handels- und steuerrechtlichen verdeckten Gewinnausschüttung
Ein nach erfolgter vGA geltend gemachter gesellschaftsrechtlicher sog. Rückforderungsanspruch wirkt sich handelsrechtlich gewinnwirksam aus. Das ergibt sich u.A.[268] daraus, dass eine Erfassung in der Handelsbilanz als „Einlage"[269] nicht in Betracht kommt. Eine „Einlage" könnte in der Bilanz nämlich lediglich in das Stammkapital und/oder die Kapitalrücklage des § 272 Abs. 2 Nr. 4 HGB erfolgen. Letzteres ist auch grundsätzlich die Auffassung im Steuerrecht.[270]

Dennoch soll steuerlich eine Einlage iSd. § 4 Abs. 1 Satz 8 EStG vorliegen.[271] Das EStG enthält jedoch keine Bilanzierungsbestimmung für Einlagen. Daher gilt die handelsrechtliche Behandlung auch für das Steuerrecht.

Es ist daher zu prüfen, ob ein Sachverhalt gegeben ist, für den handelsrechtlich ein Ausweis als Einlage denkbar ist.

Eine Einlage zugunsten des Stammkapitals setzt eine Einzahlungsverpflichtung voraus. Eine derartige Verpflichtung entsteht jedoch nicht durch eine vGA: Sie erfordert nach § 55 GmbHG eine Kapitalerhöhung oder eine bestehende ausstehende Einlage. Beide Voraussetzungen entstehen nicht dadurch, dass eine vGA erfolgt. Sollte eine ausstehende Einlage bestehen, ist für deren Fälligkeit im

---

265 Siehe Wichmann, Unmaßgeblickeit des Maßgeblichkeitsprinzips?, Stbg 2019, S. 69 ff., hier S. 77f, unter dd).
266 BFH vom 25.02.1991 GrS 7/89, BStBl 1991, II, S. 691 ff, hier S. 700 unter b) cc).
267 Siehe zur Widerlegung der Auffassung Wichmann, Das Verständnis des Bundesfinanzhofs von der Bilanzierung bei Personengesellschaften und der Behandlung von Anteilen an Personengesellschaften – Kritische Anmerkungen zu Einzelfragen, DB 1984, S. 2257 ff., hier S. 2258 re.Sp. unter b).
268 Siehe Abschn. II. C. 2.1.2., 1.2).
269 Damit wird der steuerlichen Begriffsbildung gefolgt. Inwieweit ihr GmbH-Rechtlich gefolgt werden kann, wird hier in diesem Abschn. erörtert.
270 Vgl. Gosch/Roser, Körperschaftsteuergesetz, 3. Aufl., 2015, § 8 Rn. 100 ff.
271 Siehe, gestützt auf BFH-Rechtsprechung, Gosch/Roser, Körperschaftsteuergesetz, 3. Aufl., § 8 Rn. 516: dort wird jedoch fälschlicher Weise auf Satz 5 abgestellt..

III. Einfluss der Steuerrechtsprechung auf Buchführung und Bilanz?

Zweifel ein Gesellschafterbeschluss erforderlich[272], der jedoch im Fall einer vGA nicht vorliegt.

Und zur Zuweisung einer Einlage zur Kapitalrücklage werden zusätzlich folgende Auffassungen vertreten:

- Es ist eine ausdrückliche Willenskundgebung zur Bestimmung als Zuweisung zur Kapitalrücklage erforderlich[273];
- zumindest ist die Erkennbarkeit des entsprechenden Willens[274], wenn auch nur des konkludenten Willens[275], des den Betrag leistenden Gesellschafters erforderlich;
- „bleibt die Zwecksetzung des Gesters offen, ist die Zuzahlung im Zweifel in der Kapitalrücklage zu erfassen".[276]

Das entspricht grundsätzlich der Rechtsprechung des BFH.[277]

Da die Leistungen in die Kapitalrücklage insoweit freiwillig erfolgen müssen[278], ist im Fall der Folge einer vGA die Voraussetzung für eine Einlage in die Kapitalrücklage bereits deswegen nicht erfüllt, da der Gesellschafter aufgrund eines gegen ihn geltend gemachten Anspruchs leistet.

Die betrachtete steuerrechtliche Auffassung ist somit als unbegründet abzulehnen: der Anspruch ist auch steuerlich gewinnwirksam zu erfassen.

2) Bei der rein steuerlichen verdeckten Gewinnausschüttung
Gesellschaftsrechtliche Ansprüche können bei dieser Art der vGA nicht entstehen. Schadensersatzansprüche sind denkbar, wenn eine Gestaltung gewählt wurde, für die eine steuerunschädliche Alternative bestand.

5.1.4. Bei der Kapitalrücklage

Der sog. Rückgewähranspruch nach einer handels- und steuerrechtlichen vGA soll steuerlich als Einlage behandelt werden.[279] Allerdings benennt die Rechtsprechung für deren Erfassung kein Konto. Und die Kapitalrücklage kommt nicht in Betracht.[280]

---

272 Siehe Scholz/Karsten Schmidt, GmbHG, 11. Aufl., § 46 Tz. 49 f.
273 Vgl. IDW HFA 2/1996: Die Bilanzierung privater Zuschüsse, Wpg 1996, S. 709 ff., hier unter 22.
274 Vgl. Küting/Reuter in Küting/Pfitzer/Weber (Hrsg.), § 272 Rn. 108, Stand November 2009.
275 Vgl. MünchKommHGB/Reiner, 3. Aufl, § 272, Rn 104.
276 Förschle/K.Hoffmann in Beck Bil-Komm., 11.Aufl., § 272 Rn. 195; so auch Adler/Düring/Schmaltz, Rechnungslegung und Prüfung der Unternehmen, 6.Aufl., § 264 Rn. 137, letzter Abs.
277 Vgl. Gosch/Roser, Körperschaftsteuergesetz, 3. Aufl., 2015, § 8 Rn. 89 ff.
278 Vgl. Förschle/K.Hoffmann in Beck Bil-Komm., 11. Aufl., § 272 Rn. 195.
279 Siehe Abschn. III. B. 5.1.3., 1).
280 Siehe Wichmann Abwicklung einer verdeckten Gewinnausschüttung und deren Folgen nach Handels- und Steuerrecht bei einer Gesellschaft mit beschränkter Haftung, DStZ 2019, S. 157 ff., hier S. 160.

B. Abweichungen bei Detailfragen

5.1.5. Die Anzahlungen

Handels – und Steuerrecht stimmen hinsichtlich der gesonderten Bilanzierung der erhaltenen und geleisteten Anzahlungen grundsätzlich überein.[281] Eine Abweichung besteht bei Anzahlungen im Zusammenhang mit selbst erstellten immateriellen Gegenständen des Anlagevermögens; diese sind konsequenterweise steuerlich nicht aktivierungsfähig.

5.2. *In der Gewinn- und Verlustrechnung*

Aktive Wirtschaftsgüter können abschreibbar und nicht-abschreibbar sein. Wenn anstelle der Beteiligung an einer Personengesellschaft die dem Beteiligungshöhe entsprechende Anteile an deren Wirtschaftsgütern ausgewiesen werden, müssten von den abschreibbaren Wirtschaftsgütern Abschreibungen in der GuV zur Ergänzungsbilanz ausgewiesen werden. Da das nicht geschieht[282], wird nunmehr die Beteiligung an den Wirtschaftsgütern, bilanziell[283] als nicht abschreibbar anzusehen sein, als sei sie, wie die „Beteiligung" nicht abschreibbar.

6. Die Gliederung betreffend

In der vorstehend beschriebenen Behandlung einer Beteiligung an einer Personengesellschaft[284] liegt ein Verstoß gegen eine grundlegende, im Steuerrecht durch die in Ermangelung eigener Gliederungsbestimmungen mittels des Maßgeblichkeitsprinzips gewährleistete Anerkennung der handelsrechtlichen Gliederungsbestimmungen, ansonsten ausnahmslos anerkannte Gliederungsbestimmung vor.

Eine „Rückforderung" einer vGA soll steuerlich als Einlage erfasst werden.[285] Allerdings bieten weder Handels- noch Steuerrecht ein Konto zur Erfassung der Einlage.[286]

7. Die Bewertung betreffend

7.1. *Die Frage nach dem maßgeblichen Zugangswert*

Als alternative, einander ausschließende Werte der Zugangsbewertung wurden, den alternativen Vorgängen Anschaffung/Herstellung[287] folgend, Anschaffungskosten oder Herstellungskosten identifiziert.[288] Trotz dieser sich einander

---

281 Siehe, ohne dass auf die Grundsätzlichkeit der Übereinstimmung hingewiesen wird, Schmidt/Weber-Grellet, EStG, 38. Aufl., 2019, § 5, Tz. 244.
282 Die Ergebnisauswirkung wird der Obergesellschaft über die gesonderte und einheitliche Gewinnfeststellung zugewiesen.
283 Die Ergebniswirkung vollzieht sich außerbilanziell durch die gesonderte und einheitliche Feststellung.
284 Siehe Abschn. III. B. 5.1.2.
285 Siehe Abschn. III B. 5.1.3., 1).
286 Siehe Abschn. III B. 5.1.3., 1).
287 Siehe Abschn. II. D. 2.1.1., 1.1.2) a).
288 Siehe Abschn. II. D. 4.1.

III. Einfluss der Steuerrechtsprechung auf Buchführung und Bilanz?

ausschließenden Werte hat der BFH einer kleinsten zu bewertenden Einheit[289] eines Forstbetriebes „Anschaffungs- bzw. Herstellungskosten"[290] zugeordnet.

7.2. Der Anschaffungskostenbegriff

Für Zwecke der Anwendung des § 17 EStG ist der vom BFH entwickelte „normspezifische erweiterte Anschaffungskostenbegriff"[291] für das Gericht maßgebend. Damit behandelt der BFH den „empirisch deskriptiven"[292] Begriff der Anschaffungskosten als „wertausfüllungsbedürftig".[293] Das ist jedoch unzulässig, da sich beide Qualifikationen eines Begriff gegenseitig ausschließen. Zudem sind die Begriffe Anschaffung, Herstellung und Kosten nicht wertausfüllungsbedürftig. Der BFH hat sich also in die Rolle eines von ihm gegebenenfalls hinzuzuziehenden Sachverständigen[294] begeben, ohne dessen spezifischen Sachverstand[295], auf den es ankommt, zu besitzen.

Es fragt sich auch, was Gegenstand einer normspezifischen Auslegung, genauer: Erweiterung, ist. Anschaffungskosten sind Kosten der Anschaffung. Weder der Begriff der Anschaffung noch der der Kosten ist, auch nicht normspezifisch, erweiterbar. Mit jeder Erweiterung wird die Grenze der Auslegung, die im möglichen Wortsinn liegt[296], überschritten.

Es scheint wegen der, mit dem in diesem Fall verwendeten Begriff „normspezifisch" gegebenen, anspruchsvollen Begriffsbildung auch so, dass „die Ehrerbietung heischende Formulierungsweise ... inhaltsleeren Argumentationen besonderes Gewicht verleihen"[297] soll.[298]

---

[289] Zur kleinsten Einheit als Bewertungsobjekt Wichmann, Die Lehre von der sogenannten kleinsten Einheit, StB 1995, S. 132 ff.
[290] Siehe BFH vom 05.06.2008 IV R 67/05, ZSteu 2008, S. R-833 ff., hier S. 835 re.Sp., 2. Abs.
[291] BFH vom 18.12.2001 VIII 27/00, BStBl 2002, II, S. 733 ff., hier S. 736, re.Sp., 3. Abs.
[292] Siehe Tipke, Die Steuerrechtsordnung, 1993, S. 1235.
[293] Siehe Tipke, Die Steuerrechtsordnung, 1993, S. 1234.
[294] Siehe Tipke, Die Steuerrechtsordnung, 1993, S. 1235.
[295] Siehe Höffe, Ethik im Diskurs von Philosophie und Einzelwissenschaften, in Höffe/Kadelbach/Plumpe (Hrsg.) Praktische Philosophie/Ethik 2, 1981, S. 17.
[296] Siehe Tipke, Die Steuerrechtsordnung, 1993, S. 1271 f.
[297] Reinelt, Irrationales Recht in ZAP, Sonderheft 2002 für Dr. Egon Schneider, S. 52 ff., hier unter II.
[298] Der Finanzrichter Balke hat dazu anlässlich des 10. Finanzrichtertages im Bundesfinanzhof gesagt: „Man kann sie nicht mehr hören, die auch noch gerne von einigen BFH-Richtern weitergepflegten, mystifizierten Phrasen.": Finanzrichter als Garanten für Steuergerechtigkeit?, in ZSteu 2006, S. 432 ff. hier S. 433 mittlere Spalte.

7.3. Die Aufteilung von Anschaffungskosten[299]

In einer Mehrheit von Fällen wird ein einheitlicher Kaufpreis für mehrere Vermögensgegenstände[300] vereinbart.[301] Die dazu nach dem Einzelbewertungsprinzip erforderliche Aufteilung erfolgt bei Betriebsvermögen im Verhältnis der Teilwerte.[302]

Diese Frage soll im Folgenden anhand des in der Rechtsprechung wiederholt behandelten besonderen Falls der/des Eigentumswohnung/Teileigentums betrachtet werden.

Der Gebäudewert ergibt sich handelsrechtlich als Residuum aus Kaufpreis abzüglich Bodenwert.[303] Diese Auffassung stützt sich im Wesentlichen auf die Vergleichs- und die Ertragswertmethode der ImmoWertVO.[304]

Der BFH lehnt die Anwendung der Vergleichswertmethode und der Ertragswertmethode mit der Behauptung – ständig[305] – ab[306], sie „(erlaube) nur, die Eigentumswohnung als Einheit von Miteigentumsanteil und Sondereigentum zu bewerten".[307] Diese Behauptung wird jedoch bereits durch § 16 ImmoWertV, auf die sich der BFH andererseits zu stützen behauptet[308], widerlegt. Dort wird nämlich die Ermittlung des Bodenwertes – auch von bebauten Grundstücken[309] – im Vergleichswertverfahren dargestellt. Zudem wird die Vergleichswertmethode nach herrschender Meinung[310] als das vornehmlich angewendete Verfahren bei der Wertermittlung von Eigentumswohnungen, und damit (anderen) Teileigentumen, beurteilt. Darüber setzt sich der BFH – insoweit stillschweigend – hinweg.

Es ist noch auf einen weiteren Mangel in der Argumentation des BFH gegen die Restwertmethode hinzuweisen: In seiner Entscheidung vom 10.10.2000 hat das Gericht unter Verweis auf mehrere Entscheidungen die Restwertmethode

---

299 Die folgenden Ausführungen zur Eigentumswohnung/dem Teileigentum beruhen auf Wichmann, Kaufpreisaufteilung bei dem Kauf von Eigentumswohnungen, Stbg 2017, S. 405 ff.
300 Siehe dazu Abschn. II. D. 4.2.2., 1.1.2).
301 Siehe Adler/Düring/Schmaltz, Rechnungslegung und Prüfung der Unternehmen, 6. Aufl., 1995, § 255 HGB, Tz. 104 ff.
302 Siehe Schmidt/Kulosa, EStG, 3. Aufl., 2019, § 6, Tz. 122.
303 Siehe Abschn. II. D. 4.2.2., 1.1.2.
304 Siehe Wichmann, Kaufpreisaufteilung bei dem Kauf von Eigentumswohnungen, Stbg 2017, S. 405 ff., hier S. 411 unter III. 1.
305 Vgl. z. B. BFH vom 10.10.2000 IX R 86/97, BStBl 2001, II, S. 183 f.
306 Das Argument gilt sachnotwendig für alle bebauten Grundstücke entsprechend.
307 BFH vom 15.01.1985 IX R 81/83, BStBl 1985, II, S. 252 ff., hier S. 254, 2. Abs. unter b).
308 Vgl. z. B. BFH vom 15.01.1985 IX R 81/83, BStBl 1985, II, S. 252 ff., hier S. 254, 2. Abs. unter b).: dort wird noch auf die Verordnung über die Grundsätze für die Ermittlung des Verkehrswerts von Grundstücken (WertV) abgestellt; diese wurde von der ImmoWertV ersetzt, die insoweit, als es hier relevant ist, inhaltsgleich ist.
309 Vgl. § 16 Abs. 1 Satz 1 ImmoWertV: „... ohne Berücksichtigung der vorhandenen baulichen Anlagen ...".
310 Vgl. Kleiber in Ernst/Zinkahn/Bielenberg/Krautzberger, BauGB, § 8 ImmoWertV, Tz. 46, Stand Mai 2015.

III. Einfluss der Steuerrechtsprechung auf Buchführung und Bilanz?

verworfen. Dabei stützte sich das Gericht auf eine Entscheidung vom 15.01.1985, in der lediglich die offensichtlich unzutreffende Anwendung der Restwertmethode durch das Finanzgericht, nicht die Anwendung der Methode grundsätzlich, beanstandet wurde[311]: das Finanzgericht hatte den Bodenwert von den Anschaffungskosten, nicht dem Gesamtkaufpreis, subtrahiert, wodurch die gesamten Anschaffungsnebenkosten offensichtlich fälschlicher Weise ausschließlich auf den Gebäudeanteil entfielen.

Insoweit kann insgesamt festgestellt werden: der BFH hat bisher die Anwendung der Restwertmethode nicht grundsätzlich begründet verworfen. Zudem ist nachgewiesen, dass diese Methode nach der vom BFH zugrunde gelegten und damit anerkannten ImmoWertV die angemessene Methode der Wertermittlung darstellt.[312]

Folglich ist in zweifelsfreien Fällen, d.h. in den Fällen, in denen ein marktüblicher Kaufpreis gegeben ist, nach der Restwertmethode aufzuteilen. Und insbesondere bei Eigentumswohnungen liegt in Gestalt der üblicher Weise genannten Quadratmeterpreise eine Vielzahl von Maßstäben für die Überprüfung der Marktüblichkeit der zu beurteilenden Kaufpreisvereinbarung vor.

Diese Werte dienen auch bei ausnahmsweise vorliegender Marktunüblichkeit des Kaufpreises zur Ermittlung des zugrunde zu legenden Verkehrswertes.

Zudem führt die Restwertmethode in den Fällen der Marktüblichkeit[313] des Kaufpreises zu einer Aufteilung im Verhältnis der Verkehrs-/Teilwerte. Angesichts der Umstände, dass

- der Standpunkt des BFH zur Vergleichswertmethode unzutreffend ist,
- die Subtraktion des Grundstückswertes von dem Gesamtwert des bebauten Grundstücks grundsätzlich anerkannt ist[314],
- eine andere einfachere[315] Berechnung bei den vorliegenden Daten nicht erkennbar ist und nicht vorgeschlagen wurde,
- die typischen Unsicherheiten der Ertragswertmethode nicht wirken, weil die Verkehrswerte des bebauten Grundstücks einerseits und des Grund und Bodens als Grundstücksfläche andererseits als Ertragswerte vorgegeben sind,
- der BFH keine grundsätzlichen Bedenken gegen die Restwertmethode begründet vorgetragen hat und

---

311 Vgl. BFH vom 15.01.1985 IX R 81/83, BStBl 1985, II, S. 252 ff., hier S. 253 re. Sp, 2. Abs.
312 Siehe Abschn. II. D. 4.2.2., 1.1.2).
313 Bei Marktunüblichkeit sind die entsprechenden Werte anzupassen.
314 Vgl. §§ 17 ff. ImmoWertV für die Ertragswertmethode.
315 Es ist wieder auf den Vorzug einfacher(er) Methoden hinzuweisen.

B. Abweichungen bei Detailfragen

- damit die individuellen Daten und nicht „konstruierte Kostenkennwerte aus der Retorte, die auch als „Kunstwerte" bezeichnet worden sind"[316],
- „von denen gerade einmal rund 20 % empirisch belegt sind"[317] und
- das Verfahren der Verkehrswertermittlung nach § 8 Abs. 1 Satz 2 ImmoWertV auf der Grundlage „der zur Verfügung stehenden Daten[318] … zu wählen" ist,

ist die Restwertmethode bei Grundstückskäufen, insbesondere von Wohnungs- und Teileigentumen, zu üblichen Marktwerten[319] (Verkehrswerten), als übliche Normalfälle, in der Regel zu Grunde zu legen.[320] Sie sind auf jeden Fall zuverlässiger als die mit Hilfe der Sachwertmethode ermittelten Werte.

In den Fällen einer Unüblichkeit eines Kaufpreises ergibt sich aus den Marktwerten der übliche Preis, mit dem gerechnet wird. Die sich dann ergebenden Prozentanteile von Grund und Boden sowie Gebäude werden auf den vereinbarten unangemessenen Kaufpreis angewendet.

Bei der vorgeschlagenen Methode wird der bekannte Verkehrswert des Grund und Bodens von dem bekannten angemessenen Verkehrswert des bebauten Grundstücks zur Ermittlung des Gebäudewertes subtrahiert. Dabei kann zumindest der angemessene Verkehrswert des Grundstücks als Ertragswert betrachtet werden. Insoweit, als für die gegenteilige Meinung auf das Prinzip der Einzelbewertung Bezug genommen wird, ist auf Folgendes hinzuweisen: Damit werden im Rahmen der Bewertung Grundsätze angewendet, die für Ansatzfragen gelten und zudem abzulehnen[321] sind. Dem ist allerdings, wie bereits nachgewiesen[322], nicht zu folgen.

Die Anwendung der Restwertmethode wird jedoch auch in der Literatur überwiegend abgelehnt.[323] Allerdings wird diese Methode in dem zitierten Urteil[324]

---

316 Kleiber, Verkehrswertermittlung von Grundstücken, 7. Aufl., Syst. Darst. Sachwertverfahren IV, Rz. 68, zitiert nach Kohlhaas, Der Grund- und Bodenanteil beim Kauf einer Wohnung zu einem einheitlichen Kaufpreis, Stbg 2016, S. 460 ff, hier S. 462 f. unter 3.
317 Kleiber, Verkehrswertermittlung von Grundstücken, 7. Aufl., Syst. Darst. Sachwertverfahren IV, Rz. 68, zitiert nach Kohlhaas, Der Grund- und Bodenanteil beim Kauf einer Wohnung zu einem einheitlichen Kaufpreis, Stbg 2016, S. 460 ff, hier S. 463. unter 3.
318 In Gestalt von Kaufpreis und Bodenwert.
319 Bei Marktunüblichkeit des Kaufpreises sind die entsprechenden Werte anzupassen.
320 So bereits Wichmann, Die Aufteilungsproblematik hinsichtlich der Anschaffungskosten für ein bebautes Grundstück, DStR 1983, S. 379 ff., hier S. 382 f. unter 3.1.
321 Siehe Abschn. III. B. 5.1.1.
322 Siehe Abschn. II. D. 4.2.2., 1.1.2).
323 Vgl. z. B.: Kohlhaas, Der Grund- und Bodenanteil beim Kauf einer Wohnung zu einem einheitlichen Kaufpreis, Stbg 2016, S. 460 ff., hier S. 460 unter I.; Blum/Weiss, Verkehrswertermittlung von Grundstücken in der Steuerpraxis, 2000, S. 204; a. A. Wichmann, Die Aufteilungsproblematik hinsichtlich der Anschaffungskosten für ein bebautes Grundstück, DStR 1983, SW. 379 m ff., hier S. 382 f. unter 3.1.
324 Siehe BFH vom 03.06.1965 IV 361/64 U, BStBl 1965, III, S. 576 ff.

III. Einfluss der Steuerrechtsprechung auf Buchführung und Bilanz?

nicht ausdrücklich angesprochen. Vielmehr ergibt sich die Ablehnung[325] aus der Entscheidung vom 10.10.2000[326], die sich auf das Urteil vom 15.01.1985[327] bezieht, das auf das Urteil vom 21.01.1971[328] verweist[329], indem auf das Urteil vom 03.06.1965[330] Bezug genommen wird[331], und die Restwertmethode nur für den Fall ablehnt, dass „die von den Parteien vorgenommene Aufteilung zweifelhaft ist oder eine solche Aufteilung nicht erfolgt, aber streitig ist"[332]. Lediglich mit Bezug auf diese Entscheidung hat der Große Senat somit die Aufteilung eines Kaufpreises im Verhältnis von Verkehrswerten/Teilwerten bestätigt.[333]

7.4. Die Herstellungskosten

Hinsichtlich der Untergrenze des Wertes der Herstellungskosten bestehen zwischen Handels- und Steuerrecht keine Unterschiede.[334] Allerdings soll nach R 6.3, Abs. 1 der Einkommensteuerrichtlinien eine Einbeziehungspflicht für dort bestimmte Kostenarten, für die handelsrechtlich ein Einbeziehungswahlrecht gegeben ist[335], bestehen. Das ist abzulehnen.

Der BFH hat, für die in § 6 Abs. 1. Nr. 2 EStG genannten Wirtschaftsgüter entschieden, dass die handelsrechtlichen „Einbeziehungswahlrechte"[336] steuerlich nicht gelten.[337] Darauf beziehen sich die aktuellen Steuerrichtlinien.[338]

Das Gericht stützt sich in der Entscheidung zu „Einbeziehungswahlrechten" bei der Bewertung auf die steuerliche Behandlung der handelsrechtlichen Ansatzwahlrechte, das sind Wahlrechte bei der Beantwortung der anderen Frage, ob ein Objekt gebucht/bilanziert wird. Dazu ist auf Folgendes hinzuweisen:

- Die steuerliche Behandlung auch der in diesem Zusammenhang bestehenden handelsrechtlichen Aktivierungswahlrechte ist wegen Unbegründetheit unzutreffend.[339]
- Der BFH verkennt die Systematik der Buchungs-/Bilanzierungsentscheidungen: bei der zu beantwortenden Frage handelt es sich um eine Bewertungs-

---

325 Einen kurzen Überblick über die Entwicklung der Rechtsprechung: Wichmann, Die Aufteilungsproblematik hinsichtlich der Anschaffungskosten für ein bebautes Grundstück, DStR 1983, S. 379m ff., hier S. 379 ff. unter 2.
326 Vgl. BFH vom 10.10.2000, IX R 86/97, BStBl 2001, II, S. 183 f., hier S. letzter Abs. unter 2.
327 Vgl. BFH vom 15.01.1985 IX R 81/83, BStBl 1985, II, S. 252 ff., hier S. 253, letzter Abs.
328 Vgl. BFH vom 21.01.1971 IV 123/65, BStBl 1971, S. 682 ff.
329 Vgl. BFH vom 15.01.1985 IX R 81/83, BStBl 1985, II, S. 252 ff., hier S. 253, letzter Abs.
330 BFH vom 03.06.1965 IV 361/64 U, BStBl 1965, II, S. 576 ff.
331 Vgl. BFH vom 21.01.1971 IV 123/65, BStBl 1971, II, S. 682 ff.
332 BFH vom 21.01.1971 IV 123/65, BStBl 1971, II, S. 682 ff., hier S. 684, re. Sp., 1. Abs.
333 BFH vom 12.06.1978 GrS 1/77, BStBl 1978, II, S, 620 ff., hier S. 625 unter 3.
334 Siehe Schubert/Hutzler in Beck Bil-Komm., 11. Aufl., 2018, § 255, Tz. 357.
335 Siehe § 255 Abs. 2 Satz 3 HGB:.
336 Diesen Begriff verwendet das Gericht zutreffend, BFH vom 21.0.1993 IV R 87/92, BStBl 1994, II, S. 176 ff., hier S. 178 unter 4.
337 Siehe die Übersicht bei Schubert/Pastor in Beck Bil-Komm., 11. Aufl., 2018, § 255, Tz. 344.
338 Siehe EStR 6.3, „Bewertungswahlrecht".
339 Siehe Abschn. III. B. 5.1.1.

B. Abweichungen bei Detailfragen

nicht eine Ansatzfrage; das hätte sich dem Gericht spätestens zwingend, angesichts des von ihm verwendeten Begriffs „Einbeziehungswahlrecht", aufdrängen müssen.

Zudem bezieht sich das Gericht auf § 6 Abs. 1 Nr. 2. EStG, wo es zu den dort behandelten Wirtschaftsgütern[340] heißt, sie seien mit „den Anschaffungs- oder Herstellungskosten" zu bewerten. Das Gericht macht daraus, dass „d i e Herstellungskosten ..., also grundsätzlich a l l e Aufwendungen (anzusetzen)" sind.[341] Losgelöst davon, dass gegen diese Argumentation Einwendungen gegeben sind, bestehen die handelsrechtlichen Wahlrechte bei der exakt wortgleichen Bewertungsregel in § 253 Abs. 1 Satz 1 HGB.

Die Entscheidung hinsichtlich der Einbeziehungswahlrechte ist demnach unbegründet; das Steuerrecht hat folglich dem Handelsrecht zu folgen.

7.5. Die nachträglichen Kosten

Wurde[342] ein Gesellschafter einer GmbH z. B. aus einer Bürgschaft in Anspruch genommen, sollten gegebenenfalls[343] sogenannte nachträgliche Anschaffungskosten vorliegen.[344] Das wäre, angesichts des finalen Charakters der Anschaffungskosten[345], nur zutreffend, wenn diese Bürgschaft im Rahmen der Anschaffung abgegeben wurde. Diese Frage wird jedoch vom BFH nie geprüft[346], eine Anschaffung der Beteiligung wird somit stillschweigend unterstellt, fingiert. Damit ist die Rechtsprechung in keinem Fall begründet und – wohl – überwiegend unzutreffend.[347]

7.6. Die Bilanzposten betreffend

7.6.1. Die Beteiligungen

Beteiligungen an Kapitalgesellschaften werden ohne die Art der Zugangsweise zu behandeln und damit zu klären, zu Anschaffungskosten bewertet.[348] Für Beteiligungen an Personengesellschaften entsteht die Frage nach Anschaffung oder Herstellung der Beteiligung **steuerlich**, entgegen der Wirkung des Maß-

---

340 Nach § 6 Abs. 1 Nr. 1 sind auch die übrigen aktiven Wirtschaftsgüter so zu bewerten.
341 Siehe BFH vom 21. 10. 1993 IV R 87/92, BStBl 1994, II, S. 176 ff., hier S. 178 unter 4.
342 Diese Rechtsprechung zur Bürgschaft wurde vom BFH mit Urteil vom 11. 7. 2017 IX R 36/15, BStBl 2019, II, S. 208 ff. aufgehoben; sie ist jedoch wegen der realisierten Auslegungsmethode aus grundsätzlichen Gründen von Bedeutung; zudem gilt sie in Ausnahmen weiter, siehe dazu Ott, Das endgültige „Aus" für ausgefallene Finanzierungshilfen des GmbH-Gesellschafters, Stbg 2019, S. 310 ff., hier S. 311 und 314 unter 3.
343 Es besteht kein Rückgriffsrecht und die Ursache liegt im Gesellschaftsverhältnis.
344 Siehe: Schulte/Bron in Ernst & Young, KStG, § 17 EStG, Tz. 155, Stand Mai 2016; Schmidt/Weber-Grellet, EStG, 38. Aufl., 2019, § 17 Tz. 175.
345 Zu nachträglichen Herstellungskosten siehe Abschn. II. D. 2.1.1., 1.1.3) b.
346 Auch der Bundesminister der Finanzen prüft sie nicht, siehe z. B. BMF, Schr. v. 05. 04. 2019 IV C 6 – S 2244/17/10001 – DOK 2019/0225994, FR 2019, S. 788.
347 Wenn die Beteiligung hergestellt war.
348 Siehe: BFH vom 03. 10. 1985 IV R 144/84, BStBl 1988, II, S. 142 f., bereits im Tenor; Schmidt/Kulosa EStG, 38. Aufl., 2019, § 6 Tz. 140, Stichwort „Beteiligung an PersGes"; Schmidt/Weber-Grellet EStG, 38. Aufl., § 5 Tz. 270, Stichwort „Beteiligungen an KapGes".

III. Einfluss der Steuerrechtsprechung auf Buchführung und Bilanz?

geblichkeitsprinzips, angeblich nicht, da sie nicht als Wirtschaftsgüter betrachtet werden.[349] Handelsrechtlich sind auch sie, soweit sie bei Gründung und dementsprechend bei Kapitalerhöhung entstanden sind, hergestellt.[350]

Es ist keine steuerliche Bewertungsbestimmung für das an Stelle der Beteiligung an der Personengesellschaft Tretende[351], ermittelbar, auf die diese behauptete Vorgehensweise gestützt werden könnte. Es fehlen folglich insoweit Bewertungsbestimmungen.

Die Betrachtungsweise des BFH ist somit als insoweit unbegründbar abzulehnen.

7.6.2. Die Forderungen

Forderungen werden steuerlich zu Anschaffungskosten bewertet, wobei der Nennbetrag maßgebend sein soll.[352] Die Frage der Bewertungsfolgen der originär entstandenen Forderungen und damit die Relevanz der Herstellungskosten wird, wie im Handelsrecht, nicht diskutiert.[353]

Im Unternehmen entstandene Forderungen sind zu Herstellungskosten zu bewerten.

7.6.3. Die Bezugsrechte

Durch die Kapitalerhöhung des Grundkapitals einer Aktiengesellschaft entsteht für die Aktionäre in der Regel ein Bezugsrecht auf neue Aktien als „selbständiges Wirtschaftsgut, das neben das Wirtschaftsgut Aktie tritt."[354]

Der BFH sieht bei der Entstehung eines Bezugsrechtes auf Aktien einen „Substanzübergang von der Altaktie auf das Bezugsrecht"[355] und damit eine „Übertragung von Anschaffungskosten von der Altaktie auf das Bezugsrecht."[356] Dem Umstand, dass mit dem Bezugsrecht durch die Abspaltung von der Altaktie ein neues, anderes Wirtschaftsgut entsteht, trägt das Gericht keine Rechnung, obgleich es es als „Ersatz-Wirtschaftsgut"[357], und damit als Wirtschaftsgut, bezeichnet. Zudem unterstellt der BFH ohne Begründung eine Anschaffung der sog. Altaktie.

Das Bezugsrecht ist mit Herstellungskosten zu bewerten.

---

349 Siehe zur Kritik Abschnitt III. B. 3.1.3.
350 Z.B. Hoffmann, Die Bilanzierung von Beteiligungen an Personenhandelsgesellschaften, Beilage 2 zu Heft 9/1988, hier S. 5 ff unter D.I.
351 Siehe Abschn. III. B. 3.1.1.
352 Siehe: Schmidt/Kulosa, EStG, 38. Aufl., 2019, § 6 Tz. 291; Kleinle/Dreixler in Herrmann/Heuer/Raupach, EStG, § 6 Tz. 560, Stand September 2015.
353 Siehe Abschn. II. D. 2.1.1., 1.1.2) b.c).
354 BFH vom 22.05.2003 X R 9/00, Haufe-Index 952769, hier unter II. 2. b).
355 Siehe BFH vom 21.01.1999 IV R 27/97, BStBl 1999, II. S. 638 dd., hier S. 642, re.Sp., 3. Abs.
356 Siehe BFH vom 21.01.1999 IV R 27/97, BStBl 1999, II. S. 638 dd., hier S. 642, re.Sp., 4. Abs.
357 BFH vom 21.01.1999 IV R 27/97, BStBl 1999, II. S. 638 dd., hier S. 641, li.Sp., 1. Abs.

B. Abweichungen bei Detailfragen

7.6.4. Die durch Parzellierung entstandenen Wirtschaftsgüter
Bei der Parzellierung eines Grundstücks hat der BFH eine Teilidentität der Parzelle mit dem gesamten Grundstück behauptet.[358] Dabei stellte das Gericht darauf ab, dass die Parzellierung „ohne aufwendige technische Maßnahmen durchgeführt werden kann und sich die Marktgängigkeit des bisherigen Wirtschaftsguts in den Teilen fortsetzt. Das ist allgemein für Wirtschaftsgüter anzunehmen, die durch bloßen Rechtsakt ... geteilt werden".[359]
Diese Auffassung ist unzutreffend[360]; die Parzellen sind mit Herstellungskosten zu bewerten.

7.6.5. Die Eigentumswohnungen/Teileigentume
Eigentumswohnungen sind nach §7 Abs. 5a EStG Wirtschaftsgüter.[361] Die Frage, wie das Entstehen steuerrechtlich eingeordnet werden soll, hat der BFH bei bautechnischer Betrachtung entschieden: „Eine Eigentumswohnung wird nicht allein schon durch die rechtliche Umwandlung eines bestehenden Gebäudes in Eigentumswohnungen gemäß §8 WEG (neu) hergestellt."[362]
Hier wird davon ausgegangen, dass sich die Rechtsprechung damit auch hierzu auf den Rechtsakt[363] stützt. Das ist abzulehnen.[364]
Durch Teilung nach dem WEG entstandene Eigentumswohnungen/Teileigentume sind nach der Teilung mit Herstellungskosten zu bewerten.

7.6.6. Die Kiesvorkommen
Ein bisher unentdecktes Kiesvorkommen wird mit der Entdeckung hergestellt.[365] Bei Erwerb eines entdeckten Kiesvorkommens liegt Anschaffung vor. Dementsprechend ist zu bewerten.

Der BFH erörtert, trotz der Kennzeichnung des beim bisher unentdeckten Kiesvorkommens vorliegenden Erwerbsvorgangs als „originär"[366], jedoch nicht die Möglichkeit des Vorliegens von Herstellung und damit von Herstellungskosten; für ihn gibt es, ohne Bezug auf deren etablierten Merkmale und bei deren Außerachtlassung, lediglich die Anschaffung und damit Anschaffungskosten.[367]

---

358 Siehe BFH vom 19.07.1983 VIII R 61/82, BStBl 1984, II, S. 26 f., hier S. 26, 2. Abs.
359 BFH vom 19.07.1983 VIII R 61/82, BStBl 1984, II, S. 26 f., hier S. 26, 2. Abs.
360 Siehe Abschn. III. B. 3.1.4.
361 Siehe Schmidt/Kulosa, EStG, 38. Aufl., 2019, §7, Tz. 215.
362 BFH vom 24.11.1992 IX R 62/88, BStBl 1993, II, S. 188 f., hier S. 188, Leitsatz.
363 Das klingt in der Begründung des Urteils an, siehe BFH vom 24.11.1992 IX R 62/88, BStBl 1993, II, S. 188 f., hier S. 189, unter b): „rechtliche Umwandlung).
364 Siehe zur Qualifizierung des Entstehens Abschn. II. D. 2.1.1., 1.1.2) b.g), und darüber hinaus Abschn. III. B. 4.2.5. und 7.6.5.
365 Siehe Abschn. II. D. 2.1.1., 1.1.2) b.d).
366 BFH vom 04.12.2006 GrS 1/05, BStBl 2007, II, S. 508 ff., hier S. 514 unter 2.
367 Als Beispiel für die gesamte Rechtsprechung: BFH vom 04.02.2016 IV R 46/12, BStBl 2016, II, S. 607, z. B. Tz. 32.

III. Einfluss der Steuerrechtsprechung auf Buchführung und Bilanz?

Wie bereits festgestellt liegt bei der Entdeckung eines bisher unentdeckten Kiesvorkommens Herstellung vor.[368] Ebenfalls wurde hier die Ermittlung der Herstellungskosten dargestellt.[369]

7.6.7. Die Zuschüsse

Die Behandlung von Zuschüssen weicht von der handelsrechtlichen Handhabung[370] ab.[371] Das Maßgeblichkeitsprinzip wird ohne Begründung nicht beachtet.

7.7. Die Gewinn- und Verlustrechnung betreffend

Weder für die Objekte der Sonderbilanz, noch der Ergänzungsbilanz bestehen Bewertungsvorschriften, und damit Vorschriften, die zu einem Ausweis in der GuV führen können.

Dennoch hat der BFH in einem Fall mit einer positiven Wertedifferenz im Ergebnis entschieden,

- die Restnutzungsdauer des Wirtschaftsguts im Gesellschaftsvermögen zum Zeitpunkt des Anteilserwerbs ist nicht maßgebend[372] und
- in der Auswahl der für die jeweiligen Wirtschaftsgüter einschlägigen Abschreibungsmethoden ist der Erwerber frei.[373]

Damit hat das Gericht den § 7 EStG, der sich auf Wirtschaftsgüter bezieht, ohne dies zu begründen, auf anteilige Wirtschaftsgüter angewendet.[374]

---

368 Siehe Abschn. II. D. 2.1.1., 1.1.2) b.d).
369 Siehe Abschn. II. D. 4.2.2., 2.3).
370 Siehe Schubert/Gadeck in Beck Bil-Komm., 11. Aufl, 2018, § 255 Tz. 115 ff.; siehe auch Abschn. II. C. 1.1.3.
371 Siehe Schubert/Gadeck in Beck Bil-Komm., 11. Aufl, 2018, § 255 Tz. 120 ff.
372 BFH v. 20.11.2014 IV R 1/11, BStBl II 2017, 34, Rz. 24.
373 BFH v. 20.11.2014 IV R 1/11, BStBl II 2017, 34, Rz. 24.
374 Siehe zur weiteren Kritik Wichmann, Erstellung und Fortentwicklung der Ergänzungsbilanz – zugleich Anmerkungen zum Urteil des BFH vom 20.11.2014, DStZ 2018, S. 584 ff.

IV. Ergebnis – Folgerungen
A. Zusammenstellung der kritischen Ergebnisse
Es ergibt sich, dass
- Ergebnissen logischen Denkens[1], wie im Fall des Begriffs Herstellung, handels- und steuerrechtlich nicht gefolgt wird,
- handels- und steuerrechtlich nachträgliche Anschaffungskosten zum Teil ohne Beachtung der Denkgesetze bestimmt werden, indem eine undenkbare nachträgliche Anschaffung angenommen wird,[2]
- neben der damit angesprochenen unlogischen Verwendung der Begriffe Anschaffung und Herstellung wird der Begriff Anschaffungskosten in der Steuerrechtsprechung mit beliebigem Inhalt verwendet wird[3]
- der BFH nicht einmal entscheidet, ob für ein zugegangenes Objekt Anschaffung oder Herstellung vorliegt[4]
- steuerlich eine verstandesmäßige Betrachtung in der Rechtsprechung dadurch verweigert wird, indem nicht argumentiert, begründet/gerechtfertigt[5], sondern behauptet wird,
- der Bundesfinanzhof Entscheidungen nicht, nicht ausreichend oder nicht tragfähig begründet,
- wegen der mangelnden Begründetheit von Urteilen gegen das juristische Rationalprinzip[6] verstoßen wird,
- in der Steuerrechtsprechung das Maßgeblichkeitsprinzip, und damit eine gesetzliche Vorgabe, in vielen Fällen unbeachtet bleibt[7],
- der Bundesfinanzhof die Grenzen der intellektuellen menschlichen Möglichkeiten der Richter und der zur Rechnungslegung Verpflichteten nicht beachtet[8],
- sich der Bundesfinanzhof zur Begründung auf real nicht Existierendes bezieht[9],

---

1 Siehe Abschn. II. D. 2.1.1., 1.1.2) a).
2 Siehe Abschn. II. D.2.1.1., 1.1.3) b) und unten.
3 Siehe Abschn. III. B. 4.2.1. und III. B. 7.2.
4 Siehe Abschn. III. B. 7.1.
5 Siehe Abschn. IV. B. 2.
6 Siehe Abschn. I. B.
7 Siehe die Beispiele in Abschn. II. A. und B.
8 Siehe Abschn. III. B. 1.
9 Siehe z. B. Abschn. III. B. 4.2.4.

IV. Ergebnis – Folgerungen

- der Bundesfinanzhof die Systematik der Bilanzierungsentscheidungen[10] nicht beachtet, indem er z. B. Bewertungsüberlegungen[11] zur Beantwortung einer Gliederungsfrage oder einer Ansatzfrage anstellt[12],
- sich der Bundesfinanzhof über die in einem anderen Rechtsgebiet, auf das er sich bezieht, herrschende Meinung hinwegsetzt[13],
- sich der Bundesfinanzhof zur Begründung selbstbezüglich auf Urteile des Gerichts[14] und nicht das einschlägige Gesetz bezieht,[15] wobei die zu beantwortende Frage teilweise in den in Bezug genommenen Urteilen nicht behandelt wurde,
- der BFH meint, durch Änderung des Gesichtspunktes der Betrachtung nicht mehr das Wesen des betrachteten Sachverhalts beachten zu müssen,[16]
- verdeckte Gewinnausschüttungen angenommen wurden, obgleich unverzichtbare, wesentliche, in der steuerlichen Rechtsprechung genannte Merkmale, nicht erfüllt waren,[17]
- die einschlägige Rechtsprechung des Großen Senats nicht beachtet wurde,[18]
- die herrschende Meinung des BVerfG nicht beachtet wurde[19],
- sich der BFH zur Begründung seiner Auffassung auf eine Gesetzesbegründung bezog, die er jedoch in ihr Gegenteil verkehrt hatte,[20]
- die im Steuerrecht abweichende Auffassung von der Beteiligung an einer Personengesellschaft bilanziell nicht und nicht konsequent durchgeführt wird[21] und
- der BFH Begriffe und Sachverhalte einführt[22] die u. A. als „mystifizierte Phrasen"[23] bezeichnet werden können.[24]

---

10 Zur Nichtbeachtung der Grundbegriffe des Ertragsteuerrechts und damit dessen Systems siehe Wichmann, Das System der Ertragsteuern und die Rechtsprechung des Bundesfinanzhofs, 2020.
11 Siehe auch Abschn. III. B. 4.2.2. und III. B. 7.3 und 7.4.
12 Siehe Abschn. II. D. 3.13., III. B. 7.3. und III. B. 7.4.
13 Siehe Abschn. III. B. 7.3.
14 Siehe Abschn. III. B. 7.3.
15 Siehe Abschn. III. A. 2.2.1.
16 Siehe Abschn. III. B. 2.2.1.
17 Siehe Abschn. III. B. 2.2.1.
18 Siehe Abschn. III. A. 2.2.1.
19 Siehe Abschn. III. A. 2.2.2.
20 Siehe Abschn. III. B. 5.1.1.
21 Siehe Abschn. III. B. 3.1.1.und III. B. 3.2.
22 Siehe Abschn. III. B. 4.2.4. (bloßer Rechtsakt) und III. B. 1. (tauschähnlicher Vorgang) und („verfassungskonforme Auslegung").
23 Der Finanzrichter Balke hat dazu anlässlich des 10. Finanzrichtertages im Bundesfinanzhof gesagt: „Man kann sie nicht mehr hören, die auch noch gerne von einigen BFH-Richtern weitergepflegten, **mystifizierten Phrasen.**": siehe Finanzrichter als Garanten für Steuergerechtigkeit?, in ZSteu 2006, S. 432 ff. hier S. 433 mittlere Spalte.
24 Siehe auch die Beispiele bei Wichmann, Missbrauch der Sprache in der steuerlichen Rechtsprechung des BFH?, Stbg 2006, S. 396 ff.

B. Beurteilung der Ergebnisse

1. Kritische Würdigung der Ergebnisse

Handelsrechtlich vollzieht sich die Nichtanerkennung der Logik z. B. bei der Beurteilung der Gründung einer Gesellschaft in der Literatur und steuerlich in der dargestellten Vielzahl von Fällen in der Rechtsprechung, deren Ergebnisse auch von der handelsrechtlichen Literatur teilweise unkritisch übernommen werden. Insoweit übt die Steuerrechtsprechung einen großen Einfluss aus. Und das auch dadurch, dass deren Ergebnisse handelsrechtlich, zum Teil ausdrücklich, auf die Steuerrechtsprechung gestützt, übernommen werden.

Soweit damit auf Steuerrechtsprechung Bezug genommen wird, wird die Aussage bestätigt, „dass auch Entscheidungen von oberen und obersten Gerichten nicht ganz selten Verstöße gegen Denkgesetze ausweisen."[25] Dabei ergibt sich die Relevanz von Logik für die Rechtsanwendung auch daraus, dass diese Lehre ein Teilgebiet der Rechtsphilosophie darstellt.[26]

In der Fachliteratur findet gelegentlich eine Diskussion statt, die vereinzelt zu logisch zutreffenden Ergebnisses führt. Allerdings besteht, gerade gestützt auf oder angelehnt an die unnachgiebige[27] Steuerrechtsprechung, ein Beharren auf der alten Meinung. Und das zum Teil mit nicht einschlägigen Argumenten.

Der Einfluss der Steuerrechtsprechung auf das Handelsrecht zeigt sich zum Beispiel an der handelsrechtlichen Betrachtung der bei Gründung entstandenen Beteiligungen unter den Gesichtspunkten Anschaffung oder Herstellung: es heißt aktuell zum Handelsrecht, obgleich es „vorzugswürdig erscheint, ... die Auffassung wonach der Erwerb von Anteilen anlässlich der Gründung oder Kapitalerhöhung wie einen Herstellungsvorgang zu behandeln. ... (geht) der BFH (allerdings) von einer Anschaffung (tauschähnlicher Vorgang) aus."[28] Dieser Hinweis auf die Rechtsprechung des BFH findet sich in der aktuellen, zitierten Auflage des Kommentars, obgleich es in der ersten Auflage ohne diesen Hinweis hieß: *„Goerdeler/Müller* (Wpg 1980 S. 313) und *Wichmann* (BB 1986 S. 28) haben.. überzeugend dargelegt, daß auch bei beteiligungsbezogenen Aufwendungen die Kategorien der Herstellungskosten bzw. des Erhaltungsaufwandes in Betracht zu ziehen sind."[29] Der mittlerweile aktuelle, angeführte, oben zitierte, Hinweis auf den BFH wurde zuerst in der 4. Auflage erwähnt, in der zugleich weitere Autoren genannt wurden, die den Herstellungsbegriff bevorzugten.[30]

---

25 Schneider/Schnapp, Logik für Juristen, 6. Aufl., 2006, S. 2, 3. Abs.
26 Siehe Schneider/Schnapp, Logik für Juristen, 6. Aufl., 2006, S. 1.
27 Es ist z. B. an das jahrzehntelange Bestehen der Bilanzbündeltheorie und der Lehre von der Atomisierung zu denken.
28 Schubert/Gadeck in Beck Bil-Komm., 11. Aufl., 2018, § 255, Tz. 143, m. w. N.
29 Pankow/Gutike in Beck Bil-Komm.,1986, § 255, Tz. 143.
30 Siehe Ellrott/Gutike in Beck Bil-Komm., 4. Aufl., 1999, § 255, Tz. 143.

IV. Ergebnis – Folgerungen

Die Rechtsprechung zur Beurteilung der Gründung einer Gesellschaft ist nicht begründet und als unzutreffend abzulehnen.[31] Angesichts der Art der aufgezeigten Verstöße gegen Denkgesetze und des Schweregrades dieser Verstöße fragt sich auch, welches Bild Richter – zumindest insoweit – von der Qualifikation der Leser ihrer Entscheidungen haben?[32]

In dem Zusammenhang stellt sich die andere Frage: was ist tauschähnlich?[33]:

- Beim Tausch stehen sich zwei Tauschpartner gegenüber,
- die ihnen jeweils zuzurechnende Sachen und/oder von ihnen erbrachte Leistungen gegeneinander tauschen.
- Angesichts dessen bleibt es, bis zum Nachweis einer sich bei Gründung einer Gesellschaft ereignenden Tauschähnlichkeit, im Verborgenen[34], was tauschähnlich sein soll, wenn keine zwei Partner gegeben sind, sondern nur ein Handelnder, und auch nur bei diesem „Partner" etwas Tauschbares vorhanden[35] ist?

Auch die Beurteilung des Begriffs nachträgliche Anschaffungskosten führt zu dem Ergebnis, dass die Rechtsprechung unzutreffend ist. Die Nachträglichkeit kann sich nämlich logisch betrachtet, nur auf die Kosten beziehen[36], da ein

---

31 Kritisch auch Weber-Grellet, FR 2004, S. 790, der Aufwendungen der behandelten Art dort als Beteiligungsaufwendungen" bezeichnet. Das hilft allerdings begrifflich auch nicht weiter. Die als nachträgliche Anschaffungskosten behandelten Aufwendungen auf Beteiligungen sind nämlich begrifflich Beteiligungsaufwendungen. Wenn der Autor weiter schreibt, die Aufwendungen sind keine „echten Anschaffungskosten", ist das ebenso wenig weiterführend. Was sind nämlich dann unechte Anschaffungskosten? Da er sich selber (Schmidt/Weber-Grellet, EStG, 27. Aufl., 2008, § 17 Anm. 163, dort „ego") als kritisch bezeichnet, wird hier davon ausgegangen, dass der Autor die Aufwendungen nicht als Anschaffungskosten betrachtet. Dem wird hier mit dem Hinweis darauf, dass es sich um nachträgliche Herstellungskosten oder Werbungskosten/Betriebsausgaben im engeren Sinn handelt, zugestimmt. Die Verwendung des Begriffs „Beteiligungsaufwand" zeigt einen Teil der hier behandelten Problematik auf: es handelt sich dabei um keinen etablierten Begriff; das zeigen Blicke in die Stichwortregister von Kommentaren zum Einkommensteuergesetz auf: das Stichwort erscheint nur zu der Kommentierung von Weber-Grellet zu § 20 im Kommentar von Schmidt. Der Autor hält es also nicht für erforderlich, etablierte Begriffe zu verwenden. In Abwandlung einer Aussage von Weber-Grellet selbst (DStR 2007, S. 1789, letzter Satz) kann man sagen: ungenauer geht es nicht.
32 Angesichts der Umstande, dass derartige Zumutungen nicht zu einem Sturm der Entrüstung, zumindest zu kritischen Anmerkungen, führen, haben Richter auch keine Gelegenheit, ihr offenbar unterstelltes Bild aufgrund von Außeneinwirkung zu überdenken. Richter sollten dennoch nicht davon ausgehen, dass folgende indische Weisheit erfüllt ist; „In des Schenkwirts Hand pflegt man selbst einen Wassertrunk als Branntwein anzusehen." (Böthlingk, Indische Sprüche, 2. Aufl., Nr. 3498, zitiert nach Glasenapp, Indische Geisteswelt, Band I, S. 170.).
33 Siehe auch Wichmann, Einlagen in Gesellschaften?, Stbg 2000, S. 314 ff.
34 Der BFH hat keine Begründung geliefert.
35 Siehe II. D. 2.1.1., 1.1.2) b.b).
36 Nachträgliche Anschaffungskosten im Zusammenhang mit Beteiligungen liegen in folgendem Fall vor: ein Gesellschafter zeichnet eine Einlage von 100 Geldeinheiten (GE). Aufgrund der Einforderung bei Gründung werden 20 (GE) eingezahlt. Später werden weitere 30 (GE) eingefordert. Diese 30 (GE) stellen nachträgliche Anschaffungskosten dar.

B. Beurteilung der Ergebnisse

durch Anschaffung, d. h. durch Erwerb von einem Dritten, erworbener und damit dem Anschaffenden kraft Eigentums zuzurechnender Vermögensgegenstand nicht noch einmal erneut von einem Dritten erworben werden kann. Folglich bezieht sich die Nachträglichkeit auf die Fälligkeit der Kosten. Nichts Anderes gilt für das Wirtschaftsgut.

Außerdem können „Kosten", wie es der BFH jedoch behauptet, nicht „erweitert"[37] werden; sie stehen fest. Auch der Anschaffungskosten**begriff** kann nicht erweitert werden: Anschaffungen sind Anschaffungen und nicht zusätzlich etwas Anderes.

Es zeigt sich auch an diesen Bespielen: „richterliche Rechtsanwendung ... (ist) in den letzten Jahrzehnten zunehmend dazu übergegangen, statt inhaltlich definierter oder definierbarer Begriffe, die Voraussetzung und Bedingung eines jeden rationalen Erkennens und Schließens sind, durch generalklauselartige Formulierung die Möglichkeit zu eröffnen, jede beliebige vom Ergebnis her als richtig empfundene Entscheidung mit scheinrationalen Argumenten zu rechtfertigen."[38]

Zudem stützen sich Richter des BFH bei ihrer Tätigkeit auf Auslegungsregeln, wobei die unbegründete[39] und damit beliebige Auswahl der angewendeten Regel die Beliebigkeit der Rechtsprechung grundsätzlich fördert: es fehlt nämlich eine erforderliche[40] Regel, mit der die getroffene Wahl der angewendeten Auslegungsregel bestimmt wird. Denn „diese Grundnorm ist es, die die Einheit einer Vielfalt von Normen konstituiert, indem sie den Grund für die Geltung aller zu dieser Ordnung gehörigen Normen darstellt."[41] Und erst diese Grundnorm oder Metaregel würde eine Ordnung schaffen.[42]

In einigen anderen Lebensbereichen ergibt sich die Auswahl und Reihenfolge der anzuwendenden Werkzeuge/Regeln aus der Natur der Sache; so wird ein Chirurg erst schneiden und dann nähen, ein Elektriker erst die Kabel verlegen und dann den Anschluss herstellen, der Arzt erst untersuchen und dann das Rezept ausstellen[43], und nicht in umgekehrter Reihenfolge handeln, um nur diese Beispiele zu nennen. Bei der Auslegung von Gesetzen ergibt sich aus den Gesetzen kein Hinweis auf die anzuwendende Auslegungsregel. Daher wäre eine Metaregel erforderlich. Denn, „da stets verschiedene Prinzipien in Frage

---

37 Siehe Abschn. III. B. 7.2.
38 Reinelt, Irrationales Recht in ZAP, Sonderheft 2002 für Dr. Schneider, S. 52 ff., hier unter I.
39 Zum Erfordernis der Begründung der Auswahl bei mehreren Methoden im Rahmen der Coroona-Krise: Antes im Interview, DIE ZEIT vom 16.04.2020, S. 26.
40 A. A. Tipke, Die Steuerrechtsordnung, 1993, S. 1270 f., der jedoch übersieht, dass die Ermittlung des „Gesetzeszweck(s)", aus die er sich stützt, wiederum durch Auslegung erfolgt, wobei sich fragt, nach welcher Auslegungsregel sie erfolgt. Tipke nennt keine.
41 Singer, Praktische Ethik, Reclam 1984, S. 255.
42 Als ein Beispiel dafür, dass aufgrund einer fehlenden Metaregel („welche Beurteilungsaspekte einer Handlung im Konfliktfall den Vorrang genießen sollen") führt zur Ablehnung einer Lehre zur Pflichtenethik führte, siehe Deontologische Theorien, Einleitung in Birnbacher/Hoerster (Hrsg.), Texte zur Ethik, 1976, S. 230 ff., hier S. 235.
43 Siehe Harari, Money, 2018, S. 80 ff.

IV. Ergebnis – Folgerungen

kommen, kann zweifelsohne nicht *bewiesen* werden, daß eine Entscheidung die einzig richtige ist. Aber diese Entscheidung kann dadurch annehmbar gemacht werden, daß man sie als das begründete Ergebnis einer auf Information und Unparteilichkeit beruhenden Wahl ausweist."[44]

Eine solche Regel existiert im Steuerrecht nicht. Zudem werden nichtssagende Regeln, die anspruchsvoll klingen, angewendet: z. B. ist bei dem Bezug auf die sogenannte verfassungskonforme Auslegung, niemals aufgezeigt worden, dass die abgelehnte/abgelehnten Auffassung(en) zu nicht- oder weniger[45] verfassungskonformen Lösungen führt/führen. Auch ist nicht aufgezeigt worden, worin die Verfassungskonformität der auf sie gestützten Entscheidungen zum Ausdruck kommt. Gegen die Verwendung des einen anspruchsvollen Eindruck erzeugenden, Begriffs ist zudem auf diese allgemeine Erkenntnis hinzuweisen: „Man traue keinem erhabenen Motiv für eine Handlung, wenn sich auch ein niedrigeres finden läßt."[46]

Es wird auch die Auffassung vertreten, „dass der BFH oft nicht den Willen des Gesetzgebers erforschen, sondern Mängel der Gesetzgebung nachweisen will".

Der BFH sieht im Gesetzgeber womöglich nicht den Volkssouverän, dessen Willen er zu erforschen und jedenfalls zu respektieren hat, sondern die Beamten, die die Gesetze formulieren. Wenn das so ist, dann wird das Gesetz nicht als etwas über allem stehendes Regelwerk der Volksvertretung begriffen, sondern als Machwerk von Beamten, das der richterlichen und Kreativität ausgesetzt ist (der BFH als `Reparaturwerkstatt der Gesetze`).[47]

Zum Inhalt der Rechtsprechung des BFH besteht die Erwartung, dass sich die Methodik der Rechtsprechung als Ergebnis einer Rechtswissenschaft, ergibt. In dem Zusammenhang soll hier abschließend auf Folgendes verwiesen werden: selbst ein Richter des BFH meint, es herrsche beim BFH „Methodensynkretismus"[48]; er spricht auch von Beliebigkeit[49]. Synkretismus wird u.A. auch als „unmethodische und kritiklose Vermischung"[50] und als „(ohne) innere Einheit und Widerspruchslosigkeit"[51] bezeichnet. Die hier aufgezeigten Mängel beruhen offensichtlich auf mehrfache Weise auf Beliebigkeit der und in der Rechtsprechung des BFH.

---

44 H.L.A.Hart, Akzeptanz als Basis einer positiven Rechtsordnung, in Hoerster (Hrsg.), Recht und Moral, Reclam 1987, S. 50 ff., hier S. 67.
45 Siehe Larenz, Methodenlehre der Rechtswissenschaft, 6. Aufl., S. 339.
46 Vogel, Gibt es eine natürliche Moral? Oder, Wie widernatürlich ist unsere Ethik, in Meier H. (Hrsg.), Die Herausforderung der Evolutionsbiologie, 3. Aufl., zitiert nach Willi, Psychologie der Liebe, 2002, S. 25.
47 Kramer, Von einigen Fehlleistungen des BFH, IStR 2019, S. 96 ff., hier S. 100 unter 7.
48 Kanzler, Die Gesetzesbegründung im Steuerrecht, FR 2007, S. 525 ff., hier S. 529.
49 Kanzler, Die Gesetzesbegründung im Steuerrecht, FR 2007, S. 525 ff., hier S. 529.
50 Kirchner, Wörterbuch der philosophischen Grundbegriffe, Stichwort Synkretismus, zitiert nach Wikipedia.
51 Philosophisches Wörterbuch, Schischkoff (Hrsg.), 22. Aufl., hier: Stichwort „Synkretismus".

B. Beurteilung der Ergebnisse

Angesichts der sich aus der Darstellung der Steuerrechtsprechung ergebenden, sich verselbständigenden intellektuellen Ambitionen von Richtern bis hin zu „richterlicher Gesetzgebung", also zum Quasigesetzgeber[52], worin ein Verstoß gegen Art. 20 Abs. 2 und 3 GG gesehen werden kann.[53] Und in dem unbeirrten Beharrens auf unbegründeten und anhand von Steuergesetzen nicht begründbaren Auffassungen, wird Beliebigkeit offenkundig.

Es wurde auch festgestellt, dass sich der BFH in die Rolle eines von ihm gegebenenfalls hinzuzuziehenden Sachverständigen begeben hat.[54] Hinsichtlich der personellen Besetzung von Ethikkommissionen heißt es in dem Zusammenhang: „Es ist auch sinnvoll, Vertreter nichtbeteiligter Fächer ... zu berücksichtigen, um fachspezifische Beschränktheiten zu überwinden."[55] Daran halten sich – wie dargestellt – Richter des BFH nicht; vielmehr „versuchen (sie) sogar den Anwendungsbereich der eigenen Wissenschaft soweit wie möglich auszudehnen und alle anfallenden Probleme nur juristisch ... zu behandeln,"[56] und sich – wie gesagt – als Autorität im fremden Fachgebiet zu gerieren, wenn es dabei bliebe.

Da der BFH in den aufgeführten, wie in anderen Zusammenhängen keine Begründungen für seine Auffassungen anführt, soll im Weiteren zunächst die Frage nach der Begründungspflicht behandelt werden.

Ergänzend, hier insoweit abschließend, ist auf Folgendes als Ausfluss des Rationalprinzips noch einmal hinzuweisen: „Die Ethik hat für Wissenschaftler und Institutionen sogenannte Vorzugs- und Sicherheitsregeln entwickelt[57]; von denen sollen hier nur die Problemlösungsregel[58] und die Beweislastregel[59] genannt werden. Anstatt die nach der Beweislastregel erforderlichen Nachweise zu erbringen, machen Richter des BFH den Steuerbürger insoweit zum Versuchsobjekt – und das teilweise über Jahrzehnte."[60]

---

52 Darin kann ein Verstoß gegen Art. 20 Abs. 2 und 3 GG liegen, siehe Hofmann in Schmidt/Bleibtreu/Hofmann/Hennecke, GG, 14. Aufl., 2018, Art. 20, Rn. 94.
53 Siehe Hofmann in Schmidt/Bleibtreu/Hofmann/Hennecke, GG, 13. Aufl., Art. 20 Rn. 94.
54 Siehe Abschn. IV. B. 7.2.
55 Höffe, Ethik im Diskurs von Philosophie und Einzelwissenschaften, in Höffe/Kadelbach/Plumpe (Hrsg.) Praktische Philosophie/Ethik, 1981, S. 17.
56 Höffe, Ethik im Diskurs von Philosophie und Einzelwissenschaften, in Höffe/Kadelbach/Plumpe (Hrsg.) Praktische Philosophie/Ethik, 1981, S. 18 f.
57 Vgl. zu dem Hinweis auf die Quellen und dem Folgenden, auch den folgenden Zitaten, Küng, Projekt Weltethos, 11. Aufl., S. 74 f.; vgl. auch Mieth, Interkulturelle Ethik, in Küng/Kuschel (Hrsg.), Wissenschaft und Weltethos, 2001, S. 359 ff., hier S. 379 f.
58 „Kein wissenschaftlicher ... Fortschritt, der, realisiert, größere Probleme als Lösungen schafft!"
59 „Wer eine neue wissenschaftliche Erkenntnis vorträgt, ... hat selber nachzuweisen, daß ... (er keinen) Schaden verursacht".
60 Wichmann, Warum bleibt das Überschreiten von Grenzen der richterlichen Rechtsfortbildung ohne Konsequenzen?, Stbg 2020, S. 20 ff., hier S. 32, 3. Abs.

IV. Ergebnis – Folgerungen

2. Begründungspflicht, Bestehen und Funktion

2.1. Die gesetzlichen Grundlagen

2.1.1. Die Finanzgerichtsordnung

Rechtsgrundlagen zur Begründungspflicht[61] ergeben sich aus §§ 96, 105, 116 Abs. 5, 126 Abs. 6 und 126a FGO. Dabei ist es für die hier erforderlichen Überlegungen ausreichend, auf das in diesen Bestimmungen zum Ausdruck kommende Grundsätzliche abzustellen.

Soweit es im betrachteten Zusammenhang relevant ist, sind §§ 96 und 105 FGO zu betrachten. In § 96 Abs. 1 AO heißt es dazu: „In dem Urteil sind die Gründe anzugeben, die für die richterliche Überzeugung leitend gewesen sind." Die Gründe sind auch nach § 105 Abs. 2 Nr. 5 FGO im Urteil aufzuführen. Gegen die Anforderungen der §§ 96 und 105 AO verstößt der BFH dadurch, dass er z. B. im Urteil zur Buchführungspflicht hinsichtlich des Sonderbetriebsvermögens[62] seine gegen den eindeutigen Inhalt des Gesetzes verstoßende Auffassung nicht begründet, sondern lediglich eine Behauptung aufstellt und damit die ihm obliegende „Beweislast" nicht erfüllt.[63]

2.1.2. Das Grundgesetz

Die Begründungspflicht geht „auf das Rechtsstaatsprinzip (Art. 20, 28 Abs. 1 GG) zurück."[64] „Darüber hinaus gibt der Justizgewährungsanspruch des Art. 19 Abs. 4 GG ein Recht auf eine rechtsstaatliche, also in ihrer Ableitung aus dem Gesetz nachvollziehbare, in Rechtsmaßstab und Rechtsanwendung kontrollierbare, in ihrer Willkürfreiheit ersichtliche Gerichtsentscheidung."[65] Dazu ist eine Begründung unverzichtbar.

Z. B. ist zu dem hier behandelten Urteil zur Buchführungspflicht für Sonderbetriebsvermögen weiterhin der Gesichtspunkt der „willkürlichen Rechtsanwendung"[66] zu beachten. Sie liegt vor, wenn „ein Gericht vom eindeutigen Wortlaut einer Vorschrift ohne Begründung abgeht."[67] Denn es gilt: „Gesetzliche Vorgaben konkretisieren die Gesetzesbindung als verfassungsunmittelbare Schranke der sachlichen richterlichen Unabhängigkeit."[68] Dabei bedeutet sachliche rich-

---

61 Siehe Wichmann, Das System der Ertragsteuern und die Rechtsprechung des Bundesfinanzhofs, 2020.
62 Siehe Abschn. III. A. 2.2.2.; sieh auch die erwähnte Beweislastregel.
63 Dazu Coing, Grundzüge der Rechtsphilosophie, 4. Aufl., 1985, S. 324, 2. Abs.
64 Lange, Die richterliche Überzeugung und ihre Begründung; DStZ 1997, S. 174 ff., hier S. 177 unter III. 1.
65 Lange, Die richterliche Überzeugung und ihre Begründung; DStZ 1997, S. 174 ff., hier S. 177 unter III. 1, m. w. N.
66 Jarass, Folgerungen aus der neuen Rechtsprechung des BVerfG für die Prüfung von Verstößen gegen Art. 3 I GG, NJW 1997, S. 2545 ff., hier S. 2548 unter 2. b).
67 Siehe BVerfGE 71, S. 122 ff., hier S. 136; Jarass/Pieroth, GG, 15. Aufl., Art. 3 Rn. 50; Jarass, Folgerungen aus der neuen Rechtsprechung des BVerfG für die Prüfung von Verstößen gegen Art. 3 I GG, NJW 1997, S. 2545 ff., hier S. 2548 unter 2. b).
68 Hillgruber in Maunz-Dürig, Grundgesetz Kommentar, Art. 97 Tz. 87, Stand Mai 2008.

B. Beurteilung der Ergebnisse

terliche Unabhängigkeit „Freiheit von Weisungen",[69] als „Freiheit von jeglicher Einflussnahme der Exekutive."[70] Sie bedeutet nicht Freiheit vom Gesetz. Und das Gericht weicht von dem eindeutigen Wortlaut und vom unzweifelhaften, erkennbaren Sinn der §§ 140, 141 AO ab.

Allgemein wird gesagt, „(wir) können ... davon ausgehen, daß das Ziel des Begründungsverfahrens jeweils darin bestehen muß, die Wahrheit der betreffenden Auffassungen und damit die Aussagen in denen sie formuliert sind, zu sichern"[71].

Ohne Begründung kann man lediglich „ohne guten Grund von etwas überzeugt sein"[72], das heißt: glauben.[73] Es ist jedoch Wissen erforderlich, und „unser Wissen beruht nicht auf dem (auch noch so überzeugten) Fürwahrhalten unserer Behauptungen, sondern auf den zwingenden Gründen, die wir für die Wahrheit diese Behauptungen anführen können."[74]

2.2. Der Gesichtspunkt der Begründung

2.2.1. Funktionen der Begründung

Mit einer Begründung kann ein Gericht nachweisen, dass es „die Gesetzesbindung als verfassungsunmittelbare Schranke der sachlichen richterlichen Unabhängigkeit"[75] beachtet hat. Mit einer Begründung weist das Gericht die Bearbeitung des Falles und deren Art nach. Sie dient der Information der Beteiligten.[76] Das gilt unabhängig davon, ob ein Rechtsmittel gegeben ist oder nicht. Es ist zudem bedeutend, dass **„eine Begründung ... auch das Rechtsgefühl**[77] **befriedigt."**[78]

Die Begründung dient angesichts der erheblichen Breitenwirkung von Entscheidungen des BFH auch der Information der übrigen, wenn auch nur potenziell, z. B. für Beratungs- und Gestaltungsfragen, betroffenen Steuerbürger und der für sie beratend Tätigen. Ansonsten wäre es nicht vertretbar, dass sich zulässiger Weise „die Entscheidungsgründe ... auch aus einer **Bezugnahme auf**

---

69 Schmidt-Räntsch, Deutsches Richtergesetz, 6. Aufl., 2009, § 25, Tz. 4.
70 Schmidt-Räntsch, Deutsches Richtergesetz, 6. Aufl., § 25, 2009, hier Tz. 8.
71 Albert, Die Unmöglichkeit einer philosophischen Letztbegründung, in Böhler/Berlich/Plumpe, Praktische Philosophie/Ethik 1, 1980, S. 264 ff. hier S. 265.
72 Pinker, Aufklärung jetzt, 2018, S. 441.
73 Pinker, Aufklärung jetzt, 2018, S. 441.
74 Berlich, Problem einer normativen Ethik, Einführung, S. 248 ff., hier S. 248.
75 Hillgruber in Maunz-Dürig, Grundgesetz Kommentar, Art. 97 Tz. 87, Stand Mai 2008.
76 Dobelli, Die Kunst des klugen Handelns, 2012, S. 5 ff. zeigt an praktischen Beispielen auf, dass Begründungen, losgelöst von ihrer Qualität, Vertrauen und Sicherheit schaffen.
77 Zum Rechtsgefühl, wohl nur für Richter, siehe Tipke, Die Steuerrechtsordnung, 1993, S. 1306 f.
78 Seer in Tipke/Kruse, FGO, § 96 Tz. 104, Stand August 2018.

IV. Ergebnis – Folgerungen

ein anderes Urt. (ergeben)".[79] Diesem Zweck dienen auch amtliche Entscheidungssammlungen als Hilfsmittel.[80] Ohne Begründung erfüllt ein Urteil nicht seine Funktion, „Planbarkeit für ... zukünftiges Verhalten (zu schaffen)"[81]. Ebenfalls erfordert die „Selbstkontrolle des Gerichts"[82] eine Begründung; nur so kann das Gericht sich selbst nachweisen, die zweite Grundfrage der Erkenntnistheorie, „wie gelangen wir zu unsrem Wissen?"[83] gestellt und sachgerecht beantwortet zu haben.

Aus Sicht der Parteien eines betreffenden konkreten Rechtsstreits, aus Sicht zudem der fachkundigen Allgemeinheit, und den für die Parteien und die Allgemeinheit fachkundig Tätigen, ist die Funktion einer Begründung, das Verstehenkönnen des Urteils.[84] Dazu soll eine Begründung, die „trägt"[85], bei Verwaltungsakten entbehrlich sein. Da Urteile keine Verwaltungsakte iSd. § 118 AO sind, die sich idR. nicht, wie Urteile, bei einer Vielzahl von Steuerbürgern auswirken, ist für sie zu fordern, dass sie „tragen".

Auf die Notwendigkeit des Verstehenkönnens wurde auch, mit einem Hinweis auf einen bedeutenden Philosophen[86], wie folgt hingewiesen: „Wittgenstein hat das Augenmerk der Philosophischen Zunft darauf gelenkt, dass etwas Gesagtes, bevor es auf seine Wahrheit oder Falschheit geprüft werden kann, zunächst einmal verstehbar sein muss."[87]

Und um in diesem Zusammenhang auf den Algorithmus als aktuelles Beispiel hinzuweisen, wird zur „Begründung" gesagt: „Wir verstehen viele Algorithmen noch recht gut. Es hapert hingegen an dem Verständnis, was Algorithmen aus den Daten machen. ... Wir müssen dazu kommen, maschinelle Lernverfahren zu entwickeln, die ihre Entscheidungen **begründen** (Hervorhebung durch den Verfasser.)können."[88]

---

79 Seer in Tipke/Kruse, FGO, § 119 Tz. 81, Stand Februar 2019; so auch Lange in Hübschmann/
Hepp/Spitaler, FGO, § 96 Tz. 209, Stand Juli 2013.
80 Siehe Lange in Hübschmann/Hepp/Spitaler, FGO, § 96 Tz. 209, Stand Juli 2013.
81 Birk, Die Finanzgerichtsbarkeit – Erwartungen, Bedeutung, Einfluss, DStR 2014, S. 65 ff., hier S. 68 unter 2.
82 Für alle: Lange, Die richterliche Überzeugung und ihre Begründung; DStZ 1997, S. 174 ff., hier S. 177 unter III. 2., m. w. N.
83 Siehe Abschn. I. B. und den dort zitierten Philosophen Rapoport, Bedeutungslehre, 1972, S. 340.
84 Siehe Offerhaus, Grundsatzfragen der Steuerrechtsprechung, Stbg 1997, S. 241 ff., hier S. 243 f., unter IV.
85 Den Begriff verwendet *Söhn* in Hübschmann/Hepp/Spitaler, AO, § 121 AO, Tz. 46, Stand September 2014, im Zusammenhang mit der Begründungspflicht von Verwaltungsakten.
86 Siehe Wiehl, Geschichte der Philosophie, Ban d 8, Reclam 1981, Stichwort Ludwig Wittgenstein (I), hier S. 290: „genialem philosophischen Werk".
87 Keil, Wenn ich mich nicht irre, Reclam 2019, S. 74.
88 Rarey, in Hasse wie weit steuern Algorithmen unser Leben, Hamburger Abendblatt vom 18./19. Januar 2020, S. 8.

B. Beurteilung der Ergebnisse

Wenn von Verstehbarkeit gesprochen wird, wird immer an Menschen gedacht; es muss für Menschen verstehbar sein. Und „der Mensch ist ein gewissheitsbedürftiges Wesen. Er will Klarheit und Wahrheit",[89] wie der Medienwissenschaftler Pörksen schreibt. Angesichts der Begründungspraxis des BFH werden Klarheit und Wahrheit[90] dem Steuerbürger als Mensch in vielen Fällen nicht zuteil. Da eine menschenwürdige Behandlung die Wahrnehmung des Menschen, wie er ist, erfordert, kann in dem jeweiligen Verstoß von Richtern gegen des BFH gegen ihre Begründungspflicht auch ein Verstoß gegen Art 1 GG gesehen werden.

2.2.2. Wahrnehmung der Begründungspflicht durch den Bundesfinanzhof?

Es hat sich ergeben, dass Richter in mehreren hier behandelten Urteilen gegen ihre Begründungspflicht verstoßen, ihre Beweislast nicht erfüllen, der Beweislastregel nicht entsprochen, haben. Der Katalog der Urteile ließe sich ergänzen. Dabei „verlangt das Rechtsstaatsprinzip eine methodische **rational überprüfbare**[91] **Argumentation** bei der Begründung einer Entscheidung."[92] Und das Rechtsstaatsprinzip fordert auch „Unbefangenheit des Richters".[93] Dazu ist darauf zu verweisen, dass es in Ermangelung eines Buchungs-/Bilanzierungsobjektes der betroffenen Personengesellschaft ohne die Gerichtsentscheidung für eine Buchhaltungs- und Bilanzierungspflicht für das Sonderbetriebsvermögen[94] dem Fortbestand des wesentlichen Inhalts der Bilanzbündeltheorie, für den es ohnehin noch immer keine tragfähige dogmatische Begründung gibt,[95] die Basis entzogen worden wäre: ohne Buchführungs- und Bilanzierungspflicht gäbe es keine Sonderbilanzen. In dieser Situation und angesichts der erkennbar weittragenden grundsätzliche Bedeutung der Entscheidung konnten die entscheidenden Richter nicht unbefangen urteilen.[96]

---

89 Pörksen, Extremismus der Erregung, Wirtschaftswoche 8 vok 14.02.2020, S.46f., hier S.46.
90 Das ist im betrachteten Zusammenhang Richtigkeit.
91 Auf „die rechtsstaatliche Foderung nach Kontrollierbarkeit aller staatlichen Vorgänge" und den Hinweis „Kontrollierbarkeit erfordert primär Offenheit" siehe den ehemaligen Verfassungsrichter Friesenhan, zitiert nach Lamprecht, Ein unbewältigter Konflikt, BB 1992, S.2153ff., hier S.2153; Zweigert, ein weiterer ehemaliger Verfassungsrichter hat von der Justiz zur Ermöglichung der „Kontrolle durch das Volk" „Publizität durch Offenlegung" gefordert, Zweigert, zitiert nach Lamprecht, siehe vorstehend.
92 Helmuth Schulze-Fielitz in Dreier (Hrsg.) Grundgesetz Kommentar, 3. Aufl., Art 20 (Rechtsstaat), Tz. 176.
93 Sachs in Sachs Grundgesetz, 8. Aufl. Art. 20 Tz. 163.
94 Siehe Abschn. III. A. 2.2.2.
95 Siehe Wichmann, Die Sonderbilanz – eine kritische Bestandsaufnahme, DStZ 2016, S.414ff. Es ist damit zu rechnen, dass eine methodische Begründung für Sonderbilanzen nicht auffindbar sein wird: sie ist ein spezielle Ergebnis der Bilanzbündeltheorie.
96 Zudem waren sie einem Sachzwang (Siehe die folgende Darstellung.) ausgesetzt, dem sie nicht unterliegen dürfen.

IV. Ergebnis – Folgerungen

Es stellt sich unter dem Gesichtspunkt der Befangenheit[97] auch die insoweit praktische Frage, ob ein Richter, dessen Ehefrau oder dessen Lebenspartner[98] an einer Gesellschaft beteiligt war, bei der die hier behandelte Frage relevant war. Und diese Frage wird angesichts der Anonymität der Tätigkeit der Richter des BFH nicht beantwortet werden können. Das ist der Gesellschaft nicht zumutbar.

Angesichts dessen stellt sich die weitere grundsätzlichere Frage, ob dieser Umstand der Nichterfüllung gesetzlicher Anforderungen praktisch irgendwelche Folgen haben kann.

Nach Art. 97 Abs. 1 GG sind Richter „unabhängig und nur dem Gesetze unterworfen." Das soll für Richter bedeuten, dass sie von äußeren Einflüssen[99], von „Interessenbindungen" und „Sachzwängen" unabhängig sein sollen.[100] Allerdings sind sie nicht vom Gesetz „unabhängig", sie unterliegen grundsätzlich einer Gesetzesbindung.[101] Und, wie gesagt: „gesetzliche Vorgaben konkretisieren die Gesetzesbindung als verfassungsunmittelbare Schranke der sachlichen richterlichen Unabhängigkeit."[102]

Für den betroffenen Rechtsuchenden bedeutet das, ein Urteil soll auf der Grundlage des Gesetzes von Richtern gesprochen werden; ein Urteil ist jedoch immerhin zwangsläufig von den inneren Einflüssen und damit der „persönlichen Vorprägung"[103] der entscheidenden Richter geprägt. Dadurch wirken die Richter als „Typen von Menschen"[104]. Urteile sind auch geprägt durch deren Bildung, insbesondere ihre beruflichen Vorerfahrungen.[105] Kein Richter ist ein „Rechtsprechungsautomat".[106] Das Selbstverständnis jedes Richters prägt seine Entscheidung; und das Selbstverständnis ist zum Teil bemerkenswert.[107]

---

97 Z. B. hat ein Wirtschaftsprüfer nach § 49 WPO „seine Tätigkeit zu versagen, wenn … Besorgnis der Befangenheit … besteht." Zudem wird die Erfüllung dieser Pflicht nach § 57 Abs. 2 Nr. 4 WPO von der Wirtschaftskammer überprüft. Siehe auch §§ 319a und 319b HGB. Dann fragt sich, sind die geringeren Anforderungen an Richter sachgerecht?
98 Das führt z. B. nach § 319 Abs. 3 letzter Satz HGB zur Befangenheit eines Wirtschaftsprüfers.
99 Siehe z. B. die Einflussfaktoren bei Sachs, in Sachs Grundgesetz Kommentar, 8. Aufl., Art. 97, unter „I. Die sachliche Unabhängigkeit".
100 Birk, Die Finanzgerichtsbarkeit – Erwartungen, Bedeutung, Einfluss, DStR 2014, S. 65 ff., hier S. 66 f. unter 1.2.
101 Birk, Die Finanzgerichtsbarkeit – Erwartungen, Bedeutung, Einfluss, DStR 2014, S. 65 ff., hier S. 66, re.Sp., 2. Abs.
102 Hillgruber in Maunz-Dürig, Grundgesetz Kommentar, Art. 97 Tz. 87, Stand Mai 2008.
103 Birk, Die Finanzgerichtsbarkeit – Erwartungen, Bedeutung, Einfluss, DStR 2014, S. 65 ff., hier S. 67, 1. Abs.
104 Birk, Die Finanzgerichtsbarkeit – Erwartungen, Bedeutung, Einfluss, DStR 2014, S. 65 ff., hier S. 66, 1. Abs. unter 1.2.
105 Auf die weltweit diskutierte Besetzung des Obersten Gerichtshofs der USA wird als Beispiel hingewiesen; vgl. z. B. Der Spiegel vom 30.06.2018, Heft 27, S. 85.
106 Schmidt-Räntsch, Deutsches Richtergesetz, 6. Aufl., 2009, § 26, Tz. 27.
107 Siehe Wichmann, das System der Ertragsteuern und die Rechtsprechung des Bundesfinanzhofs, 2020, S. 92 ff.

B. Beurteilung der Ergebnisse

3. Der Gesichtspunkt der Macht

Es ist erforderlich, auf den Gesichtspunkt der Macht besonders hinzuweisen, denn: „Wer genauer hinsieht, muß befürchten, daß Richter ihre Teilhabe am Gewaltmonopol, Herrschaft über Menschen, auf perfekte Weise verdrängen."[108] Der Gesichtspunkt der Macht ist prinzipiell, jedoch auch wegen der Breitenwirkung von Urteilen des BFH, bedeutend.[109] Es heißt dazu, dass ein „Richter den Parteien übergeordnet (ist); sie stehen unter seiner Macht. Aus diesen Grundlagen (Ergänzung des Verfassers: „oberste Regeln des rechtlichen Verfahrens".) ergeben sich die Regeln, denen das Rechtsverfahren folgt: Es dient dem sozialen Frieden und der Streitentscheidung; daher muss es zu einer endgültigen Lösung führen. Es soll der Ermittlung der Wahrheit und des Rechts dienen; es ist also ein sachgebundenes Erkenntnisverfahren und darum, wie alle Wahrheitssuche wohl nachprüfbar, aber sachfremden Einwirkungen wie Befehlen, persönlicher Rücksichtnahme nicht zugänglich."[110]

Dazu gilt[111]: „*alle Macht von Menschen über Menschen muss begrenzt sein.* Unbeschränkte Macht widerspricht dem Recht. Diesem Satz liegt die Erfahrung zugrunde, daß unbeschränkte Macht die Gefahr des Mißbrauchs in sich trägt."[112]

Insbesondere mit der Macht als „Einwirkung auf andere"[113], die Richter des BFH im hier behandelten Fall des Sonderbetriebsvermögens jährlich „vieltausendfach"[114], und sonst tausendfach[115] ausüben, üben sie Macht aus.[116] Es heißt dazu auch, „daß Richter Teilhabe am Gewaltmonopol"[117] ausüben. Unter diesem Gesichtspunkt kann gefordert werden: „Im Blick auf die Organisationen und Institutionen der Gesellschaft, die zu Handlungssubjekten und Entscheidungsträgern geworden sind, ist ... die Notwendigkeit transparenter Entscheidungsstrukturen ... sowie die rechtliche Verantwortung zur Geltung zu brin-

---

108 So Lamprecht, Ein unbewältigter Konflikt, BB 1992. S. 2153 ff., hier S. 2157, li.Sp., der Rechtsprechung von Berufs wegen begleitet.
109 Siehe Offerhaus, Grundsatzfragen der Steuerrechtsprechung, Stbg 1997, S. 241 ff., hier S. 243 f., unter IV., der darauf hinweist, dass sich Urteile des BFH auch an die „Allgemeinheit" richten.
110 Coing, Grundzüge der Rechtsphilosophie, 4. Aufl., 1985, S. 228, m.w.N.
111 Siehe zum Begriff Macht auch Kreß/Müller, Verantwortungsethik heute, 1997, S. 131.
112 Coing, Grundzüge der Rechtsphilosophie, 4. Aufl., 1985, S. 220. Siehe auch Luhmann, Macht, 4. Aufl., 2012, S. 91.
113 Kreß/Müller, Verantwortungsethik heute, 1997, hier S. 131, unter 4.1.; Lamprecht, Ein unbewältigter Konflikt, BB 1992, S. 2153 ff., hier S. 2157, li.Sp., nennt es „Herrschaft über Menschen".
114 Wichmann, Warum bleibt das Überschreiten von Grenzen der richterlichen Rechtsfortbildung ohne Konsequenzen?, Stbg 2020, S. 20 ff., hier S. 21, unter I.
115 Der BFH entscheidet sich sogar zu Fällen, die „grundsätzliche Bedeutung" haben, für deren Veröffentlichung, siehe Brandis in Tipke/Kruse, FGO, § 10, Tz. 6, Stand Januar 2016.
116 Kreß/Müller, Verantwortungsethik heute, 1997, hier S. 131, unter 4.1.
117 Lamprecht, Ein unbewältigter Konflikt, BB 1992, S. 2153 ff., hier S. 2157, li.Sp.

IV. Ergebnis – Folgerungen

gen."[118] Denn „Macht muß verantwortet werden."[119] Das heißt auch, „daß man für die (voraussehbaren) Folgen seines Handels aufzukommen hat."[120] Aus Sicht der von Urteilen Betroffenen kann man sagen, es gebe ein Recht auf Rechtfertigung.[121]

Ein besonderer und besonders beachtlicher Fall liegt in diesem Zusammenhang bei Verstößen gegen die Rechtsbindung von Richtern vor. Dann gilt die allgemeine Feststellung, „aus der Rechtsbindung allen staatlichen Handelns folgt eine objektiv-rechtliche Pflicht, zur Beseitigung von Rechtsverstößen des Staates."[122] Dazu ist es zumindest erforderlich, dass der BFH in angemessener Weise auf entsprechende Rechtsverstöße hinweist. Denn „verantworten meint ..., sich bezüglich der Tat offenbar zu machen".[123]

Anderenfalls sind Steuerbürger fehlinformiert, was Fehlentscheidungen und gesamtwirtschaftlichen Schaden verursachen wird.

Zu der Wahrnehmung dieser Pflicht durch den BFH ist hier beispielhaft auf folgendes Ereignis hinzuweisen[124]: mit Urteil vom 5.10.1999[125] hatte das Gericht eine falsche Berechnung der Bemessungsgrundlage für die Tantieme eines GmbH-Geschäftsführers bestimmt. Zwei Jahre nachdem das Urteil gefällt war, bekannte sich Wassermeyer, einer der beteiligten Richter, in einem Vortrag dazu[126], und das auch nur vor einem kleinen Kreis von Fachleuten. Ihrer hier benannten grundgesetzlichen Pflicht haben die Richter des Senats damit nicht entsprochen.

Entgegen der erforderlichen Transparenz üben Richter des BFH ihre Macht völlig intransparent aus.[127] Damit haben sie – auch – insoweit eine einzigartige Stellung. Das gilt in besonderem Maße für die Senate, in denen sie entscheiden, denn „organisationstheoretische Überlegungen (sprechen) dafür, den Organisationen eine gegenüber den Individuen höhere Verantwortungsfähigkeit zuzutrauen, weil, ihre Entscheidungsfähigkeit rationaler als beim Individuum geschehen muß."[128]

Zu beachten ist auch, dass „(man) „nach dem Grundsatz' ‚violenti non fit iniuria' ... dort Verantwortung (hat), wo man eine Aufgabe übernommen hat, und

---

118 Kreß/Müller, Verantwortungsethik heute, 1997, hier S. 131, unter 4.1.
119 Kreß/Müller, Verantwortungsethik heute, 1997, hier S. 131.
120 Weber, Politik als Beruf, Reclam 1992, S. 70 f.
121 Siehe Forst, Das Recht auf Rechtfertigung, 2007, zitiert nach Joas, Einleitung in Joas, Vielfalt der Moderne (Hrsg.), 2012, S. 21 ff. hier S. 31.
122 Grezesick in Maunz/Düring, Grundgesetz, Art. 20 VII, Tz. 151, Stand November 2006, m. w. N.
123 Kreß/Müller, Verantwortungsethik heute, 1997, S. 51.
124 Vgl. hierzu bereits Wichmann, Stand der Rechtsprechung zur verdeckten Gewinnausschüttung, Stbg 1997, S. 64 ff., hier S. 66 f. unter 4.
125 BFH vom 05.10.1994 I R 50/94, BStBl 1995, II, S. 549 ff.
126 Siehe Wichmann, Fragen rund um den GmbH-Geschäftsführer, Stbg 1998, S. 49 ff.
127 Siehe § 5 der Geschäftsordnung des Bundesfinanzhofs, vom 27.04.1974, BStBl 1974, I, S. 286 ff.
128 Kreß/Müller, Verantwortungsethik heute, 1997, S. 19.

B. Beurteilung der Ergebnisse

man hat die Pflicht, das Übernommene gut auszuführen, sich bei Zweifeln an der Ausführung aber zur Rechenschaft ziehen zu lassen. Verantwortungsübernahme ist ein Versprechen, formell sogar ein Vertrag. Hier greift der Grundsatz ‚pacta sunt servanda'..."[129] „Aufgabenverantwortung" zu haben, bedeutet „auch Erwartungen Dritter zu erfüllen".[130] Verantwortung für ein Handeln bedeutet, „daß dafür Rechenschaft verlangt werden kann."[131]

Die Entscheidung des BFH zur Buchungspflicht des SBV kann angesichts der Unbegründetheit – wie alle anderen unbegründeten Urteile – als zufällig/kontingent betrachtet werden. Dazu führt Luhmann aus: „Höhere Macht wird unausweichlich als kontingente Entscheidung sichtbar; ihr können daher auch Bedingungen gestellt, mehr Beschränkungen gesetzt, mehr Rücksichten abverlangt werden."[132]

Damit stellt sich, nach einer Beurteilung der vorstehenden Feststellungen unter dem Gesichtspunkt der Beachtung des Rationalprinzips, die Frage nach Sanktionen.

4. Die Frage nach der Beachtung des Rationalprinzips

Es sind in der handels- und steuerrechtlichen Rechnungslegung Verstöße gegen die Denkgesetze festzustellen. So wird bei der Abgrenzung von Anschaffung und Herstellung zur Bestimmung der Herstellung „einfache Deduktion" nicht beachtet. Allerdings erfolgt handelsrechtlich mehrfach die zutreffende Begriffsbestimmung. Und bei der Bestimmung nachträglicher Anschaffungskosten wird, Logik außer Acht lassend, in beiden Bereichen überwiegend eine undenkbare nachträgliche Anschaffung unterstellt.

Zum Steuerbilanzrecht in Gestalt der Rechtsprechung, vorzugweise der des BFH, sind Verstöße gegen die Begründungspflicht, bis hin zu reinen Behauptungen, festzustellen. Damit ist auch fraglich, ob Urteile im Gericht aufgrund von Erkenntnisprozessen zustande gekommen sind. Aus Sicht der Steuerbürger, ob konkret betroffen oder nicht, ist Sicherheit/Rechtssicherheit nicht gegeben. Somit fehlt Planungssicherheit. Entscheidungen können von den betroffenen Steuerbürgern teilweise nur glaubend, nicht: wissend getroffen werden. Darin kann durchaus ein Verstoß des BFH gegen Art 1 GG gesehen werden.

Angesichts der Begründungsmängel ist auch nicht erkennbar, ob Urteile insoweit die „Wahrheit", das ist den behandelten Fällen Richtigkeit, widergeben.

Im Steuerbilanzrecht genügen Begriffs- und „Theorien"-Bildung nicht den Anforderungen, die nach dem Rationalprinzip zu erfüllen sind. Es ist nicht erkenn-

---

129 Kreß/Müller, Verantwortungsethik heute, 1997, S. 89.
130 Kreß/Müller, Verantwortungsethik heute, 1997, S. 15.
131 Jonas, Theorie der Verantwortung in Hans Jonas, Das Prinzip Verantwortung. Versuch einer Ethik für die technologische Zivilisation, 1984, S. 172, zitier nach Wickert, Das Buch der Tugenden, 1995, S. 384.
132 Luhmann, Macht, 4. Aufl., 2012, S. 89.

IV. Ergebnis – Folgerungen

bar und zweifelhaft, dass die Vorzugs- und Sicherheitsregeln vom BFH beachtet wurden.

Die Weitergeltung der Folgen der Bilanzbündeltheorie, in Gestalt der ihr innewohnenden Fiktion eines Bündels von Bilanzen, und der Prägung durch diese Fiktion nach deren angeblicher Aufgabe ist mit Denkgesetzen nicht zu erklären.

Im Zusammenhang mit dem Sonderbetriebsvermögen bei Vollrechtsfähigkeit des Gesellschafters setzt sich der BFH mit der Behandlung von entsprechenden Wirtschaftsgüter von Schwestergesellschaften aufgrund deren Teilrechtsfähigkeit über Denkgesetze hinweg.

Es ist irrational, dass der BFH

- Menschen, einschließlich seiner Richter, für befähigt hält, objektiv urteilen zu können,
- Bilanzentscheidungen auf methodisch unzuständige Argumente stützt und
- bei vGAs auch dann eine außerbilanzielle Korrektur vornimmt, wenn eine eigene Steuerbilanz erstellt werden müsste.

Insgesamt mangelt Steuerrecht Ordnung. Es wird daher nicht umsonst als Chaos bezeichnet.

5. Die Frage nach Sanktionen

Es heißt „um einer Regel den Charakter einer Rechtsregel zuzusprechen, sei ... eine Zwangssanktion nicht erforderlich; für die Geltung des positiven Rechts genüge, daß überhaupt irgendeine *Garantie* für seine Befolgung vorhanden sei. Diese können auch in moralischem Druck liegen, der von bestimmten Gruppenauffassungen, von der öffentlichen Meinung, ... auf den einzelnen ... ausgeübt werde; solche Pressionen seien oft wirksamer als der Zwangsapparat des Staates."[133]

Obgleich selbst „alles Rechtfertigen und Prüfen keine *Garantie* dafür verschafft, den Irrtum zu vermeiden, auch wenn es die Wahrscheinlichkeit dafür erhöht"[134] beharren Richter des BFH ohne Begründung und ohne Auseinandersetzung mit anderen Meinungen auf ihrem Standpunkt; und das zum Teil jahrzehntelang. Dieses Beharrungsvermögen der Richter, die die Steuerrechtsprechung schaffen, wird nach hier vertretener Auffassung dadurch gefördert, dass deren Wirken praktisch sanktionslos ist. Der einzigen, sehr scharfen Sanktion, der Rechtsbeugung[135], sind Steuerrichter offensichtlich praktisch nicht ausgesetzt; es existiert wohl bei den Parteien eine Hemmung, sich darauf zu berufen.

---

133 Coing, Grundzüge der Rechtsphilosophie, 4. Aufl., 1985, S. 285.
134 Keil, Wenn ich mich nicht irre, Reclam 2019, S. 22.
135 Siehe dazu Wichmann, Warum bleibt das Überschreiten von Grenzen der richterlichen Rechtsfortbildung ohne Konsequenzen?, Stbg 2020, S. 20 ff.

B. Beurteilung der Ergebnisse

Die für das Selbstverständnis von Richtern dargestellten Beispiele machen wenig Hoffnung hinsichtlich zu erwartender Verbesserungen hin zur Beachtung der einschlägigen, insbesondere gesetzlichen, Grundlagen. Es entsteht der Eindruck, dass Richter des BFH beabsichtigen eine Eigenständigkeit des Steuerrechts ideologieähnlich[136] zu verfolgen.

An Stelle irgendeiner Garantie für die Befolgung der gesetzlichen Vorgaben kann eine institutionalisierte[137] Immunität der Richter gegen (wirksame) Kritik festgestellt werden. Papier hat auf Folgendes hingewiesen: „Kontrolliert wird der Richter auf die Wahrung der Gesetzmäßigkeit seines Handelns hin grundsätzlich allein nach Maßgabe des Rechtsmittelrechts und in den von ihm geregelten Verfahren."[138] Da aus guten Gründen Rechtsmittel gegen höchstrichterliche Entscheidungen einerseits für den Steuerbürger nicht gegeben sind und da andererseits die beschriebene unzumutbare Situation besteht, ist es erforderlich, über eine Möglichkeit der Verbesserung der Situation nachzudenken.

Dazu wird hier Publizität und Transparenz[139] lediglich insoweit erwartet, als sie für sachgerechte tragfähige Entscheidungen für Steuerbürger und die übrigen Betroffenen erforderlich[140] sind.

Ansatzpunkt ist das menschliche Bedürfnis nach Anerkennung[141], das Rapoport als eines der von ihm genannten vier „invarianten Bedürfnisse" nennt. Das sind Bedürfnisse, die alle Menschen teilen[142]. Auch sonst wird auf dieses Bedürfnis nach Anerkennung hingewiesen.[143] Schopenhauer hat dazu zutreffend dargestellt, wie sich einerseits Lob[144] und andererseits dessen Gegenteil beim Menschen auswirken.[145]

---

136 Meßmer, Die Bilanzbündeltheorie – Eine meisterhafte Schöpfung der Rechtsprechung?, in Steuerberater-Jahrbuch 1972/73, S. 127 ff., hier S. 163 spricht von „angeblicher steuerrechtlicher Eigengesetzlichkeiten".
137 Siehe § 5 der „Geschäftsordnung des Bundesfinanzhofs" vom 27.04.1974, BStBl 1974, I, S. 286 ff.
138 Papier, Die richterliche Unabhängigkeit und ihre Schranken, NJW 2001, S. 1089 ff., hier S. 1094 unter V.
139 Siehe dazu Lamprecht, Ein unbewältigter Konflikt, BB 1992, S. 2153 ff.
140 Siehe Wichmann, Das System der Ertragsteuern und die Rechtsprechung des Bundesfinanzhofs, 2020.
141 Siehe: Rapoport, Philosophie heute und morgen, 3. Aufl., S. 157 spricht von „Zugehörigkeit"; Remo H. Largo, Das passende Leben, 3. Aufl., z. B. S. 183 f.
142 Siehe z. B. Rapoport, Philosophie heute und morgen, 3. Aufl., hier S. 155 ff.
143 Siehe z. B.: Seiffert, Wissenschaftssoziologie, in Seiffert/Radnitzky, Hrsg., Handlexikon der Wissenschaftstheorie, 1992, S. 453 ff., hier S. 455, 3. Abs. unter 2.; A.S., Kommunikation, in Höffe Hrsg., Lexikon der Ethik, 4. Aufl. 1992, S. 141 ff., hier S. 141, re. Sp.; Luhmann; Funktion der Moral, in Höffe/Kadelbach/Plumpe Hrsg., Praktische Philosophie, 2, 1981, S. 136 ff., hier S. 139.; Messner, Die Natur des Menschen als Grundlage des Sittengesetzes, in Hoerster, Hrsg., Recht und Moral, Reclam 1987, S. 96 ff., hier S. 96 f. und S. 101.
144 Es wird auch von positiven Sanktionen gesprochen, siehe Schischkoff (Hrsg.), Philosophisches Wörterbuch, 22. Aufl., 1991, Stichwort „Sanktion".
145 Schopenhauer, Aphorismen zur Lebensweisheit, 1950, S. 57.

IV. Ergebnis – Folgerungen

Hier wird daher bei dem subjektiven Erleben angesetzt, das Schopenhauer wie folgt beschreibt: „(es) ist ... zum Erstaunen, wie sehr jede Verletzung seines Ehrgeizes, in irgendeinem Sinne, Grad, oder Verhältnis, jede Geringschätzung, Zurücksetzung, Nichtachtung ihn unfehlbar kränkt und oft tief schmerzt."[146] Dabei dienen auch die Forschungsergebnisse von Kahnemann, Thaler und Knetsch über die Wirksamkeit von „sozialer Schmach" als Grundlage.[147]

Es kommt hinzu, wie es sich auch aus den bisherigen Ausführungen ergibt, dass „es für den Menschen, so wie er ist, keinen guten Grund (gibt), *irgendwelchen* Normen freiwillig zu gehorchen."[148] Daher „(besteht) eine *natürliche Notwendigkeit* für ein Sanktionssystem"[149], denn „mit der Sanktionsdrohung (ist) ... ein zusätzliches Motiv zum Rechtsgehorsam gegeben."[150] Dabei ist letztlich auch eine Sanktion eine „mit einer rechtlichen Regelung verbundene Rechtsfolge ..., die jener zur effektiven Geltung verhelfen soll".[151]

Es wird auch gesagt, dass „ im Rahmen der Ziele, aufgrund derer Sanktionen im innerstaatlichen Recht möglich und auch erforderlich sind, eine natürliche Notwendigkeit für ein Sanktionssystem (besteht)."[152] Oder es heißt Verantwortung gebiete, dass „die einzelnen Menschen sowie Institutionen und Organisationen der Gesellschaft, auch mit Hilfe von Sanktionen, zu behaften sind."[153]

Die bisherige Situation der Sanktionierung, lediglich durch Rechtsbeugung als Instrument, ist für den Steuerbürger, das ergibt sich aus den bisherigen Feststellungen, nicht zufriedenstellend. Und ohne Sanktion ist eine Verbesserung der Situation nicht zu erwarten.[154] Auf der Grundlage angemessener Transparenz und Publizität als Ausgangspunkt, ist das Folgende ein Ansatz, der davon ausgeht, dass Richter Menschen sind. Damit wird ein menschenwürdiger Vorschlag unterbreitet, da dem Richter die grundgesetzlich erforderliche **„Achtung**

---

146 Schopenhauer, Aphorismen zur Lebensweisheit, 1950, S. 57. Siehe dazu auch Largo, Das passende Leben, 3. Aufl., S. 191.
147 Siehe Kahnemann, Schnelles Denken, langsames Denken, 4. Aufl, 2011, S. 375 f.
148 Hart, Der Minimalgehalt des Naturrechts, in Höffe/Kadelbach/Plumpe Hrsg., Praktische Philosophie, 2, 1981, S. 23 ff., hier S. 28, letzter Abs.
149 Hart, Der Minimalgehalt des Naturrechts, in Höffe/Kadelbach/Plumpe Hrsg., Praktische Philosophie, 2, 1981, S. 23 ff., hier S. 28, letzter Abs.
150 Hart, Akzeptanz als Basis einer positiven Rechtsordnung, in Hoerster, Hrsg., in Recht und Moral, Reclam 1987, S. 51 ff., hier S. 61.
151 Creifels Rechtswörterbuch, 19. Aufl., Stichwort „Sanktion"
152 H.L.A. Hart, Eine empirische Theorie der Rechtsbegründung, in Hoerster (Hrsg.) Recht und Moral, Reclam 1991, S. 109 ff., hier S. 128.
153 Kreß/Müller, Verantwortungsethik heute, 1997, S. 128.
154 Siehe Herbert Hart, Der Minimalgehalt des Naturrechts, in Höffe/Kadelbach/Plumpe Hrsg., Praktische Philosophie, 2, 1981, S. 23 ff., hier S. 28, letzter Abs.

als Mensch"¹⁵⁵ zugestanden wird. Damit ist die „Vorstellung vom Menschen"¹⁵⁶ und den unabdingbaren Notwendigkeiten seiner Existenz"¹⁵⁷ beachtet.

Angesichts der bestehenden Situation ist auch dieser Hinweis erforderlich: „Durch Ungehorsam statuiere ich für andere ein Exempel, das sie ebenfalls zum Ungehorsam verleiten kann. Der Effekt kann sich vervielfachen und zum Untergang von Gesetz und Ordnung führen."¹⁵⁸ Dieser Machtmissbrauch „(dient) der Stimulierung von Aggressionen"¹⁵⁹, welche sich auch bereits in sinkender Steuermoral bemerkbar machen. Denn, „wenn Recht nicht mehr respektiert ... wird, reichen die Folgen weit über das hinaus, was als Rechtsbruch unmittelbar vorliegt".¹⁶⁰

Es hat sich jedoch – auch hier – als plausibel erwiesen, was Helsper feststellt: „(Es muß) jedermann unter dem Druck des Strafrechts lernen ..., nur Politiker, Juristen und Militärs sind davon in unserer Rechtsordnung ausgenommen. Sie dürfen Mißerfolgskonzepte, so oft sie wollen, wiederholen, und sie tun es auch zu Lasten Dritter."¹⁶¹

Insgesamt wird eine Änderung für erforderlich gehalten, weil das bisherige Sanktionssystem, bestehend aus lediglich einer Rechtsfolge, und damit einer Sanktion, der Rechtsbeugung, ganz offenbar nicht ausreicht. Das gilt insbesondere, da eine Rechtsfolge, sollte ein Richter von seiner Schweigepflicht Gebrauch machen,¹⁶² nur für den betroffenen Senat des Gerichts, also anonym, entsteht¹⁶³, denn Gerichte (Spruchkörper) sind die organisatorischen Einheiten, durch die Richter ... tätig werden.¹⁶⁴

„Gleichgültig, wie weitsichtig und klug die Menschen auch sein mögen, sie brauchen immer noch eine durchsetzende Gewalt, damit jeder ein wirkliches Motiv hat, diese moralischen Regeln zu befolgen."¹⁶⁵

Es ist anzunehmen, „daß das Recht durch die Statuierung von Sanktionen die Menschen zu dem gebotenen Verhalten motiviert, indem der Wunsch, die Sanktion zu vermeiden, als Motiv dieses Verhalten herbeiführt."¹⁶⁶ Und „Nor-

---

155 Herdegen in Maunz/Dürig, GG, Art. 1 Abs. 1, Tz. 117, Stand Mai 2009; so auch P. Kirchhof in Maunz/Dürig, GG, Art. 3 Abs. 1, Tz. 108, Stand September 2015.
156 Siehe zu dieser Selbstverständlichkeit Lamprecht, Ein unbewältigter Konflikt, BB 1992, S. 2153 ff., hier S. 2157.
157 So noch Dürig in Maunz/Dürig, GG, Art. 3 Abs. 1 Tz. 3, Stand Mai 1994.
158 Singer, Praktische Ethik, Reclam 1984, S. 255.
159 Luhmann, Macht, 4. Aufl., 2012, S. 92.
160 Luhmann, Das Recht der Gesellschaft, 1995, S. 132.
161 Helsper, Die Vorschriften der Evolution für das Recht, 1989, S. 114; siehe auch S. 55, 2. Abs. Zu einem Beispiel zu Politikern und Entscheidungsträgern im Amt, siehe Abendblatt vom 13./14. Juli 2019, G-20-Desaster – und niemand muss gehen, S. 10.
162 Siehe Fischer, Strafgesetzbuch und Nebengesetze, 66. Aufl., § 339, Tz. 9.
163 Siehe Fischer, Strafgesetzbuch und Nebengesetze, 66. Aufl., § 339, Tz. 8.
164 Pieroth in Jarass/Pieroth, GG, 15. Aufl., Art. 92 Rn. 10.
165 Mackie, Ethik, Reclam 1981, S. 140.
166 Kelsen, Die Rechtsordnung als hierarchisches System von Zwangsnormen in Hoerster (Hrsg.) Recht und Moral, Reclam 1991, S. 20 ff., hier S. 26.

IV. Ergebnis – Folgerungen

men und Regeln werden ... umso eher eingehalten, je wirksamer die dafür vorgesehen Sanktionsmechanismen ... funktionieren."[167] Es ist dazu zu beachten, dass „für die Frage, gegen wen die Sanktionen zu richten sind, ... nicht das Prinzip der Kausalität, sondern das der „Zurechnung" (gilt). Ein Rechtssatz ist z. B. der Satz, wenn ein Mensch ein Verbrechen begeht, soll eine Strafe über ihn verhängt werden."[168]

Im Zusammenhang mit all den Feststellungen zu forderndes Verantwortungsbewusstsein steht die Erkenntnis, dass es dann gegeben ist, wenn „die Folgen unserer Handlungen uns nicht nur zugerechnet werden können, sondern ... müssen"[169]. Zurechenbarkeit ist demnach eine unabdingbare Voraussetzung für Verantwortung.[170]

Es entzieht sich jeder beteiligte Richter des BFH der Zurechenbarkeit[171] seiner Entscheidung im Senat. Er entzieht sich damit z. b. der Pflicht, sich vor einer Öffentlichkeit als Instanz zu rechtfertigen.[172] Richter des BFH sind nicht einmal bereit, das Kollektiv zu benennen, das eine Entscheidung getroffen hat, geschweige denn, wie jeder einzelne Richter gestimmt hat, was zur Erfüllung ihrer dargestellten Pflichten, einschließlich der ihnen obliegenden Beweislast,[173] erforderlich wäre.

---

167 Lenk/Maring, Wirtschaftsethik – ein Widerspruch in sich selbst? in Lenk/Maring (Hrsg.) Wirtschaft und Ethik, Reclam 1992, S. 7ff., hier S. 25.
168 Coing, Grundzüge dfer Rechtsphilosophie, 4. Aufl., 1985, S. 68.
169 Philosophisches Wörterbuch, Schischkoff (Hrsg.), 22. Aufl., Stichwort Verantwortungsbewusstsein; siehe auch: Picht, Mut zur Utopie in Praktische Philosophie/Ethik, Fn. 43, hier S. 455; zur Rechtfertigung als Wesensmerkmal der Verantwortung, siehe Deutsches Wörterbuch von Jacob und Wilhelm Grimm elektronische Bearbeitung der Erstausgabe, Zweitausendeins 05-04, Stichwort Verantwortung.
170 Zur Zurechenbarkeit als Voraussetzung der Verantwortung: Hoffmeister, Wörterbuch der philosophischen Begriffe, 2. Aufl., Stichwort Verantwortung; so auch: Höffe, Ethik im Diskurs von Philosophie und Einzelwissenschaften, in Höffe/Kadelbach/Plumpe (Hrsg.), Praktische Philosophie/Ethik, hier S. 14.
171 Zur Zurechenbarkeit als Voraussetzung der Verantwortung: Hoffmeister, Wörterbuch der philosophischen Begriffe, 2. Aufl., Stichwort Verantwortung; so auch: Höffe, Fn. 43, hier S. 14.
172 Wikipedia: Verantwortung: siehe den dort zitierten Sehwartländer, der mit dieser Anforderung, sich vor einer Instanz zu rechtfertigen, nicht allein steht.
173 Auf „die rechtsstaatliche Forderung nach Kontrollierbarkeit aller staatlichen Vorgänge" und den Hinweis
„Kontrollierbarkeit erfordert primär Offenheit" siehe den ehemaligen Verfassungsrichter Friesenhan, zitiert nach Lamprecht, Ein unbewältigter Konflikt, BB 1992, S. 2153ff., hier S. 2153; Zweigert, ein weiterer ehemaliger Verfassungsrichter hat von der Justiz zur Ermöglichung der „Kontrolle durch das Volk" „Publizität durch Offenlegung" gefordert, Zweigert, zitiert nach Lamprecht, Ein unbewältigter Konflikt, BB 1992, S. 2153ff.

C. Schlussfolgerung[174]

Zur möglichen, und wenn nur begrenzten, Abwendung der beschriebenen unzumutbaren Situation hinsichtlich Transparenz, Publizität und Auslegung soll hier in mehreren Stufen ein Vorschlag unterbreitet werden, mit dem

- die persönliche und sachliche richterliche Unabhängigkeit und
- der Bundesfinanzhof als letzte Instanz für steuerrechtliche Sachfragen

anerkannt werden.

Die veröffentlichten Urteile des Bundesfinanzhofs werden, dem Bundesgerichtshof folgend, mit Nennung der Namen der beteiligten Richter veröffentlicht. Zudem wird angegeben, ob die Entscheidung einstimmig oder nichteinstimmig und letztlich mit Angabe der Namen der zustimmenden und/oder der ablehnenden Richter getroffen wurde. Damit könnte der beschriebene Prozess eingeleitet werden.

Dieser Vorschlag[175], der von außen kommen muss, da „sich (Richter) in eigener Sache bekanntlich ... oft schwer (tun)."[176] wird wie folgt gerechtfertigt:

(1) Gegen die Nennung der Namen wird im Gespräch in der Praxis vorgetragen, sie würden sich aus dem Geschäftsverteilungsplan ergeben. Das ist nicht zutreffend, da einem Urteil nicht zu entnehmen ist, ob ein Vertreter mitgewirkt hat. Auch im Fall einer Überbesetzung des Senats ist nicht ermittelbar, welche Richter mitgewirkt haben. Insbesondere bei Entscheidungen des Großen Senats ist die tatsächliche Besetzung nicht zu ermitteln. Es kommt hinzu, dass es dem Wirtschaftlichkeitsgebot widerspricht, den Interessierten z.B. bei einem älteren Urteil, etwa dem hier behandelten aus dem Jahr 1990[177], nach Jahren auf diesen Weg, der zudem zu keinem zwingend sicheren Ergebnis führt, zu verweisen. Zudem waren die Namen am Tag der Verhandlung aus dem ausgehängten Terminplan öffentlich ersichtlich. Insoweit als sie aus dem Geschäftsverteilungsplan ermittelbar wären, ergäbe sich, abgesehen von der Publizität, durch eine Angabe unter dem Urteil keine neue Situation in Bezug auf die richterliche Unabhängigkeit. Hinsichtlich richterlicher Unabhängigkeit, als prinzipiell zu wahrendes Recht, bewirkt die Nennung unter dem Urteil auch deswegen keine neue Situation, weil sie gegebenenfalls nicht nur aus dem aushängenden Plan, sondern auch aus dem den Parteien zugestellten Urteil ersichtlich sind.

---

174 Siehe Wichmann, Das System der Ertragsteuern in der Rechtsprechung des Bundesfinanzhofs, 2020, S. 98 ff.
175 Dieser Vorschlag wurde bereits unterbreitet: Wichmann, Fragen zu der Buchführungspflicht für Sonderbetriebsvermögen und deren Begründung – zugleich Würdigung des BFH-Urteils vom 23.10.1990 VIII R 142/85, DStZ 2017, S. 254 ff., hier S. 259 f., unter IV.
176 Wiebel, die senatsinterne Geschäftsverteilung beim Bundesgerichtshof (Zivilsenate), BB 1992, S. 573 ff., hier S. 575, 2. Abs.
177 Urteil zur Buchführungspflicht für Sonderbetriebsvermögen, siehe Abschn. III. A. 2.2.2.

IV. Ergebnis – Folgerungen

(2) Es stellt sich auch die Frage, was in diesem Zusammenhang sachlich begründet gegen diese Art von Transparenz und Publizität spricht.

(3) Die aufgezeigten rechtlichen und faktischen Pflichten der Richter sprechen für diesen Vorschlag – zumindest.

(4) Eine namentliche Angabe des Abstimmungsergebnisses verstößt zumindest nicht gegen das Beratungsgeheimnis: Das Beratungsgeheimnis soll dem Schutz der richterlichen Unabhängigkeit dienen.[178] Da Reaktionen auf ein Urteil, in dem mit dem Hinweis auf das Abstimmungsverhalten Namen genannt werden, erst nach Ausübung der Tätigkeit des Richters erfolgen können, ist die Unabhängigkeit bei Ausübung der richterlichen Tätigkeit nicht betroffen.[179]

(5) Da die richterliche Unabhängigkeit gegen „unzulässige direkte Einwirkung auf gerichtliche Verfahren"[180] wirken soll, ist bei nicht-einstimmiger Entscheidung sogar eine namentliche Nennung – der Einfachheit halber – nur der Richter die zugestimmt haben, unschädlich: eine Einwirkung auf das Verfahren ist nämlich nicht möglich, da es abgeschlossen ist. Und denjenigen, die über Absetzung oder Versetzung von Richtern zu entscheiden haben, sind die Informationen ohnehin zugänglich[181]. Eine nach Ergehen eines Urteils erfolgende Kritik dürfte selbst Richter, die nicht über die zu unterstellenden Fähigkeiten[182] verfügen, nicht in unvertretbarer Weise beeinflussen: sachliche Kritik führt für den Richter entweder zur Bestätigung oder Änderung seiner bisher vertretenen Auffassung. Unsachliche Kritik ist unbeachtlich.[183]

(6) Sollte sich in Zukunft die Situation ergeben, dass Urteile unter dem Gesichtspunkt der Rechtsbeugung erfolgreich angegriffen werden[184], würden die nicht zustimmenden Richter insoweit eindeutig entlastet sein; zumindest wäre dazu ein Sitzungsprotokoll des Senats erforderlich.

Mit einer derartigen Vorgehensweise würde zudem einem – aktuell immer stärker diskutierten – Transparenzgebot, das in Gestalt von gesetzlich geforderter Publizität seit Jahrzehnten[185] verwirklicht wird, entsprochen. Sie würde auch mit dem bestehenden Richterbild nicht kollidieren, das sogar wie folgt beschrieben wird: „Gegenüber politischem Druck, der von Prozessparteien oder gesellschaftlichen Kräften ausgeübt wird und durch mediale Öffentlichkeit ver-

---

178 Creifels Rechtswörterbuch, 21. Aufl., Stichwort „Beratungsgeheimnis".
179 Zu Folgeverfahren zur behandelten Rechtsfrage siehe (4) und grundsätzlich 1. Abs. nach (5).
180 Hillgruber in Maunz-Dürig, Grundgesetz Kommentar, Art. 97, Tz. 76, Stand Mai 2008.
181 Zu möglichen Einschränkungen siehe unten.
182 Siehe nächster Absatz nach (6).
183 Siehe zu deren positiver Wirkung Helmuth Schulze-Fielitz in Dreier (Hrsg.) Grundgesetz Kommentar, 3. Aufl., Art 97, Tz. 46.
184 Wichmann, Warum bleibt das Überschreiten von Grenzen der richterlichen Rechtsfortbildung ohne Konsequenzen?, Stbg 2020, S. 20 ff., hier S. 32, 3. Abs.
185 Freiwillig wurde Publizität bereits im 13. Jahrhundert realisiert: Wikipedia, Stichwort „Publizitätspflicht", Stand 29.04.2016, m. w. N.

C. Schlussfolgerung

stärkt werden kann, muss sich ein Richter grundsätzlich selbst als resistent erweisen. Es kann erwartet werden, dass der Richter geistigen Pressionen und darin liegenden Anfechtungen seiner Unparteilichkeit und Unvoreingenommenheit widersteht, sich selbst davon freimacht. Seine durch die Garantie persönlicher Unabhängigkeit ... gesicherte Amtsstellung gibt ihm den dafür notwendigen Rückhalt."[186]

Angesichts dessen stellen sich in Bezug auf die Geschäftsordnung, die sich der BFH mit Wirkung vom 01.01.1971[187] gegeben hat, folgende Fragen:

- Ist der durch § 5 Abs. 1[188] begrenzte Inhalt der Information in jedem denkbaren Fall geeignet eigentlich erforderliche disziplinarische Maßnahmen zu treffen?
- Genügt die Vorschrift heutigem Verständnis von Transparenz und von deren Wahrung durch die zur Transparenz Verpflichteten?
- Wird damit richterliche Unabhängigkeit als Selbstzweck ins Uferlose gesteigert?
- Ist diese Intransparenz angesichts des soeben dargestellten Richterbildes erforderlich, oder ist das Richterbild unzutreffend? Wird bei der Bestellung der Richter nicht darauf geachtet, dass die bestellten Richter dem Richterbild entsprechen – zumindest weitgehend.
- Liegt in dem Umstand, dass Gründe für eine eventuelle Befangenheit[189], wie z.B. Beteiligung an einer entsprechenden Gesellschaft[190], nicht aufgezeichnet werden, eine mögliche Behinderung der Justiz, etwa im Verfahren zu einer Rechtsbeugung?
- Zeigt die Vorschrift Geschichtslosigkeit auf? Eine wissenschaftlich historische Bearbeitung wird insoweit für alle Zeit ausgeschlossen.
- Erfolgt eine vereinbarte Unterordnung[191] von Richtern?
- Wie steht der BFH zu einer tatsächlichen Unterordnung von Richtern?
- Ist eine „Ordnung" nicht eigentlich nach mehr als 40 Jahren aus allgemeinen Gründen zu überarbeiten?

---

186 Hillgruber in Maunz-Dürig, Grundgesetz Kommentar, Art. 97, Tz. 93, Stand Mai 2008.
187 BStBl 1974, II, S. 286 f.
188 „Über den Gang der Beratung und Abstimmung in den Senaten werden keine Niederschriften gefertigt. Die Abstimmung der einzelnen Mitglieder darf auch nicht in anderer Weise festgehalten werden. Jedes Mitglied ist jedoch berechtigt seine von der gefaßten Entscheidung abweichende Ansicht in den Senatsakten niederzulegen."
189 Das setzt allerdings voraus, dass diese Frage innerhalb des Gerichts überhaupt geklärt wird. Bei Wirtschaftsprüfern, die oben angesprochen wurden, wird das bei Eintritt in eine Praxis und im Übrigen jährlich formularmäßig überprüft.
190 Inhaber kann der Richter selbst oder können ihm nahestehende Personen sein.
191 Siehe dazu Wichmann, Das System der Ertragsteuern und die Rechtsprechung des Bundesfinanzhofs, 2020, S. 84 und 102.

IV. Ergebnis – Folgerungen

Abschließend wird auf die Situation bei dem Bundesverfassungsgericht hingewiesen: öffentliche Minderheitsvoten, die dort gestattet und nicht unüblich sind, sind Ausdruck der richterlichen Unabhängigkeit, gefährden sie nicht. Dem Vorschlag könnte § 43 Deutsches Richtergesetz entgegenstehen. Der besagt: „Der Richter hat über den Hergang bei der Beratung und Abstimmung auch nach Beendigung seines Dienstverhältnisses zu schweigen." Darin drückt sich das Beratungsgeheimnis aus. Zu dessen Kern gehört jedoch „nicht in jedem Fall auch das Ergebnis (der Abstimmung)."[192] Das folgt daraus, dass „unter bestimmten Umständen anderen Normen der Vorrang gebührt."[193] Diese Bedingung ist in behandelten Fällen erfüllt. Zudem dient es dem Schutz des Gremiums[194], dessen Entscheidung bekannt wird. Es soll „dem einzelnen Richter (nicht) die Möglichkeit gegeben werden, sich gewissermaßen hinter dem Kollegium zu verstecken."[195] Aber das geschieht doch tatsächlich mit der bisherigen Verfahrensweise.

Korrekturen, Anregungen und Hinweise, die, es sei denn es wird ausdrücklich etwas Anderes gewünscht, anonym behandelt werden, bitte an gewi.hh@googlemail.com.

---

[192] Schmidt-Räntsch, Deutsches Richtergesetz, 6. Aufl., 2009, § 43, Tz. 17a.
[193] Schmidt-Räntsch, Deutsches Richtergesetz, 6. Aufl., 2009, § 43, Tz. 17a, hier Tz. 15; als solche sind zu nennen: Schutz des rechtsuchenden Bürgers, siehe dazu Bense, Balanceffekt der Maßgeblichkeit – Two Birds, One Stone?, DStR 2019, S. 1831 ff, hier S. 1834 d. unter 3.2.), verfassungsrechtliche Grundsätze.
[194] Schmidt-Räntsch, Deutsches Richtergesetz, 6. Aufl., 2009, § 43, hier Tz. 4.
[195] Schmidt-Räntsch, Deutsches Richtergesetz, 6. Aufl., 2009, § 43, hier Tz. 4, m. w. N.

Stichwortverzeichnis

A

abschreibbar 78, 127
abstrakt 28 f.
Agio 38 f.
Altersversorgungsverpflichtungen 30 f., 36, 68
Anschaffung 22, 34, 48, 54 ff., 62 ff., 68, 71, 75 ff., 82 f., 85, 88 f., 91 f., 115 f., 118, 120 ff., 127 f., 133 ff., 137, 139, 141, 151
Anschaffungskosten 56, 59, 62 ff., 76 ff., 88, 117, 119 f., 123, 127 ff., 137, 140 f., 151
Atomisierung 112, 116 f., 139
Aufwendungen 31 ff., 43 f., 48 f., 53, 62 f., 65, 69, 72, 74 ff., 88 ff., 93, 102, 119 f., 133, 139 f.
Ausgaben 32 ff., 53, 68, 81, 102
ausstehende Einlage 31, 38, 49, 54, 125

B

Begriff 21, 27, 69, 137
Begründung 21 f., 98 ff., 116, 120, 124 f., 134 ff., 140 f., 143 ff., 152, 157
Berichtigung 40
Beteiligung 55, 57 ff., 63, 66 f., 69 f., 83, 91, 98, 103, 111, 114, 118 ff., 124 f., 127, 133 f., 138 ff., 159
Betriebsausgaben 26
Betriebsreinvermögen 27, 98
Betriebsvermögen 24, 27, 44, 98, 117, 129 ff.
Beweislast 101, 144, 147, 156
Beweislastregel 22, 143 f., 147
Bewertungseinheit 17, 35 ff., 68, 81, 85, 117
Bewertungsvereinfachung 51 f.

Bezugsrecht 41, 47 f., 60, 66, 83 f., 92, 120 ff., 134 f.
Bilanz 17, 23, 25, 28 ff., 74 f., 88 f., 91 ff., 97 ff., 103, 105 f., 112, 117 f., 124 ff.
Bilanzbündeltheorie 98 f., 139, 147, 152 f.
Bilanzierungskonventionen 34 f.
Bodenschatz 84 f., 123
Buchführung 17, 23 ff., 75, 91, 99 f., 106, 110, 117, 124, 147
Buchführungspflicht 23, 100 f., 144, 157
Buchungs-Bilanzierungsentscheidungen 23 f., 36 ff., 98, 132, 138

D

Deckungsvermögen 68 f.
Deduktion 55 f., 151
Definition 45, 56, 62, 108, 112
Denken 18, 55, 95, 105 ff., 137, 139, 154
Denkfehler 105
Denklogik 63
Disagio 37, 49

E

eigene Anteile 29 f., 92, 103
Eigenkapital 27, 29 f., 34, 38 ff., 54, 98
Eigentumswohnung 61, 67, 77 ff., 115 f., 122, 129 ff., 135
Einfachheit 18 ff., 55, 158
Einkommen 50, 73, 87
Einkünfte 17, 28, 97 f., 102, 108, 116
Einlagen 41, 47, 58
Einnahmen 32 ff., 48, 53, 81, 102
Einzelveräußerbarkeit 28
Einzelverwertbarkeit 28 f.

161

Stichwortverzeichnis

Einziehung 42
Entnahmen 94
Erfüllungsgeschäft 36
Ergänzungsbilanz 33, 97, 102 ff., 111, 118, 123, 127, 136
Erhaltungsaufwand 64 f., 69, 139

F

Fehler 55, 104 f.
Fiktion 98, 152
fiktive nachträgliche Anschaffungskosten 62 ff.
Finanzgerichtsordnung 144
Folgebewertung 51, 75 f., 89, 91 f., 123
Forderung 29, 35, 38, 46, 48 f., 59, 61, 69 f., 72 f., 82, 86, 92 f., 98, 101, 113, 118, 120, 134, 147, 156

G

Gesamtwertmethode 83, 92
Geschäft, schwebendes 44
Gewerbesteuer 47, 87 f.
Gewinn 18, 25, 31 ff., 35 f., 40, 50, 53, 68 f., 71 f., 74, 87, 89 f., 93 f., 99, 106 ff., 118, 123 f., 127, 136
Gewinneinkünfte 68
Gewinnrücklagen 40 f.
Grundgesetz 22, 100 f., 104 f., 144 f., 147 f., 150, 154, 158 f.
Grundsätze ordnungsmäßiger Buchführung 24 ff., 32 f., 52, 106, 124

H

Handelsbilanz 24, 35, 46, 49 f., 53, 61, 97 ff., 106, 111, 114, 116, 124 f.
Herstellung 22, 30, 32, 34, 48 f., 51, 54 ff., 64 ff., 75 ff., 83, 88 f., 92 f., 116, 119 f., 122 f., 127 f., 133, 135 ff., 139, 151
Herstellungsaufwand 64 f., 119

Herstellungskosten 34, 37, 48, 51, 54, 56 f., 62 ff., 71, 75 ff., 83 ff., 89, 91 f., 118 ff., 123, 127 f., 132 ff., 139 f.

I

immateriell 30, 32, 37, 56 f., 62, 70, 76, 103, 107, 115, 127
Instandhaltungskosten 69

J

Jahresabschluss 23 ff., 32, 40, 42 f., 52, 65 f., 70 f., 99, 121

K

Kapitalerhöhung 38, 41, 47, 60, 66, 91 f., 120, 125, 134, 139
Kapitalrücklage 39, 41 f., 63, 73, 125 ff.
Kauf 77 ff., 82, 94 f., 129, 131 f.
Kein-Mann Gesellschaft 58
Kiesvorkommen 59 f., 83 ff., 118, 121 ff., 135 f.
Konvention 106 f.
Körperschaftsteuer 24, 73
Kuppelproduktion 82, 85

L

latente Steuern 30, 43, 69, 73, 83
Logik 20 f., 55 f., 139, 151

M

Macht 149 ff.
Marktgängigkeit 114 f., 122, 135
Maßgeblichkeitsprinzip 24 f., 27 f., 38, 50, 59 f., 63, 68, 74 f., 97, 99, 106, 111 f., 114, 116 f., 120, 124 f., 127, 134, 136 f.
Menschenwürdig 104
Missbrauch 45, 108, 115, 121, 138, 149

Stichwortverzeichnis

N
nachträgliche Anschaffungskosten 62 ff., 119, 133, 137, 140
nachträgliche Herstellungskosten 63 ff., 140
Nämlichkeit 66 f.
nicht-abschreibbar 127
normspezifisch 128

O
objektiv 19, 104 ff., 113, 118, 124, 150, 152
Ockham 18 f., 113
Ordnung 21, 141, 152, 155, 159

P
Parzellierung 60 f., 114 f., 122, 135
Pensionsrückstellung 48, 72, 89, 93, 109
Pensionszusage 75, 87 f., 109
Periodisierung 32 ff., 53
Personengesellschaft 31, 42 f., 55, 59, 63, 66, 94, 97, 99 ff., 111 f., 114, 118, 120, 123 ff., 127, 133 f., 138, 147
Pflichtwidrigkeit 47
Prägung 152
Publizität 22, 147, 153 f., 156 ff.

R
Rationalität 21 f.
Rationalprinzip 18 ff., 137, 143, 151 f.
Rechnungsabgrenzungsposten 30, 34, 49 ff., 53 f., 83, 88 f., 91, 93, 111
Rechtsakt 114 f., 120, 122, 135, 138
Rechtsbeugung 152, 154 f., 158 f.
Rechtssicherheit 17, 20 f., 113, 151
Restwertmethode 78, 80 ff., 129 ff.
Rückforderung 127
Rücklage 29, 31, 35, 39 ff., 51, 75
Rückstellung 30, 37, 43 f., 48 f., 54, 67 f., 70, 75, 88, 93, 107

S
Sachbezug 44 f., 69, 73 f., 90 f.
Schadensersatz 46 f.
Schenkung 57, 68
Selbstbestimmung 100, 103 f.
Selbstbestimmungsrecht 100, 103
Selbstverständnis 148, 153
Sicherheitsregeln 143, 152
siehe auch Vorzugsregeln
Sonderbetriebsausgaben 123
Sonderbetriebsvermögen 98, 100, 103, 144, 147, 149, 152, 157
Sonderbilanz 97 ff., 117 f., 123, 136, 147
Steuerbilanz 25, 36, 38, 49 f., 53, 59 f., 84 f., 97, 99, 103, 106, 109, 111, 114, 116 f., 123 f., 152
Strafgesetzbuch 105, 155
subjektiv 104 f., 154
System 17, 19, 21, 24, 54, 62, 138, 144, 148, 153, 155, 157, 159 f.

T
Tausch 18, 58, 90, 94 f., 140
tauschähnlich 138 ff.
Teileigentum 61, 78 ff., 82, 115 f., 122, 129 ff., 135
Teilidentität 114 f., 121 f., 135
Teilwert 76, 92, 94, 129 ff.
Theorie 19, 98, 105 f., 141, 151, 154
Tragfähigkeitsprinzip 85
Transparenz 150, 153 f., 157 ff.
treuwidrig 47, 87

U
Überdotierung 109
Überschusseinkünfte 65, 117
Unabhängigkeit 145, 159

163

Stichwortverzeichnis

V

verdeckte Gewinnausschüttung 45 ff., 108 ff., 125 f., 138
Verkauf 48, 92 ff.
verlustfrei 44, 91
Vermögensgegenstand 28 ff., 34, 36 f., 44, 55 ff., 60, 62, 64, 67 f., 70, 77 ff., 84, 92, 94, 110 ff., 117 ff., 141
vGA 35, 45 ff., 49 f., 61, 72 f., 86 f., 108 ff., 125 ff.
Vorhersehbarkeit 17, 21
Vorzugsregeln 22

W

Wahlrecht 31, 36 ff., 51, 53, 62, 68, 107, 124, 132 f.
Werbungskosten 34, 65, 102, 140
Wirklicher Gewinn 106
Wirtschaftsgut 21 f., 29, 34, 48, 54 ff., 59 f., 62, 64, 84, 103, 110 ff., 119 ff., 134 ff., 141
Wissen 19, 21, 105, 145 f.

Z

Zugang 33 f., 74 ff., 119
Zugangsbewertung 75 ff., 109, 117, 120, 127
Zugehörigkeit 117